LEBEN mit BARTAGAMEN

Liz Palika

Übersetzung von Wolfgang Schiessl
Lektorat: Kriton Kunz & Heiko Werning

Weibchen (links) und Männchen (rechts) von Pogona vitticeps beim Sonnenbad

Inhaltsverzeichnis

Vorwort zur deutschen Ausgabe	4
Einleitung	6
1. Kapitel: O.k., Sie wollen also eine Bartagame halten	9
2. Kapitel: Willkommen zu Hause!	28
3. Kapitel: Mmmm, lecker!	44
4. Kapitel: Medizinische Versorgung Ihrer Bartagame	66
5. Kapitel: Bartagamen-Sprechstunde	81
6. Kapitel: Körpersprache und Verhalten Ihrer Bartagame	99
7. Kapitel: Wie Sie mit Ihrer Bartagame umgehen	114
8. Kapitel: Pflegeroutine	128
9. Kapitel: Nachzucht	141
10. Kapitel: Eine Bartagame (oder zwei) in der Familie	162
11. Kapitel: Wenn Ihre Bartagame alt wird	174
12. Kapitel: Die Zukunft von Bartagamen und anderen Reptilien	184
Anhang	196
Index	203

Bildnachweis Umschlag: Pogona vitticeps, Foto: Bill Love/Blue Chameleon Ventures

Die in diesem Buch enthaltenen Angaben, Ergebnisse, Dosierungsanleitungen etc. wurden von der Autorin nach bestem Wissen erstellt und sorgfältig überprüft. Da inhaltliche Fehler trotzdem nicht völlig auszuschließen sind, erfolgen diese Angaben ohne jegliche Verpflichtung des Verlages oder der Autorin. Beide übernehmen daher keine Haftung für etwaige inhaltliche Unrichtigkeiten.

Alle Rechte, insbesondere das Recht der Vervielfältigung und Verbreitung sowie der Übersetzung, vorbehalten. Kein Teil des Werkes darf in irgendeiner Form (Druck, Fotokopie, Mikrofilm oder andere Verfahren) ohne schriftliche Genehmigung des Verlages reproduziert oder unter Verwendung elektronischer Systeme verarbeitet, gespeichert oder vervielfältigt werden.

ISBN 3-931587-72-X

Titel der Originalausgabe:
Your Bearded Dragon´s Life;
Your Complete Guide to Caring for Your Pet at Every Stage of Life
ISBN 0-7615-2771-0
© 2000 by Prima Publishing, Roseville, CA, USA.
Die deutsche Übersetzung erfolgte in Vereinbarung mit Prima Publishers, einer Tochter von Random House, Inc.

Alle Rechte der deutschen Ausgabe:
© 2003 Natur und Tier - Verlag GmbH
2. Auflage 2003
An der Kleimannbrücke 39/41, 48157 Münster
Tel. 0251/13339-0, Fax 13339-33
www.ms-verlag.de
Verleger: Matthias Schmidt
Lektorat: Kriton Kunz und Heiko Werning
Layout: Ludger Hogeback

Vorwort zur deutschen Ausgabe

Bartagamen haben sich ohne jede Frage zu einem der beliebtesten Terrarientiere überhaupt entwickelt. Dazu trug neben ihrer hervorragenden Haltbarkeit, der Tatsache, dass sie ohne größere Schwierigkeiten gezüchtet werden können und ihrem bizarren Aussehen sicherlich ganz besonders auch ihr neugieriges, zutrauliches Wesen bei. Diese Echsen werden regelrecht zahm, und nicht wenige Halter schließen sie aufgrund dessen so sehr ins Herz, wie wir es bislang nur bei Hunden, Katzen und Kaninchen kennen. Die große Zutraulichkeit der Bartagamen gegenüber dem Menschen liegt zum einen in ihrer Natur: Zwar sind frei lebende Tiere alles andere als zahm und verfügen mit dem namensgebenden Bart und dem Aufreißen des Mauls auch über ein durchaus spektakuläres und wirkungsvolles Droh-Repertoire, doch gewöhnen sie sich im Terrarium sehr schnell ein und legen jede Furcht ab. Im Gegensatz zu den meisten anderen Reptilien beschränkt sich diese Eingewöhnung bei Bartagamen aber nicht auf das Tolerieren (was bei den meisten Reptilien bedeutet: Ignorieren) des Menschen, sondern sie bauen aktiv eine positive Beziehung zu ihm auf. Hinzu kommt, dass sie bereits seit vielen Generationen nachgezüchtet werden und es schon seit vielen Jahren quasi überhaupt keine Wildfänge mehr gibt. Sicherlich ist es noch zu früh, von einer Domestikation zu sprechen, jedoch sind wirkliche Selektionszuchten bei Bartagamen längst Realität. So werden inzwischen gezielt allerlei Farbformen gezüchtet, die vielen Menschen besonders gefallen.

In den USA hat das „Bartagamenfieber" längst Dimensionen jenseits der klassischen Terraristik erreicht. Bartagamen werden dort schon lange als regelrechte Haustiere gepflegt. Während die klassische Terraristik sich eher bemüht, „wilde" Tiere unter möglichst artgerechten Bedingungen sozusagen so „natürlich" wie möglich zu erhalten und sich die Terrarianer daran erfreuen, eben auch die natürlichen Verhaltensweisen zu beobachten, ist dieser Aspekt bei der „Haustierhaltung" von Reptilien nebensächlich geworden bis ganz verschwunden. Das mag vielen aus ideologischen Gründen nicht gefallen, aber dieser Trend ist längst auch in Europa und Deutschland zu beobachten. Wer die zahlreichen Internet-Foren und Homepages aufgeschlossen zur Kenntnis nimmt und mit offenen Augen und Ohren über Terraristikbörsen und Reptilienausstellungen geht, kommt nicht umhin, dies fest-

Vorwort zur deutschen Ausgabe

zustellen. Und was spricht denn auch im Fall der Bartagamen (und einiger weniger anderer Reptilien) dagegen? Die Tiere selbst scheinen auch unter „vermenschlichter" Pflege exzellent zu gedeihen, man kann sich des Eindrucks kaum erwehren, dass sie selbst den direkten Kontakt zu ihrem Pfleger wirklich genießen.

Dieses Buch geht für den deutschen Terraristik-Markt neue Wege. Es ist das erste Werk, in dem Bartagamen konsequent unter dem Aspekt des Heimtiers betrachtet werden. Im Vordergrund stehen neben der richtigen Pflege, dem Wohlbefinden und der Gesunderhaltung der Tiere nicht Systematik, Ökologie und Farbformen, sondern Fragen wie die nach der Zähmung, dem Verhältnis zwischen Tier und Mensch und ganz praktische Aspekte vom Tierarzt über den Transport bis hin zum Umgang mit Alter und Tod des geliebten Tiers. Biologisches und ökologisches Hintergrundwissen wird nur so weit vermittelt, als zum richtigen Umgang und zur Pflege nötig ist. Bei Hunden, Katzen und Kleinsäugern eine Selbstverständlichkeit – bei Reptilien noch völlig ungewohnt. Dabei muss man kein Prophet sein, um vorherzusagen, dass dieser Trend sich nicht aufhalten lassen wird. Die Terraristik steht nicht nur an einem Scheideweg, sie hat sich längst in zwei grundsätzliche Richtungen aufgespalten. Neben der klassischen Sichtweise, die das unveränderte Tier und seine natürlichen Verhaltensweisen in den Mittelpunkt stellt, hat sich längst ein Zweig etabliert, der Reptilien und Amphibien unter dem Gesichtspunkt betrachtet, dass diese dem Menschen und seinen Wünschen möglichst weit entgegenkommen. Die schon weit verbreiteten gezielten Farbzuchten von zahlreichen Arten sind hier sicherlich das augenfälligste Beispiel.

Die preisgekrönte amerikanische Autorin Liz Palika ist wohl die prominenteste Vertreterin des „Heimtier-Zweiges" der Terraristik. Sie hat nicht nur zahlreiche Hundebücher verfasst, sondern eben auch Werke über Reptilien als Haustiere, von denen das dieser deutschen, für den europäischen Markt leicht angepassten Ausgabe zugrunde liegende Buch „Your Bearded Dragon's Life" wohl das bekannteste ist. Es richtet sich gezielt an eine Leserschaft, die sich einfach nur an den sympathischen „Drachen" erfreuen und ihnen ein möglichst gutes Leben in menschlicher Obhut garantieren möchte, ohne über biologisches oder terraristisches Vorwissen zu verfügen. Und dennoch bemüht sich die Autorin, von dieser sehr menschlichen Perspektive aus den Blick auf die leider immer ernster werdenden Probleme der wild lebenden Tiere zu lenken. Wir hoffen, dass dieser Ratgeber den zahlreichen „Haus-Bartagamen" und ihren Pflegerinnen und Pflegern ein treuer und nützlicher Begleiter sein wird.

Einleitung

Sarah Kelly saß beim Reptilienseminar hinter dem Tisch und hielt eine große Echse auf dem Arm. Das Tier war lang, breit und hatte einen kräftigen Körper mit Stacheln oder Spitzen auf beiden Seiten und um seine breiten Wangen. Die Halshaut der Echse war aufgebläht, und sie sah sehr bedrohlich aus. Obwohl Sarah, ein Teenager, sich recht wohl fühlte, schien es den anderen, die das Reptil anstarrten, nicht so zu gehen!

„Was ist das?" „Um Himmels Willen, beißt der?" „Schau dir diese riesige Echse an!" – „Tutanchamun ist eine Bartagame. Keine Sorge, er beißt nicht". Sarah war sehr geduldig und erzählte den Teilnehmern von ihrem Haustier.

„Die Stacheln sind weich, nicht hart, die tun nicht weh."

Was es bedeutet, eine Bartagame zu besitzen

Obwohl man Bartagamen schon seit vielen Jahren in der Terraristik züchtet, wurden sie als Haustiere erst in den letzten Jahren immer beliebter. Ursprünglich kommen sie aus Australien; alle, die man heute erwerben kann, stammen jedoch aus Nachzuchten, denn Australien verbietet praktisch jeglichen Export seiner Tiere und Pflanzen.

Ein über mehrere Generationen nachgezogenes Reptil als Haustier hat viele Vorteile. Zunächst ist das Tier an die Anwesenheit des Menschen gewöhnt und zeigt nur wenig oder keine Scheu. Zweitens ist das Reptil gesünder und nicht von Innen- und Außenparasiten befallen, wie bei Wildfängen. Nicht zuletzt bringt die Züchtung in Menschenobhut eine Reihe von Färbungen wie Rot-, Orange- und Gelbtöne sowie verschiedene Zeichnungsmuster hervor oder verstärkt diese.

Bartagamen sind langlebige Haustiere; ein Alter von 15 Jahren ist durchaus möglich. Holen Sie sich eine Agame nach Hause, bedeutet dies also eine Langzeitverpflichtung für Sie.

Obwohl viele es sicherlich toll fänden, ein so zahmes Reptil zu besitzen, sind Bartagamen doch nicht das Richtige für jedermann. Diese Echsen werden recht groß: bis zu 60 cm, die Hälfte davon entfällt auf den Schwanz. Bedenkt man, dass es sich dabei um ein recht kräftiges Tier handelt, ist das wirklich groß! Eine Echse dieses Kalibers benötigt auch ein entsprechend geräumiges Terrarium, eine

Heizung und ausreichend Licht; auch die anderen Bedürfnisse eines Reptilienlebens im Terrarium müssen befriedigt werden. Eine Bartagame wird also bei Ihnen daheim einige Veränderungen verlangen.

Bartagamen sind Allesfresser, das heißt, sie fressen Pflanzen und andere Nahrung, aber auch Fleisch und Insekten. Sie werden also eine Quelle für gezüchtete Grillen, Mehlwürmer und andere Insekten finden (normalerweise in Ihrem Zoogeschäft) oder diese selber züchten müssen, und Sie sollten nicht zu zart besaitet sein – Ihre Echse benötigt dieses Futter. Ferner sind Bartagamen langlebige Haustiere; 15 Jahre sind nichts Ungewöhnliches. Holen Sie sich so ein Tier nach Hause, sollten Sie sich auf eine lange Zeit mit ihm einstellen.

Meine ersten Bartagamen

Mein Mann Paul und ich sind bereits seit langem im Tierschutz tätig (mehr als 20 Jahre). Wir nehmen ungewollte, vernachlässigte, misshandelte oder ausgesetzte Tiere auf, pflegen sie wieder gesund und suchen ein neues Zuhause für sie. Dabei galt unser Hauptinteresse Land- und Wasserschildkröten. Ab und zu nahmen wir auch mal andere Reptilien und Amphibien auf (wie Leguane, Schlangen oder Frösche), aber nur, wenn wir ein leeres Gehege oder Terrarium hatten.

Eines Tages bekam ich einen Anruf von einem jungen Mann, der fragte, ob ich die Frau sei, die sich um Reptilien kümmere. Ich antwortete: „Ja, ich sorge für Land- und Wasserschildkröten." Er druckste ein wenig herum und fragte schließlich: „Nehmen Sie drei junge Bartagamen auf?" Und um mir das Ganze zu versüßen, fügte er hinzu: „Ich gebe Ihnen das Terrarium und alles Zubehör auch dazu." Die meisten Leute versuchen ihre Ausstattung zu verkaufen, also fragte ich ihn, warum er seine Haustiere loswerden müsse.

„Ich bin bei der Marine," sagte er, „ich habe gerade meinen Marschbefehl nach Übersee bekommen, und meine Frau besteht darauf, wenn ich gehe, müssen die Echsen auch gehen!"

Foto: Bill Love/Blue Chameleon Ventures (mit Dank an Dragon's Glade)

Ich sagte ihm zu, seine Tiere aufzunehmen, und dass ich versuchen würde, ein neues Zuhause für sie zu finden. Das ist nun schon sehr lange her, aber die drei Echsen sind immer noch hier. Bartagamen sind auf ihre Art sehr reizvolle und sympathische Tiere. Es ist einfach schön, ein Reptil als Haustier zu haben, das einem auf die Hand klettert und es offenbar mag, bei einem zu sein und berührt zu werden. Des Weiteren stellten sie sich als robuste und gesunde Pfleglinge heraus, solange ihre Bedürfnisse erfüllt werden.

Zu diesem Buch

Immer wieder sehe ich, dass viele Menschen das falsche Tier aus falschen Motiven heraus halten – und es ist immer das Tier, das darunter leidet. Hat es Glück, endet es vielleicht bei einer Tierschutzgruppe wie der meinen, oft jedoch stirbt es einfach. Welche Schande!

In diesem Buch möchte ich Sie mit allen Informationen versorgen, die Sie benötigen, um sich für eine Bartagame zu entscheiden und für sie zu sorgen, damit sich ihr Haustier prächtig entwickelt. Wie in herkömmlichen Terraristik-Büchern werde ich über Terrarium, Bodengrund, Heizung, Beleuchtung, Nahrung und noch mehr sprechen. Sie werden erfahren, wie Sie einen guten reptilienkundlichen Tierarzt finden, und sollten Sie sich entscheiden, Ihre Tiere zu nachzuzüchten – ich werde auch dieses Thema ansprechen.

Aber dieses Buch ist auch ein völlig neuartiges Reptilienbuch. Sie werden viel Information darüber finden, wie Sie mit ihrem Tier zusammen leben, wie viel Zeit sie ihm widmen müssen und wie sie es in Ihre Familie eingliedern können. Die meisten Reptilienbücher drehen sich ausschließlich um die Biologie und die Bedürfnisse der besprochenen Arten; das finden Sie, soweit nötig, auch hier, aber ich werde zudem darüber sprechen, wie Bartagamen für Sie wirkliche Heimtiere werden und wie sie mit ihnen umgehen müssen.

Oder gar einer Echse etwas beibringen? Ja, das ist möglich, und Sie werden lernen, wie. Ich werde auch erklären, was passiert, wenn Ihr Tier alt wird – etwas, an das die meisten von uns nicht denken mögen.

Bartagamen können großartige, langlebige und sympathische Haustiere sein. Also lassen Sie sich erklären, wie Sie am besten für sie sorgen können!

Kapitel 1

O.k., Sie wollen also eine Bartagame halten

**In diesem Kapitel:
Was ist eine Bartagame?
Welche Sorte Haustier ist sie?
Die richtige Bartagame für Sie**

Waren Sie als Kind oder sogar Erwachsener nicht auch von Drachen fasziniert – diesen gigantischen, heroischen Wesen, die auf riesigen Schwingen flogen, haufenweise Gold und Juwelen sammelten und Feuer speien konnten? Ganz ehrlich, ich hab immer dem Drachen die Daumen gedrückt! Ich liebte es, wenn er sich als der Gute herausstellte, aber es störte mich auch nicht, wenn er der Schurke war; ich stand immer noch auf seiner Seite. Ich bin ein großer Fan der Science-Fiction-Fantasy-Schriftstellerin Anne McCaffrey, in deren Fantasiewelt „Pern" eine Drachenrasse telepathisch mit ihren menschlichen Mitstreitern kommuniziert. Stellen Sie sich nur vor, wie Sie auf dem Rücken eines Feuer speienden Drachens durch die Lüfte segeln! Bartagamen haben nichts mit diesen wundersamen, fantastischen Drachen gemein, aber diese Echsen sehen aus, als stammten sie aus grauer Vorzeit, und manch einer ist der Meinung, sie seien ebenso wundervoll wie jene mythischen Drachen. Zumindest gibt es Bartagamen wirklich, Drachen jedoch nicht – oder doch?

Was ist eine Bartagame?

Eine Bartagame ist eine mittelgroße Echse, die aus Australien stammt. Es gibt einige unterschiedliche Arten von Bartagamen, die alle nahe miteinander verwandt sind. In menschlicher Obhut wird jedoch fast ausschließlich die Streifenköpfige Bartagame (*Pogona vitticeps*) gezüchtet. *Pogona* ist der Name der Gattung, *vitticeps* stellt den Artnamen dar. (Latinisierte Bezeichnungen, wie *Homo sapiens* für den Menschen, werden von Wissenschaftlern der ganzen Welt benutzt, um über einen eindeutigen Namen zu verfügen und damit sie sich verstehen, wenn sie sich auf ein bestimmtes Tier beziehen.)

Wie sieht eine Bartagame aus?

Die Bartagame trägt ihren Namen aufgrund ihres Hautsacks unter Kopf und Kinn. Dieser kann aufgestellt werden; ist er aufgebläht, stehen die weichen, aber spitzen Stacheln ab, und das Tier sieht aus, als hätte es einen Bart. Dieser

Pogona vitticeps präsentiert ihren Bart Foto: Bill Love/Blue Chameleon Ventures

Reptilieneier
Amphibien gehen zur Fortpflanzung normalerweise ins Wasser und legen weiche, wasserdurchlässige Eier. Vor 330 Mio. Jahren jedoch änderten bestimmte Amphibien die Welt. Diese Vorläufer aller Reptilien hatten eine dickere Haut entwickelt, die es ihnen ermöglichte, sich auch außerhalb des Wassers aufzuhalten. Außerdem legte sie die ersten hartschaligen Eier; Eier, die auch an Land überdauerten. Sie konnten in der Erde vor Fressfeinden versteckt werden und überlebten sogar, wenn die Wasserlöcher austrockneten. Dies war ein großer Schritt, um an Land leben zu können.

Bart wird während verschiedenster Verhaltensäußerungen genutzt, z. B. bei der Verteidigung des Territoriums oder während der Fortpflanzungszeit.

Bartagamen sind wie alle Reptilien wechselwarm, können also ihre Körperwärme nicht selbst erzeugen, sondern hängen von der Umgebungstemperatur ab.

Bartagamen sind allesfressend (omnivor). Das bedeutet, dass sie sowohl pflanzliche Nahrung als auch tierisches Protein – in diesem Fall hauptsächlich Insekten – zu sich nehmen. Ihre Zähne, die Kiefer und die Zunge sind optimal daran angepasst. Die Zungenspitze ist dick und kann pfeilschnell aus dem Mund schießen, um ein Insekt zu fangen, während die Kiefer und Zähne stark genug sind, um Pflanzen zu packen und abzureißen.

Wie sieht eine Bartagame aus?

Wie fast alle Echsen haben auch Bartagamen vier Beine, Kopf und Schwanz. Der Körper ist recht flach, fast scheibenförmig, breiter als hoch und eher kräftig als schlank. An den Flanken sitzen verschieden große Stacheln, die härter und schärfer aussehen, als sie tatsächlich sind.

Diese Körperform dient mehreren Zwecken: Wenn es regnet oder im Morgentau

Wie sieht eine Bartagame aus?

macht sich die Agame ganz breit und hebt den versteiften Körper hinten ein wenig an, sodass Wasser zum tiefer liegenden Kopf rinnt. Dort leckt sie die Wassertropfen von der Schnauze – eine recht clevere Anpassung für ein Wüstenreptil.

Der breite Körper ermöglicht auch, sich schnell aufzuwärmen, weil so die Kontaktfläche mit einem warmen Stein oder Stamm größer ist. Sonnt sich das Tier, nimmt der verbreitete Körper mehr Sonnenwärme auf, als wenn er den Sonnenstrahlen nicht so viel Fläche bieten könnte.

Die Stacheln erhöhen außerdem die scheinbare Größe des Körpers. Zusammen mit dem Furcht erregenden Aussehen der Dornen lässt dies die Agame für Fressfeinde bedrohlicher aussehen.

Der Kopf ist fast dreieckig, mit einer spitz zulaufenden, vorne jedoch leicht abgerundeten Schnauze. Das Maul ist sehr breit. Die Ohren sind im Gegensatz zu vielen anderen Echsen gut sichtbar und nicht mit Schuppen bedeckt. Die Augen sitzen seitlich im Kopf, von schützenden Knochen und Schuppen umgeben, und wirken im Vergleich zur Größe des Kopfes recht klein. Doch sie sind hellwach, aufmerksam und interessiert.

Das Wahrzeichen der Bartagame ist eine Kehltasche, die abgespreizt werden kann. Die Schuppen, die den Bart bedecken, stehen ab, wenn der Bart aufgestellt wird, und lassen ihn recht groß und bedrohlich erscheinen. Besonders, wenn die Bartagame sehr aufgeregt ist, also vor allem bei der Verteidigung des Territoriums und im Zusammenhang mit der Paarung, färbt sich der „Bart" dunkel, fast schwarz, was dem Tier ein recht bedrohliches Aussehen verleiht.

Da sich Bartagamen von Pflanzen und Insekten ernähren, besitzen sie etwas verschiedene Zähne, die auch unterschiedlich eingesetzt werden. Mit den Vorderzähnen wird die Beute ergriffen und festgehalten, während die hinteren Zähne zum Schneiden und Zerkleinern der Nahrung dienen. Die dicke, klebrige Zunge bringt Nahrung zum Maul, die Vorderzähne greifen und durchbohren Insekten und führen die Nahrung zu den hinteren Zähnen, wo sie zermalmt wird. Dies ermöglicht der Agame, alles zu fressen, was gerade verfügbar ist – ein eindeutiger Überlebensvorteil.

Besonders, wenn die Bartagame sehr aufgeregt ist, also vor allem bei der Verteidigung des Territoriums und im Zusammenhang mit der Paarung, färbt sich der „Bart" dunkel, fast schwarz, was dem Tier ein recht bedrohliches Aussehen verleiht.

Ähnlich und doch verschieden

Bartagamen sehen den Krötenechsen aus dem Südwesten Nordamerikas in gewisser Weise ähnlich. Tatsächlich sind die beiden Arten entfernt miteinander verwandt, obwohl die Agamen aus Australien stammen. Während Bartagamen jedoch in ihrem natürlichen Habitat noch prächtig gedeihen, sind Krötenechsen in ihrem inzwischen teilweise stark gefährdet.

Wie sieht eine Bartagame aus?

Der Schwanz der Bartagame ist lang und läuft in einer feinen Spitze aus. Er kann jedoch im Gegensatz zu vielen anderen Echsen, etwa Eidechsen, nicht abgeworfen werden, um Fressfeinde abzulenken. Der Schwanz eines geschlechtsreifen Männchens verjüngt sich eher stufenweise und ist dicker als der eines geschlechtsreifen Weibchens. Er wird zu vielen Verhaltensäußerungen verwendet, wie z. B. auf der Jagd, bei der Revierverteidigung und der Fortpflanzung.

Bartagamen haben vier stämmige Beine, die aber dennoch eher zu kurz und zu dünn für so einen großen Körper wirken. Krallen an den Zehen helfen dem Tier beim Klettern auf Stämme oder Felsen und ermöglichen dem Weibchen das Graben einer Höhle für seine Eier.

Die Haut ist wie die von Schlangen mit Schuppen bedeckt, die jedoch in Größe und Struktur variieren. Jede einzelne Schuppe ist ein Stück verdickte Haut; die stärkeren enthalten viel Keratin, ein festes Protein, aus dem auch unsere Fingernägel bestehen. Die Färbung von Bartagamen ist recht verschieden. Diemeisten zeigen eine dunkle Zeichnung auf heller Grundfarbe (Weiß, Gräulich, Grau, Beige oder Braun). Einige Wildpopulationen haben jedoch Orange-, Gold- und Rot-Töne entwickelt, die es den Tiere ermöglichen, optisch mit dem Sand und den Felsen zu verschmelzen. Durch gezielte Auslese und Weiterzüchtung solcher Agamen erhielt man Tiere in einer großen Vielfalt an Färbungen in diesen Farbschattierungen.

Wie groß werden sie?

Bartagamen werden maximal rund 60 cm, meistens um die 50 cm lang, den Schwanz eingerechnet; die reine Kopf-Rumpf-Länge beträgt etwa 25 cm. Unter optimalen Bedingungen können Jungtiere in den ersten 12–14 Lebenswochen jeweils rund 2,5 cm pro Woche wachsen. Ein derart außergewöhnlich rasches Wachstum ist jedoch nicht typisch. Die Männchen werden generell größer und schwerer als die Weibchen.

„50 cm lang" hört sich nicht wirklich groß an, verglichen beispielsweise mit einem 1,5 m langen Grünen Leguan, aber die Länge allein sagt nichts über die Massigkeit des Körpers dieser Art aus. Eine ausgewachsene männliche Bartagame ist größer als eine Männerhand. Auch das ist im Vergleich zu einem ausgewachsenen Grünen Leguan nicht so groß, aber für die meisten Terrarianer trotzdem eine ganze Menge Echse!

Wie alt werden sie?

Nach Frank L. Slavens, Reptilienkurator an den Woodland Park Zoological Gardens in Seattle, Washington, und dem Autor von „Reptiles and Amphibians in Captivity: Breeding and Longevity", erreichte die älteste bekannte Streifenköpfige Bartagame zehn Jahre und einen Monat, aber mittlerweile sind auch noch ältere Tiere bekannt.

Doch je mehr Bartagamen gehalten werden und je mehr unser Wissen über ihre Bedürfnisse wächst, desto mehr Tiere werden wir finden, die länger leben. Bisher jedoch antworten die meisten Experten auf die Frage, wie alt Bartagamen denn werden können, einfach nur „Wir wissen es nicht."

Die Persönlichkeit der Bartagame

Viele Bartagamenpfleger halten gleich mehrere Tiere, weil sie sich an den unterschiedlichen Persönlichkeiten ihrer Echsen erfreuen. Bartagamen gelten als „von Natur aus zahm". Die meisten Tiere bleiben einfach nur still stehen oder liegen, wenn man sie aufheben will. Nur sehr wenige würden versuchen, vor der Hand zu fliehen, und noch viel weniger, nach der Hand zu schnappen. Dieses ruhige Wesen bezaubert viele Echsenfreunde und ist der Hauptgrund für die steigende Beliebtheit dieser Art.

Obwohl von Natur aus Einzelgänger, können Bartagamen auch recht sozial sein. Sie vertragen sich meist recht gut in einer Gruppe. Ein Männchen kann mit zwei oder drei Weibchen zusammen gehalten werden. Männchen untereinander bekämpfen sich jedoch, besonders in Anwesenheit von Weibchen, und sollten daher ab der Geschlechtsreife nicht mehr zusammen gepflegt werden.

Die Tiere entwickeln ihre eigene Persönlichkeit. „Gold Man", mein dominantes Männchen, ist sehr zahm, vertrauensvoll und lässt alles mit sich machen. Sein Weibchen dagegen ist zwar auch recht ruhig, nimmt aber keineswegs alles so gelassen hin. Wenn ich den Kot mit einer kleinen Schaufel aus seinem Käfig entferne, stellt es seinen Bart auf, öffnet das Maul weit und attackiert die Schaufel mit Bissen. Ich habe mir angewöhnt, das Tier meinem Mann zur „Beschäftigung" zu geben, während ich diese der Agame offenbar missfallende Arbeit erledige, da ich befürchte, sie könnte sich bei einer Bissattacke selbst verletzen. Bisher konnte ich noch nicht herausfinden, ob sie die Schaufel als Bedrohung oder als Eindringling sieht – ich weiß es nicht.

Diese mutige (aber nicht unbedingt schlaue) Verteidigung des eigenen Terrariums ist nicht ungewöhnlich, richtet sich aber selten gegen den Pfleger selbst. Normalerweise gilt sie Feinden. Ich habe schon von Bartagamen gehört, die Hunde und Katzen angreifen!

Die meisten Bartagamen sind jedoch ruhige Echsen ohne Neigung zur Nervosität und nehmen es ohne Kampf hin, wenn man sie anfasst. Der Großteil der heute als Haustiere verfügbaren Bartagamen stammt aus langjähriger Zucht über viele Generationen und ist gut an die Terrarienhaltung angepasst. Wenn es ideale Haustier-Echsen gibt, dann sind sie es!

Die Verwandtschaft

Die am häufigsten gehaltene Bartagame ist die Streifenköpfige Bartagame, jedoch gibt es noch sieben weitere Arten.

- Die Östliche Bartagame (*Pogona barbata*) findet man im Osten und Südosten Australiens. Sie erreicht bis zu 25 cm Kopf-Rumpf-Länge (KRL) und ist weniger stämmig als die Streifenköpfige Bartagame
- Westliche Bartagamen (*Pogona minor*) werden 15 cm lang (KRL) und sind eher schlank. Man findet sie in Zentralaustralien und in der gesamten westlichen Region.

- Mitchells Bartagame (*Pogona mitchelli*) erreicht eine KRL von 15 cm. Sie kommt von Zentralaustralien bis zur Westküste vor.
- Kimberley-Bartagamen (*Pogona microlepidota*) sind kleinere Echsen mit nur 12 cm KRL. Ihr Verbreitungsbegiet erstreckt sich um das Einzugsgebiet des Drysdale River im Nordwesten Australiens.
- Die Kleinste Bartagame (*Pogona minima*) hat eine KRL von 18 cm und einen viel schlankeren Körper als die Streifenköpfige Bartagame. Man findet sie im gesamten Westen und Südwesten Australiens.
- Nullarbor-Bartagamen (*Pogona nullarbor*) werden 15 cm lang (KRL) und kommen nur in der Nullarbor-Ebene in Süd- und Westaustralien vor, daher ihr Name.
- Die Zwerg-Bartagame (*Pogona henrylawsoni*) lebt in den Black Plains von Zentral-Queensland. Sie ist mit 15 cm KRL kleiner als Streifenköpfige Bartagamen; der charakteristische Bart fehlt ihr.

Problematik der australischen Tier- und Pflanzenwelt

Australien leidet an den Folgen einer Vielzahl ökologischer Katastrophen, die seine natürliche Tier- und Pflanzenwelt bedrohen. Ehemals eingeführte und nun verwilderte Tiere wie Kamele, Kröten, Hasen und Katzen haben sich verheerend auf das heimische Ökosystem, seine Flora und Fauna ausgewirkt. In einem fehlgeleiteten Versuch, die eigene Tier- und Pflanzenwelt zu schützen, verabschiedete Australien in den frühen 60er-Jahren ein Bundesgesetz, das den Fang, die Pflege und Ausfuhr jeglicher Tier- und Pflanzenart ohne Genehmigung verbietet. Dies gilt nicht nur für ausländische, sondern auch für australische Bürger. Die Pflege von Bartagamen ist außerhalb Australiens verbreiteter als im Land selbst.
Dieses Gesetz mag australischen Bürokraten zwar die Arbeit erleichtert haben, Reptilienliebhabern und Wissenschaftlern jedoch bereitete es große Probleme. Ironischerweise kennen nämlich die Besitzer von Bartagamen außerhalb Australiens die Bedürfnisse ihrer Pfleglinge besser als viele Australier selbst. Aufgrund der gesetzlichen Einschränkungen ist das Studium dieser Reptilien (und anderer Tiere und Pflanzen Australiens) schwierig, teilweise sogar unmöglich geworden.
Leider begann nach Erlass dieses Gesetzes der Schmuggel zu blühen: Nachdem die Grenzen offiziell geschlossen worden waren, wuchs der Markt für geschmuggelte Reptilien. Die große Anzahl erhältlicher Reptilien in den 70er- und 80er-Jahren deutet darauf hin, dass viele Tiere illegal ausgeführt wurden.
Inoffiziell ist eine mögliche Verbesserung oder Überarbeitung dieses Gesetzes in näherer Zukunft angekündigt. Bleibt zu hoffen, dass dies der Fall sein wird! Denn obwohl Bartagamen in freier Wildbahn nicht bedroht sind und sich in Gefangenschaft gut fortpflanzen, tut Schmuggel keiner Tierart gut, sterben doch viele Tiere beim Schmuggel oder werden nach einem vereitelten Versuch eingeschläfert. Außerdem sollten auch die Australier selbst die Chance erhalten, ihre heimischen Arten zu pflegen.

Bartagamen zu Hause in Australien

Bartagamen kommen ursprünglich aus Australien. Durch die Trennung von den anderen Kontinenten hat sich die australische Tier- und Pflanzenwelt völlig verschieden zu der anderer Kontinente entwickelt. Es gibt einfach sonst auf der Welt nichts Vergleichbares wie das Känguru, den Koalabären oder das Schnabeltier. Diese Verschiedenartigkeit gilt auch für Reptilien; Bartagamen und ihre Verwandten, die Kragenechsen, sind zwei dieser einzigartigen Tiere.

Streifenköpfige Bartagamen stammen aus Ost- und Zentralaustralien bis zur Südküste. Da man sie nur auf diesem Kontinent findet, waren sie unter den Reptilienliebhabern lange Zeit völlig unbekannt. Sie sind recht häufig und in ihrem Verbreitungsgebiet nicht gefährdet. Tatsächlich, so Experten, sterben aber jährlich Tausende auf den Straßen.

Bartagamen im Biotop

Man findet Bartagamen hauptsächlich in trockenen, felsigen Halbwüsten. Sie sind bodenbewohnend und suchen häufig in Löchern im Boden oder unter Felsen Schutz vor dem Wetter und Fressfeinden. Auch Eukalyptus-Wälder, die an Buschland angrenzen, besiedeln sie. Obwohl sie eigentlich nicht arboreal (in Bäumen) leben, sind sie dennoch ausgezeichnete Kletterer und nutzen umgestürzte Bäume gerne zum Sonnen. Bartagamen sind tagaktiv. Morgens sonnen sie sich gern und werden mit zunehmender Körpertemperatur immer aktiver. Tagsüber fressen und trinken sie, setzen Kot ab, und wenn es die passende Saison ist, kümmern sie sich um die Fortpflanzung. In der Abenddämmerung haben sich die

Bartagamen aus Deutschland

In den frühen 80er-Jahren kamen die ersten Bartagamen nach Deutschland. Wenigstens einige dieser Tiere wurden wahrscheinlich aus Australien geschmuggelt, denn es war bereits illegal, australische Pflanzen oder Tiere auszuführen. Wie dem auch sei, diese ersten Tiere wurden der Grundstock für viele Züchter. Die meisten Bartagamen, die heute in menschlicher Obhut leben, sind Nachkommen dieser ersten deutschen Tiere.

Die Gegend um Alice Springs in Zentral-Australien ist ein natürlicher Biotop von Bartagamen. Foto: V. Franz

Tiere einen sicheren Schlafplatz gesucht und bleiben hier bis zum nächsten Morgen liegen.

In der freien Natur sind Bartagamen jeden Moment von Fressfeinden bedroht. Eine Vielzahl von Jägern (der Mensch eingeschlossen) fängt, tötet und isst diese Echsen. Ihre Färbung (erdfarbene Töne mit helleren und dunkleren Mustern) hilft dabei, sich zwischen Steinen, Felsen und Kies in ihrem natürlichen Habitat zu verstecken.

Werden die Tiere bedroht, versuchen sie zunächst zu fliehen. Erst, wenn ihnen der Fluchtweg abgeschnitten wird, verharren sie völlig regungslos. „Beweg' ich mich nicht, sieht man mich nicht", ist dabei ihre Devise. Wenn das auch nicht klappt, und der Fressfeind die Bartagame entdeckt hat, versucht sie mit einem Bluff aus der Patsche zu kommen: Sie stellt sich auf, spreizt den Bart ab und versucht größer zu wirken, als sie ist. Dann reißt sie das Maul auf und zeigt, wie groß nun auch noch dieses ist. Oft genügt das schon, einen Angreifer ein paar Sekunden zögern zu lassen; dies nützt die Agame, um sich eilig aus dem Staub zu machen und hoffentlich ein Versteck zu finden, bevor der Angreifer merkt, was gespielt wird. Aber Bartagamen zögern auch nicht, einen Angreifer zu attackieren.

Bartagamen in der Terraristik

Die ersten Bartagamen, die aus Australien geschmuggelt wurden, erwiesen sich als interessante Pfleglinge, und so wurden die Tiere von verschiedenen Züchtern in Deutschland und den USA nachgezogen. Robert Mailloux, Besitzer der „Sandfire Dragon Ranch" im San Diego County, Kalifornien, war einer der Ersten, die diese Tiere im großen Maßstab züchteten, und erzielte dabei einige verschiedene Farbvarianten. Die Begriffe „sandfire red", „sandfire yellow" und „sandfire pastel" sind wohl bekannt unter den Bartagamen-Haltern.

Diese ersten Züchter, wie auch diejenigen, die in den 80er- und 90er-Jahren hinzukamen, versorgten Sammler und Halter mit Tausenden von Nachzuchttieren. Dennoch überlebten nicht alle dieser in Gefangenschaft gezüchteten Agamen. Nun wissen Reptilienliebhaber nur zu gut, dass es am sichersten ist, ein Nachzucht-Tier zu kaufen, da Wildfänge oft unter Krankheiten und Parasiten leiden und sich viele Tiere (besonders die erwachsenen) nicht an die Terrarienhaltung gewöhnen. Also warum sind nicht alle Nachzuchten gediehen?

Unglücklicherweise kaufen viele Halter von Heimtieren ihr neues Tier, ohne zu wissen, wie man es richtig hält. Für den Neuankömmling steht noch kein

Terrarium bereit, da ist kein Futter, keine Heizung, kein Licht, und die Besitzer haben sich einfach nicht darauf vorbereitet, wie man eine Bartagame artgerecht pflegt. Dazu kommt dann noch, dass sie wahrscheinlich nicht wussten, wie man ein gesundes und kräftiges junges Tier aussucht, und infolgedessen starb ihre Echse.

Das muss aber nicht sein! Dieses Buch will Ihnen helfen, das richtige Tier zu wählen. Einsteiger können, nachdem sie es gelesen haben, schon alles richtig vorbereiten, bevor sie das Tier nach Hause holen, sodass die Eingewöhnungszeit minimal ist.

Was ist eine Bartagame für ein Haustier?

Eine Bartagame ist nicht wie ein Hund oder eine Katze. Sie ruht vielleicht gemütlich auf Ihrem Schoß, Arm oder Ihrer Schulter, während Sie sie streicheln, aber sie wird sich nie in Ihren Schoß kuscheln und schnurren wie eine Katze. Ihre Agame wird auf Ihre Anwesenheit reagieren und aus Ihrer Hand fressen, aber nie Ihren Befehlen gehorchen wie ein Hund.

Andererseits zerkratzt sie auch nicht Ihre Möbel, und Ihr Nachbar wird sich nie bei Ihnen darüber beschweren, dass Ihre Agame bellt.

> **Andererseits** zerkratzt sie auch nicht Ihre Möbel, und Ihr Nachbar wird sich nie bei Ihnen darüber beschweren, dass Ihre Agame bellt.

Eine Bartagame (oder zwei oder drei) zu halten, ist irgendwie anders. Sie leisten Ihnen Gesellschaft, aber auf eine andere Art, als Sie sie von pelzigen Vierbeinern bekommen. Ihre Agame nimmt Ihre Anwesenheit zwar wahr, aber sie wird niemals herangelaufen kommen, um auf sich aufmerksam zu machen. Genau deswegen ist es aber ein besonderes Gefühl, wenn Sie Ihre Bartagame aus dem Terrarium nehmen, um sie zu streicheln, und sie Ihnen zeigt, dass es ihr gefällt!

Bartagamen machen viel Spaß, vor allem, wenn Sie zwei oder drei zusammen halten. Die Tiere interagieren stark, und es bereitet einfach Freude, ihnen zuzusehen. Außerdem ist ihre Körpersprache sehr vielfältig, und es wird Ihnen Spaß machen, sie verstehen zu lernen.

Man wird Sie anders (wenn nicht sogar seltsam!) ansehen, wenn man erfährt, dass Sie Reptilien halten. Unsere Gäste bekommen immer große Augen, wenn sie unsere Tiere sehen. Eigentlich sind wir immer noch dieselben Leute wie vor ein paar Minuten, aber für unsere Besucher haben wir uns völlig verändert.

Viele Reptilienhalter halten sowohl behaarte Tiere (wie Hunde oder Katzen) als auch schuppige (wie auch Bartagamen) – und das ist völlig o.k. Dennoch sollten

Ihre Erwartungen an Agamen nicht dieselben sein wie an andere Heimtiere. Sie sind einfach völlig anders.

Bartagamen sind nicht schwierig zu halten, solange Sie daran denken, dass diese Tiere einige spezielle Bedürfnissen haben. Manche dieser Anforderungen, wie z. B. an das Terrarium, die Heizung und die Nahrung, müssen unbedingt eingehalten werden. Agamen sind nun mal, was sie sind, und können sich auch nicht ändern, um besser zu uns zu passen.

Reptilienbesitzer müssen auch einsehen, dass ihre Pfleglinge keine Hunde oder Katzen sind. Reptilien zeigen nicht das Lernvermögen und Verständnis von Säugetieren; dazu fehlt ihnen die entsprechend ausgebildete Großhirnrinde. Das heißt nun aber nicht, dass Reptilien dumm wären – weit gefehlt. Reptilien, einschließlich Bartagamen, sind sogar sehr gerissen in den Dingen, die wichtig für sie sind. Sie sind es nur nicht in einigen anderen Dingen, wie z. B. in der Dressur, die Sie mit ihrem Hund machen können.

Wenn sie der Typ zum Knuddeln und Kuscheln sind, denken Sie daran, dass Bartagamen dies eine Weile erdulden, dann aber auch genug davon haben. Erwarten Sie nicht, dass Ihre Agame Geschmack am Schmusen findet, wie ein Hund es täte. Wenn Sie jedoch gerne Tiere beobachten und es sie befriedigt, Ihre Agame und deren Reaktionen auf Sie zu beobachten, dann kann eine Bartagame sehr wohl ein gutes Haustier für Sie sein.

Ist eine Bartagame das richtige Haustier für Sie?

Viele halten Reptilien, weil sie so anders und ungewöhnlich sind. Wenn Sie das Merkwürdige, das Ungewöhnliche lieben, nun, dann kann eine Bartagame tatsächlich das Richtige für Sie sein. Ich muss schon zugeben, dass unser Besuch zu Hause immer fasziniert von unseren Bartagamen ist.

Bevor Sie sich jedoch entscheiden, ob Bartagamen das richtige Heimtier für Sie sind, lassen Sie uns doch mal sehen, was die Tiere brauchen:

- Unterbringung: Bartagamen wachsen zu großen Echsen heran und brauchen Platz, um sich bewegen zu können. Die Mindestgröße eines Terrariums für ein einzelnes adultes Tier sollte etwa 1,20 x 0,6 x 0,6 m (L x B x H) betragen, obwohl die Höhe nicht so wichtig ist wie die Bodenfläche. Wenn Sie mehr als ein Tier halten (die Tiere machen süchtig!), werden

Wie denkt ihre Familie darüber?

Sie ein größeres Terrarium benötigen: Für ein Pärchen sieht man mindestens rund 1,25 x 1,0 x 0,75 m vor. Noch geräumiger wäre in beiden Fällen besser.

- Haltungsbedingungen: Ihre Agamen brauchen Wärme, Licht, die Möglichkeit zum Sonnen (auch unter speziellen UV-Lampen) und eine Stelle, um Kot abzusetzen.
- Zeit: Bartagamen sind nicht annähernd so zeitaufwändig wie Hunde, aber etwas Zeit werden Sie zu investieren haben. Sie werden den Kot jeden Tag entfernen müssen; auch Füttern und die Reinigung von Fress- und Wasserschale fallen täglich an. Das schließt noch nicht die Zeit mit ein, in der Sie mit Ihrem Tier umgehen oder es beobachten.
- Finanzielles: Die Preise für Bartagamen sind sehr unterschiedlich. Verständlicherweise sind neue Färbungsvarianten teurer als Tiere mit natürlicher Färbung. Und dennoch wird der Preis für das Tier nicht Ihre größte Ausgabe sein; am teuersten wird das Terrarium. Zusätzlich gehen Einrichtung, Licht und Heizung ordentlich ins Geld. Die täglichen Ausgaben für Ihren Pflegling sind relativ gering, wird Ihre Bartagame jedoch krank oder verletzt sich, sind die Kosten für den Tierarzt häufig sehr beachtlich. Auch die Stromkosten sind nicht zu vernachlässigen.

Sind Sie Allergiker?
Viele Menschen mit Allergien gegen Tierfell und -schuppen stellen fest, dass sie Reptilien recht gut vertragen. Dennoch sollten Sie nicht automatisch davon ausgehen, dass das bei Ihnen auch so ist. Am besten erkundigen Sie sich nach jemandem, der Bartagamen hält, und verbringen einige Zeit mit den Tieren. Gehen Sie mit den Tieren um, halten Sie sich viel in der Nähe des Terrariums auf, füttern und tränken Sie die Tiere. Was machen Ihre Allergien? Irgendwelche Reaktionen?

Wie denkt Ihre Familie darüber?

Wenn Sie alleine leben, ist die Wahl Ihres Haustiers Ihre Sache. Leben Sie jedoch mit anderen zusammen, sollten Sie deren Meinung über Bartagamen berücksichtigen. Schließlich wirkt sich eine Agame auch auf Ihre Mitbewohner aus.

Wenn eines Ihrer Familienmitglieder Einwände gegen Echsen hat, kann die Sache kompliziert werden, besonders, wenn Ihr Tier den Tagesablauf der Familie in irgendeiner Weise beeinflusst. Und wenn der- oder diejenige den Unmut über die Echse am Tier auslässt (und einige Leute tun das), ist das unfair und kann gefährlich für die Bartagame werden.

Wenn Sie Kinder haben, sollten Sie sich fragen, ob sie diese und die Agame voreinander schützen können! Kinder können beabsichtigt oder unbeabsichtigt die Echse quälen, gerade, wenn sie mit ihr spielen wollen. Nun beißen Bartagamen zwar normalerweise nicht, aber in Notwehr können sie durchaus ein Kind verletzen.

Bevor Sie eine Bartagame mit nach Hause bringen, stellen Sie sicher, dass Ihre bessere Hälfte (und auch die anderen Familienmitglieder) mit ihrer Entscheidung einverstanden sind. Vor der Anschaffung ist es in jedem Fall besser, Ihren Partner darauf vorzubereiten, was es heißt, Echsen zu halten. Sie sollten das nicht so nebenbei versuchen, in der Hoffnung, er (oder sie) wird es schon nicht merken!

Haben Sie weitere Haustiere?

Während ich dies hier gerade schreibe, liegt Kes, meine zweijährige Australische Schäferhündin, neben mir auf dem Sofa. Ihr Kopf ruht auf meinem Arm, und sie beobachtet das Terrarium, in dem meine beiden jüngsten Agamen leben. Die beiden sind es gewohnt, beobachtet zu werden, und ignorieren sie, aber Kes ist fasziniert und betrachtet die Echsen stundenlang. Dennoch kann ich nicht mehr Kontakt erlauben, denn ich bin mir sicher, Kes würde die beiden Agamen in einen Snack verwandeln, wenn Sie nur könnte.

Hunde und Katzen sind Jäger, und eine fliehende Echse ist ein leichtes Spiel für sie. Obwohl eine erwachsene männliche Bartagame recht furchterregend ist, vor allem

„Pool Pet" Foto: Bill Love/Blue Chameleon Ventures

mit weit aufgerissenem Maul und aufgestelltem Bart, ist sie trotzdem verwundbar, wenn sie angegriffen wird. Nun lassen sich zwar einige Katzen von der Kühnheit der Echse abschrecken, aber ich habe meine Zweifel, ob das bei meinen Hunden klappen würde.

Sie werden sich zu Hause umsehen müssen und schauen, wie sie Ihre Bartagame vor Ihren anderen Tieren schützen können. Ich achte immer darauf, dass das Terrarium fest verschlossen ist, damit Kes sich die jungen Agamen nicht als Zwischenmahlzeit genehmigen könnte, wenn sie es versuchte. Sind Sie imstande, Ihre neue Bartagame vor Ihren anderen Haustieren schützen?

Was macht Ihre Bartagame glücklich?

Dazu braucht es wirklich nicht viel:

- Terrarium: Ein großer, geräumiger Behälter für eine Wüstenechse. Das ist ihr Heim und ihr Rückzugsgebiet.
- Nahrung: Eine gute, gehaltvolle Ernährung aus pflanzlichen Bestandteilen, einigen lebenden Insekten und deren Larven ist wichtig für die Gesundheit.
- Sicherheit: Einige Verstecke im Terrarium, und Ihre Agame fühlt sich sicher. Zusätzlich bieten diese Schutz vor zu viel Unruhe um das Terrarium – besonders, wenn sie gerade versucht, sich einzugewöhnen.
- Sonnenschein und frische Luft: Ihre Agame wird sich über einen gelegentlichen Ausflug ins Freie zum Sonnen sehr freuen. Ein Freilandterrarium für schöne Tage wäre ausgezeichnet.

Blasse Farbvariante von Pogona vitticeps mit rotem Kopf
Foto: Bill Love/Blue Chameleon Ventures

Was regt Ihre Bartagame auf?

Obwohl Bartagamen recht ruhig und entspannt sind, gibt es einige Dinge, die sie wirklich ärgern oder aufregen. Steht ein Tier (Mensch oder Bartagame) ständig unter Stress, reagiert das Immunsystem, und das Tier wird anfälliger für Krankheiten oder stressbedingte Leiden. Stress alleine kann ein Reptil dazu bringen, die Nahrungsaufnahme einzustellen, und schließlich stirbt es vielleicht sogar. Mögliche Stressauslöser sind:

- Das falsche Terrarium: Obwohl frisch geschlüpfte Jungtiere in einem kleinen Becken eine Weile gehalten werden können, braucht eine große Bartagame ein wesentlich geräumigeres Terrarium. Ein zu kleiner Behälter wird der Echse Stress verursachen und sie dazu veranlassen, gegen die Scheiben zu knallen.
- Die falsche Haltung: Ein zu kaltes oder zu feuchtes Klima schädigt die Gesundheit Ihres Tiers. Es kann Nahrung nicht mehr richtig verdauen, es könnte Atemwegserkrankungen bekommen, und es wird sich nicht richtig entwickeln.
- Spiegel: Vor allem männliche Bartagamen versuchen manchmal, ihr Spiegelbild anzugreifen. Gehen Sie sicher, dass keine Spiegel in der Nähe sind, in denen sich ihre Agame selbst sehen kann, weder innerhalb noch außerhalb des Terrariums.

Vielleicht ist eine Bartagame doch nicht das richtige Haustier für mich?

Bartagamen sind nicht für jeden das Richtige; nicht jeder kann ihren Bedürfnissen gerecht werden. Haben sie die Agame (oder zwei oder drei) jedoch erst einmal daheim, ist es nicht immer leicht, ein neues Zuhause für sie zu finden. Sie sollten die Sache daher gut überdenken, bevor Sie eine Echse anschaffen.

Falls Sie herausfinden, dass eine Bartagame nicht das Richtige für Sie ist, Sie aber dennoch gerne ein Reptil hätten, was dann? Nun, das Internet ist eine hervorragende Informationsquelle; sehen Sie doch mal in Reptilien-Chatrooms nach, oder beteiligen Sie sich bei einem Forum. Schauen Sie auch einfach mal bei einem Zoohändler in Ihrer Nähe vorbei und sprechen Sie mit den Leuten, die dort arbeiten, oder den Kunden. Aber kaufen Sie nicht die erstbeste Echse, die Sie sehen – treffen Sie eine wohl überlegte Entscheidung, nachdem Sie sich gründlich informiert haben!

Finden Sie die passende Bartagame!

Sie haben nun erste Informationen über Bartagamen gelesen; was denken Sie jetzt? Sind Sie fasziniert? Klingt das nach einem Tier, für das Sie sorgen wollen? Bedenken Sie, Sie treffen eine Entscheidung für die nächsten zehn Jahre!

Jung oder alt, Männchen oder Weibchen?

Sehen wir uns doch mal die Einzelheiten an. Sie sind also der Ansicht, dass eine Bartagame das richtige Tier für Sie ist. Wie geht's jetzt weiter? Möchten Sie gerne ein Jungtier großziehen? Die sind wirklich süß! Haben Sie ein sehr junges Tier, können Sie es so aufziehen, wie Sie möchten, und versuchen, ihm einiges beizubringen. Unglücklicherweise ist die Sterblichkeit bei Jungtieren immer noch größer, als sie sein müsste. Babys unter drei oder vier Monaten sind recht heikel; ein einziger Fehler in Temperatursteuerung, Fütterung oder anderen Pflegemaßnahmen genügt, und sie sterben. Des Weiteren haben größere Jungtiere bessere Überlebens-Chancen als kleinere.

Sie könnten auch eine erwachsene Bartagame kaufen oder aufnehmen. Bei einem erwachsenen Tier könnten Sie natürlich das Problem der Jungtier-Sterblichkeit umgehen. Das heißt aber nicht, dass nicht auch die Großen ihre Probleme mit sich brächten. Eine erwachsene Agame zu erwerben, ähnelt in gewisser Weise dem Kauf eines Gebrauchtwagens: Sie kriegen ein wahres Prachtstück, oder sie bekommen eine Niete. Wie erging es der Echse, bevor Sie sie zu sich geholt haben? Wurde sie richtig gefüttert? Bei der richtigen Temperatur gehalten? Warum wurde sie abgegeben? Vielleicht haben Sie am Ende ein Tier, das wohl behütet wurde, aber leider abgegeben werden musste, oder sie finden sich mit einer fehlernährten, kranken, nervösen und vernachlässigten Bartagame wieder. Wenn Sie sich für ein ausgewachsenes Tier entscheiden, treffen Sie Ihre Wahl sorgfältig und versuchen Sie (falls möglich), sowohl die Echse als auch die Besitzer kennen zu lernen, bevor Sie sich entscheiden, das Tier mitzunehmen.

Die Wahl der Bartagame

- Versichern Sie sich am besten, dass das Tier Ihrer Wahl von einem gewissenhaften Züchter stammt, der für seine gesunden, langlebigen Tiere bekannt ist.
- Lassen Sie lieber die Finger von einem seltsamen Tier, das keinen Umgang mit Menschen hatte und ständig an den Scheiben des Terrariums kratzt. Wählen Sie ein ruhiges Exemplar, das sich in die Hand nehmen lässt.
- Wählen Sie eine Agame, die gesund erscheint, saubere, klare und wachsame Augen sowie trockene Nase und Mund besitzt. Sie sollte ein Bäuchlein haben, kräftige Beine und einen stämmigen Schwanz. Alle Zehen und Finger sollten vorhanden und der Schwanz vollständig sein.
- Vermeiden Sie eine apathische, dünne Echse, der es gleichgültig ist, was um sie herum geschieht.
- Vermeiden Sie Tiere mit Beulen oder Dellen an Körper oder Kiefer oder solche mit geschwollenen Zehen, Gliedern, Unterkiefer oder Schenkeln.
- Nehmen Sie kein Tier, das allem Anschein nach Durchfall hat.

Das Geschlecht des Tieres sollte Ihnen beim Kauf auch bekannt sein. Männliche Tiere sind größer als weibliche und normalerweise kräftiger gefärbt. Männchen können untereinander sehr aggressiv sein und sollten nicht zusammen gehalten werden. Generell kann man sagen, dass die Weibchen ruhiger, weniger aggressiv, kleiner und schwächer gefärbt sind – es gibt jedoch Ausnahmen.

Wo bekommen Sie eine Bartagame?

Ihr Zoohändler in der Nähe könnte Bartagamen haben. Oder auch nicht. Auf jeden Fall gibt es eine Menge Möglichkeiten, an Bartagamen zu kommen, und einige davon sind besser als andere.

Reptilienbörsen: Reptilienbörsen gibt es im ganzen Land und das ganze Jahr über. Normalerweise finden diese in Veranstaltungszentren oder an ähnlichen Orten statt. Hier treffen sich Menschen, die Reptilien lieben, züchten und abgeben, sowie Händler an einem Ort und verkaufen ihre Tiere und ihre Ware. Dies kann eine großartige Gelegenheit sein, um eine Bartagame von privat zu kaufen, denn Sie können sehen, was all die anderen züchten und abgeben. Verschiedene Züchter bieten unterschiedliche Farb- und Zeichnungsvarianten an, und vielleicht gefällt Ihnen ja eine besonders.

Terraristik-Fachgeschäfte: Terraristik-Händler wissen häufig, wer wo und wann welche Tiere hat und auch, wo es zurzeit junge Bartagamen gibt. Der Umgang mit Händlern kann toll sein, leider aber auch schrecklich. Meist sind die Preise relativ niedrig (zumindest geringer als im normalen Zoogeschäft), da Sie sich den Zwischenhändler sparen. Einige Händler sind jedoch nur wegen des Geldes im Geschäft und nicht zum Wohl der Tiere. Also erkundigen Sie sich und holen Sie Empfehlungen ein. Wer hat durchweg gesunde Tiere? Wer steht zu den Tieren und kümmert sich um Sie, wenn es ein Problem gibt?

Wussten Sie eigentlich...?
Mit einem Reptil zusammen zu leben, bedeutet Verantwortung für das Tier. Es kostet Zeit, es zu füttern, für es zu sorgen und ihm die Aufmerksamkeit zu geben, die es braucht.

Zoogeschäfte: „Normale" Zoogeschäfte, die auch Reptilien führen, bieten vielleicht junge Bartagamen an, und falls nicht, können sie Ihnen bestimmt welche besorgen. Zoogeschäfte sind nicht alle gleich,

Wo bekommen Sie eine Bartagame?

wenn es um das Fachwissen geht. Sehen Sie sich das Geschäft genau an, bevor Sie dort etwas kaufen. Die Terrarien sollten sauber sein und kein verschüttetes Futter oder haufenweise Kot aufweisen. Sind die Behälter schmutzig, kaufen Sie nichts; die Tiere werden womöglich aufgrund der Vernachlässigungen sterben.

Hat das Geschäft tatsächlich junge Bartagamen, sollte das Futter in angemessener Weise angeboten werden: kleingehacktes oder zerriebenes Gemüse und sehr kleine Grillen. All dies gilt natürlich auch für Terraristik-Fachgeschäfte und private Züchter.

Sind die Terrarien sauber, sieht das Futter gut aus und erscheinen die Bartagamen-Babys gesund, dann lassen Sie sich doch ein oder zwei Tiere zeigen. Ein gesundes Jungtier sollte lebhaft und interessiert erscheinen, mit klaren, wachsamen Augen. Es sollte keine Absonderungen an der Nase haben. Vergewissern Sie sich, dass das Kleine unverletzt ist, ohne fehlende Zehen und ohne Verletzungen. (Hungrige, zu eng gehaltene Jungtiere kauen und fressen tatsächlich gegenseitig an den Zehen.) Es ist völlig normal, wenn das Kleine zunächst versucht, vor Ihrer Hand zu fliehen, aber es sollte sich schnell beruhigen. Kaufen Sie kein Tier, das nicht aufhört, sich zu sträuben, und keine Berührung zulässt.

Tierschutzvereine: Mein Mann und ich sind seit über 20 Jahren im Tierschutz aktiv. Angefangen haben wir damit, Wasser- und Landschildkröten aufzunehmen, für

Frisch geschlüpfte Bartagamen
Foto: Bill Love/Blue Chameleon Ventures

sie zu sorgen und ein neues Zuhause für sie zu finden. Nach einigen Jahren mussten wir dann feststellen, dass auch andere Reptilien Hilfe brauchten, sich aber nur sehr wenige Menschen um sie kümmerten. Als wir Platz genug hatten, begannen wir also, auch andere Tiere aufzunehmen. Oft bekommen wir Grüne Leguane, einige Schlangen, den einen oder anderen Frosch und manchmal auch Bartagamen.

Leider brauchen die Bartagamen, wenn wir sie bekommen, unweigerlich Hilfe. Üblicherweise sind sie fehlernährt, vernachlässigt und benötigen oft tierärztliche Versorgung. Manchmal können wir sie retten und ein neues Heim für sie finden, aber manchmal ist es einfach zu spät.

Suchen Sie einen Tierschutzverein in Ihrer Gegend. Vielleicht können Sie sich in eine Warteliste eintragen. Man weiß nie, vielleicht kommt schon morgen eine großartige Bartagame herein.

Tierheime: Noch vor einigen Jahren hätte man niemals ein Reptil wie eine Bartagame in einem Tierheim angetroffen. Heutzutage sieht man eher Grüne Leguane als Bartagamen, diese sind aber auch keine Unbekannten. Ein Tierheim, ungefähr 30 km entfernt von mir, hat jetzt gerade eine erwachsene Bartagame, einen Schmuckhornfrosch und drei Grüne Leguane. Und alle warten darauf, dass jemand sie aufnimmt. Einen Versuch ist der Besuch also wert, aber seien Sie auf einen Misserfolg vorbereitet, da in Deutschland Reptilien in Tierheimen immer noch große Ausnahmen darstellen.

Viele Tierheime leiten Reptilien an lokale Terrarianer weiter, weil sie nicht über die geeigneten Einrichtungen verfügen, um für Reptilien zu sorgen; also rufen Sie doch einfach im Tierheim an und fragen Sie nach.

Eine gesunde Bartagame
- ist aufgeweckt und wachsam
- hat wachsame, klare Augen, ohne Absonderungen oder Verkrustungen
- hat eine trockene Nase ohne Ausfluss
- hat eine saubere Kloakenöffnung (die Analregion)
- hat einen kräftigen Schwanz und kräftige Schenkel (im Verhältnis zu ihrer Größe)
- hat ein Bäuchlein
- hat kräftige Kiefer, die vollständig schließen, ohne Schwellungen oder Ausfluss
- wirkt eher schwer für ihre Größe

Die richtige Bartagame für Sie

Überstürzen Sie den Kauf oder die „Adoption" Ihrer ersten Bartagame nicht. Das ist eine wichtige Entscheidung für womöglich die nächsten zehn Jahre! Lassen Sie sich Zeit, sprechen Sie mit anderen Leuten und sehen Sie sich mehrere Tiere an. Dann können Sie auch eine gut durchdachte und fundierte Entscheidung treffen. Sie werden es nicht bereuen!

Kapitel 2

Willkommen zu Hause!

In diesem Kapitel:
Das beste Terrarium für Ihre Bartagame
Welches Zubehör benötigt sie?
Wenn Sie Ihr Tier nach Hause bringen...

O.k., Sie haben sich also entschieden, eine Bartagame in Ihre Familie aufzunehmen. Sie haben ein paar Anrufe getätigt, sich einige Tiere angesehen und sich Ihr neues Haustier ausgesucht. Wie geht es jetzt weiter?

Dieses Kapitel sorgt dafür, dass Sie alles bestens vorbereiten können. Ich erkläre Ihnen, wie Sie Ihre Bartagame am besten nach Hause bringen und was Sie in diesen ersten Tagen tun sollten (oder besser bleiben lassen). Mit ein paar wenigen Vorbereitungen sind Sie so weit, Ihr neues Haustier nach Hause holen zu können.

Wenn sie Ihre Bartagame mitbringen, können Sie sie nicht auf der Schulter umhertragen oder auf der Sofalehne sitzen lassen, bis das Terrarium soweit ist. Das wäre wirklich eine Katastrophe! Das Terrarium muss fertig sein, bevor Sie Ihr neues Tier mit nach Hause bringen. Es muss alles bieten, was Ihre Bartagame braucht, wie z. B. Plätze zum Sonnen, Futter- und Wasserschalen, Licht und Heizung. All das kostet Zeit (und Geld.) Sie sollten es daher erledigt haben, bevor Sie Ihre neue Bartagame mitbringen.

Pogona vitticeps Foto: M. Schmidt

Das beste Bartagamenterrarium

Stellen Sie sich das Terrarium als die Wohnung ihrer Bartagame vor. Die meiste Zeit wird sie dort verbringen. Das Terrarium sollte also geräumig und komfortabel eingerichtet sein und Ihrer Bartagame ein Gefühl von Sicherheit und Entspannung vermitteln.

Auf die Größe kommt es an

Das Erste, worüber Sie nachdenken sollten, ist die Größe des Terrariums. Die Mindestgröße für eine einzelne adulte Bartagame ist, wie schon erwähnt, 1,20 x 0,6 x 0,6 m (L x B x H). Denken Sie daran: Bodenfläche ist wichtiger als Höhe. Dies ist das absolute Minimum; 30 % größer wäre besser (das wären dann ca. 1,60 x 0,9 x 0,9 m).

> **Bedenken Sie,** dass Baby-Bartagamen unter guten Bedingungen bis zu 2,5 cm pro Woche wachsen und mit neun Monaten fast ihre Endgröße erreichen.

Wenn Ihnen ein Terrarium dieser Größe übertrieben vorkommt, bedenken Sie, dass Bartagamen in der Wildnis in Wüsten oder halbtrockenen Buschlandschaften leben. Sie haben dort genügend Platz, ihr Territorium abzustecken, Nahrung zu jagen und sich vor Fressfeinden zu verstecken. In einem kleinen Terrarium fühlen sich Bartagamen verletzlich und zur Schau gestellt, der Stress wird unerträglich. Wird eine Bartagame auf zu engem Raum gehalten, lehnt sie sich gegen die Gefangenschaft auf und läuft beim Versuch, zu fliehen, ständig gegen die Wände bzw. Scheiben. Unter Umständen verletzt sie sich, oder noch schlimmer, sie gibt auf, erliegt dem Stress und stirbt.

Eine frisch geschlüpfte Agame kann in den ersten paar Monaten in einem Becken mit ca. 90 Liter Volumen gehalten werden. Aber nicht länger als diese ersten Monate. Das Kleine wird rasch zu groß für den Behälter. Bedenken Sie, dass Baby-Bartagamen unter guten Bedingungen bis zu 2,5 cm pro Woche wachsen und mit neun Monaten beinahe ihre normale Größe erreichen.

Halten Sie mehr als eine Agame, muss das Terrarium entsprechend geräumiger sein. Sie brauchen die Größe des Behälters nicht für jedes Tier zu verdoppeln, aber Sie sollten zumindest ein Drittel bis die Hälfte hinzufügen. Das Mindestmaß für zwei Bartagamen wurde oben schon genannt und liegt bei 1,25 x 1,0 x 0,75 m, aber beispielsweise 1,80 x 0,9 x 0,9 m sind natürlich vorteilhafter.

Werden mehrere Tiere auf zu geringem Raum gehalten, kann es zu Aggressionen kommen. Merken eine rangniedere Bartagame, ein jüngeres oder kleineres Tier,

Bartagamen mögen erhöhte Aussichtsplätze Foto: M. Schmidt

Do it yourself!
Wenn Sie handwerklich begabt sind, können Sie Ihr Terrarium auch selbst bauen. Verwenden Sie z. B. Vierkant-Hölzer als Träger, Glas oder Acrylglas für die Front- und Seitenscheiben und Sperrholz als massiven Boden und Rückwand. Manche nehmen Halbrund- anstelle der Vierkant-Hölzer, um das Terrarium attraktiver zu gestalten.
Wie Sie Ihr Terrarium gestalten, liegt ganz bei Ihnen, achten Sie nur darauf, dass es sicher und leicht zu reinigen ist. Alle Lacke und Farben müssen ungiftig sein. Setzen Sie Ihr Tier nicht ein, bevor sich alle Dämpfe und Lösungsmittel verflüchtigt haben.
Die Oberseite des Terrariums sollte z. B. aus Drahtgaze oder Lochblech bestehen. Außerdem sollte auch im unteren Seitenbereich eine Lüftungsfläche vorhanden sein, damit keine Stickluft entsteht. Verwenden Sie keine Materialien mit Vinylbeschichtung, denn hier werden auch die Heizelemente und das Licht untergebracht. Dieser Teil des Terrariums sorgt außerdem für einen Teil der Luftzirkulation.

dass es keine Versteckmöglichkeit und keinen Platz zum Ausweichen gibt, geraten sie leicht in Stress und sterben. Aggressionen können auch zu Kämpfen, verlorenen Zehen, fehlenden Schwänzen oder anderweitigen Verletzungen führen.

Aus welchem Material?

Glasterrarien eignen sich gut für Bartagamen. Eine Seite des Behälters (üblicherweise die Rückwand) sollte jedoch massiv oder abgedeckt sein, sodass man nicht hindurchsehen kann. Bringen Sie hier ein Handtuch, ein Stück Pappe oder eine Fotorückwand an, wie sie für Aquarien-Hintergründe üblich ist. Diese Deckung vermittelt Ihrem Tier Sicherheit.

Wo stelle ich das Terrarium hin?

Der Standort des Terrariums ist fast genauso wichtig wie das Terrarium selbst. Sie sollten leichten Zugang haben, schließlich werden Sie mehrmals am Tag zu Ihrem Terrarium gehen, um zu füttern, Wasser zu wechseln, das Becken zu reinigen, oder Sie wollen einfach nur „Hi!" zu Ihrem Haustier sagen. Halten Sie das Terrarium von Stellen mit starker Sonneneinstrahlung fern. Ein Glasbecken für Bartagamen sollte generell nicht in der Sonne stehen; die Becken heizen sich sehr schnell auf, und das Tier würde den Hitzetod sterben.

Um das Terrarium kann sich durchaus Familienleben abspielen, wenn es nur nicht zu viel ist. Stellen Sie das Terrarium ruhig in einem Zimmer für die ganze Familie auf, solange Ihre Bartagame nicht von Stereo-Lautsprechern und Surround-Sound-Fernsehen bombardiert wird. Wenn das Wohnzimmer ständig laut und lärmerfüllt ist, sollten Sie das Terrarium in ein Zimmer stellen, das zwar oft von Familienmitgliedern betreten werden kann, aber weniger laut ist.

Versuchen Sie aber nicht, das Terrarium zu sehr zu isolieren. Sie werden Ihre Bartagame möglicherweise vergessen, wenn Sie sie nicht sehen. Sie bekäme dann weniger Aufmerksamkeit, und man vergisst leicht, sich um sie zu kümmern, sie zu füttern, ihr frisches Wasser zu geben und das Terrarium zu reinigen.

Manchmal erzählen mir Bartagamenhalter, ihr Terrarium sei in einem Nebenzimmer, da es nicht zum Ambiente des Hauses passe. Ich antworte immer dasselbe: „Wenn das Ambiente wichtiger ist als das Wohlergehen Ihres Haustieres, dann sollten Sie keine Bartagame (oder irgendein anderes Tier) halten!" Wenn Sie Verantwortung für ein Haustier übernehmen, dann ist es auch ein Teil dieser Verantwortung, Ihr Bestes für dieses Tier zu geben. Im Falle einer Bartagame hängt ein Großteil ihres Wohlergehens vom Terrarium und der Aufmerksamkeit ab, die sie ihr schenken.

> **Das Freilandterrarium**
>
> Ihre Bartagame wird es mögen, ein wenig Zeit im Freien zu verbringen, sofern das Wetter mitspielt. Sollten Sie also in der Lage sein, ein Außengehege aufstellen zu können, wird Ihr Haustier dies lieben.
>
> Da dies nicht der Dauerwohnsitz Ihrer Bartagame sein wird, sondern eher ihr Urlaubsdomizil, ist die Größe nicht so wichtig. Ein Gehege von 1,20 x 0,6 x 0,6 m (L x B x H) wäre großartig. Achten Sie darauf, dass es sicher ist, Sonne hereinscheinen kann (kein Glas zum Bau verwenden!) und Klettermöglichkeiten vorhanden sind. Obwohl Ihre Agame die Sonne genießen wird, müssen Sie dennoch auch für Schatten sorgen, damit sie nicht überhitzt. Stellen Sie noch etwas Wasser in einer Schale bereit und lassen Sie die Agame einige Insekten jagen. In jüngster Zeit können als Freilandterrarien konzipierte Gazekäfige im Terraristik-Fachhandel bezogen werden, die sich hierfür hervorragend eignen.

Die Terrarieneinrichtung

Ihre Bartagame benötigt nicht viel an Terrarieneinrichtung. Je nach Größe des Behälters sollten ein bis zwei Stämme zum Sonnen vorhanden sein; nehmen Sie solche, die breiter als der Körper der Agame sind, damit das Tier darauf liegen kann, ohne sich festhalten zu müssen. Ein echter Stamm mit Rinde oder der Länge nach gespalten eignet sich hervorragend, solange Sie ihn sauber halten. Manche Agamenpfleger verwenden Kunststoffrohre (15–20 cm Durchmesser), die mit Teppich für den Innen- und Außenbereich überzogen sind. Einige Terrarien sind mit flachen Vorsprüngen ausgestattet, die sich gut bewährt haben; Bartagamen scheinen jedoch (wenn man ihnen die Wahl lässt) runde Stämme zu bevorzugen. Korkeichenrinde ist in allen Zoogeschäften erhältlich, die Reptilien führen. Sie ist leicht und gibt einen guten Sitzplatz ab. Auch flache Steine eignen sich gut.

Einer der Ruheplätze sollte unter einem Strahler aufgestellt werden. (Ich komme später in diesem Kapitel darauf zurück.) Den anderen können Sie an eine beliebige andere Stelle setzen. So kann Ihr Haustier selbst wählen, ob es sich in der Wärme sonnen möchte oder ihr lieber aus dem Weg geht. Als wechselwarmes Tier kann es so seine Körpertemperatur regulieren.

Mit ein paar Stämmen, Korkstücken oder Steinen lassen sich leicht Höhlen oder Verstecke bauen. Setzen Sie eines dieser Verstecke in eine warme Ecke des Terrariums, das andere in einen kühleren Bereich – so kann sich die Bartagame selbst aussuchen, wohin sie sich zurückziehen möchte.

„Tiffy" (Pogona vitticeps) im Terrarium Foto: A. Hauschild

Bodengrund

Ein Substrat ist das Material, mit dem Sie den Boden des Terrariums bedecken. Manche verwenden Zeitungspapier oder Papiertücher für frisch geschlüpfte Bartagamen, denn beides ist preiswert und kann leicht ausgewechselt werden.

Das am häufigsten verwendete Substrat für erwachsene Agamen ist Sand. Als Wüstenreptilien sind die Tiere an Sand angepasst. 10–20 cm sauberer weißer Sand mit Lehmanteil sind ideal, da die Tiere gerne graben. Außerdem hält Sand sehr gut Wärme. Und Kot sowie Futterreste können leicht abgesammelt und entfernt werden.

Leider beginnt Sand schnell zu riechen; daher verwenden einige Agamenhalter Alfalfa-Pellets, wie sie als Hasenfutter verkauft werden. Alfalfa ist recht nahrhaft für Bartagamen und erfüllt somit gleich zwei Zwecke. Es hat aber auch Nachteile. Es speichert die Wärme nicht wie Sand, und man muss darauf achten, dass es nicht nass wird; es schimmelt sonst und muss dann sofort entfernt werden. Außerdem nutzen sich die Krallen so gut wie überhaupt nicht ab. Daher müssen zumindest genügend raue Steine vorhanden sein, damit die Krallen nicht zu lang werden.

Manche Halter von Bartagamen lehnen Sand aus einem anderen Grund ab: Wird beim Fressen zu viel davon aufgenommen, kann dies möglicherweise gefährlich werden und ernste Darmverstopfungen hervorrufen. Sie können dieses Risiko vielleicht verringern, wenn Sie käuflichen Sand verwenden, der speziell als Reptiliensubstrat angeboten wurde. Sie erhalten ihn in Ihrem örtlichen Zoogeschäft, über Reptilien-Zubehör-Kataloge oder Internet-Seiten für Reptilien-Bedarf.

Verwenden Sie keine Rinden- oder Holzspäne. Werden diese verschluckt, können sie Probleme verursachen; außerdem könnten sie möglicherweise die Luftfeuchtigkeit auf Werte erhöhen, die für eine Bartagame ungesund sind.

Was benötigt Ihre Bartagame sonst noch?

Im Gegensatz zu einigen Reptilien, die eine sehr reichhaltige Umgebung brauchen, stellen Bartagamen relativ einfache Ansprüche. Das Terrarium ist sicher wichtig, aber auch Heizung und Licht sind essenziell für die Gesundheit Ihrer Agame.

Heizung

Wie schon erwähnt, sind Reptilien wechselwarm (ektotherm). Dies bedeutet, dass sie ihre Körpertemperatur nicht selbst aufrecht erhalten können und daher von der Umgebung abhängig sind. Bestimmte Prozesse im Körper arbeiten besser bei bestimmten Temperaturen. Enzyme zum Beispiel benötigen Wärme, um chemische Umformungen zu bewirken. Die dafür und für andere Körperfunktionen benötigten Temperaturen können Reptilien jedoch nicht selbst erzeugen. Sie sind daher zum Überleben auf Wärmequellen außerhalb des Körpers angewiesen.

> **Reptilien** sind ektotherm. Dies bedeutet, dass sie ihre Körpertemperatur nicht selbst aufrecht erhalten können und daher auf Wärmequellen in ihrer Umgebung angewiesen sind.

Die Notwendigkeit, die Körpertemperatur aufrecht zu erhalten, ist einer der wichtigsten Punkte im Leben eines jeden Reptils. Ein Fels in der Sonne, eine Asphaltstraße oder ein dunkler Baumstamm absorbieren die Wärme, und man sieht oft, wie Reptilien dies nutzen.

Kann ein Reptil seine benötigte Körpertemperatur nicht erreichen oder aufrecht erhalten, verlangsamen sich alle Körperfunktionen. Anstatt verdaut zu werden, kann beispielsweise Nahrung im Darm verrotten und die Echse vergiften.

Auch wird das Tier immer träger und zeigt keine Aktivität mehr, das Reptil ist fast bewegungslos. Einige Arten halten Winterruhe, wenn es ihnen zu kalt wird, doch obwohl Bartagamen über die Winterzeit ruhiger werden, überwintern sie nicht im eigentlichen Sinne. Dauerhaft kühle Temperaturen werden eine Bartagame töten. Auf der anderen Seite kann Ihre Bartagame auch überhitzen, wenn sie sich aus Bereichen hoher Temperatur nicht zurückziehen kann. Wird das ganze Terrarium gleichmäßig beheizt (statt nur einer Seite oder Stelle), kann es dazu kommen, dass das Tier ängstlich wird und die Terrarienwände auf- und abläuft oder sogar dagegen ankämpft. Es wird wahrscheinlich keuchen und durch das Maul atmen, bis es schließlich damit aufhört und sich nicht mehr bewegt. Der Tod kann dann sehr schnell eintreten. Obwohl also eine Heizung notwendig ist, brauchen die Tiere auch kühlere Stellen im Terrarium, damit sie ihre Körpertemperatur so regeln können, wie sie es gerade benötigen.

Die Temperatur im Terrarium kann im kühlsten Teil bei vielleicht 22 °C liegen, die Grundtemperatur aber sollte rund 25–30 °C betragen, und ein oder mehrere Spotstrahler müssen sogar Wärmezonen von etwa 40 °C schaffen. Diese Temperaturspanne (man nennt dies einen Temperaturgradienten) ermöglicht es der Bartagame, jederzeit diejenige Umgebungstemperatur zu wählen, die sie gerade benötigt. Nachts sollte die Temperatur auf 18–22 °C zurückgehen.

Terrarienheizung

Es gibt verschiedene Möglichkeiten, wie Sie Teile Ihres Bartagamenterrariums beheizen können.

- **Spotstrahler:** Sie sind die beliebteste und billigste Möglichkeit, Ihr Terrarium sowohl zu beleuchten als auch zu heizen. Eine weißer Spotstrahler lässt sich gut tagsüber einsetzen, muss aber nachts abgeschaltet werden – Ihre Agame braucht die Dunkelheit in der Nacht. Nachts können Sie Rot- oder Schwarzlicht verwenden, um ein etwas wärmeres Plätzchen zu erzeugen oder das Terrarium mit der schlafenden Agame auch nachts betrachten zu können.

Die erforderliche Wattstärke des Strahlers hängt davon ab, wie hoch die Umgebungstemperaturen sind und wie weit die Befestigung vom „Sonnenplatz" entfernt ist. Wenn Sie das Terrarium einrichten (bevor die Bartagame eingesetzt wird), platzieren Sie am besten ein Thermometer auf dem bestrahlten Liegeplatz und schalten Sie das Licht ein. Lesen Sie nach einigen Minuten die Temperatur ab. Ist es zu kühl, benötigen sie einen Strahler mit höherer Wattstärke oder eine andere Wärmequelle.

Da Spotstrahler heiß werden, sollten Sie diese nach Möglichkeit außerhalb des Terrariums montieren. Vergewissern Sie sich aber auf jeden Fall, dass Ihre Agame weder den Strahler noch die Befestigung berühren kann; sie könnte sich sonst verbrennen. Auch sonst sollte nichts mit der Birne in Berührung kommen können.

- **Keramik-Heizstrahler:** Diese Heizmittel, ebenfalls in verschiedenen Wattstärken erhältlich, werden in Fassungen für Glühbirnen geschraubt und erzeugen Wärme, ohne Licht abzugeben. Sie können daher 24 Stunden am Tag betrieben werden. Heizstrahler halten normalerweise viel länger als Spotstrahler; obwohl sie teurer in der Anschaffung sind, zahlen sie sich langfristig gesehen aus.

Ihre Bartagame kann sich an Heizstrahlern ebenso verbrennen wie an Spotstrahlern, wenn sie diese berührt. Sie sollten also auch oben, außerhalb des Terrariums, angebracht werden.

Es ist offensichtlich, wann ein Spotstrahler durchgebrannt ist, denn er erzeugt kein Licht mehr. Heizstrahler jedoch zeigen nicht an, wenn sie nicht mehr arbeiten. Es ist also wichtig, dass Sie regelmäßig die Temperatur im Terrarium überprüfen. Wenn ein Heizstrahler nicht mehr funktioniert und dies nicht auffällt, weil die Temperatur nicht regelmäßig kontrolliert wird, kann Ihre Agame leicht unterkühlen.

- **Da aber Echsen** „Licht" immer auch mit „Wärme" verbinden, sind Spotstrahler geeigneter als Keramik-Heizstrahler.
- **Seien Sie vorsichtig!** Verwenden Sie Keramik-Fassungen (anstelle Plastik) sowohl für Spot- als auch für Heizstrahler. Verwenden sie keine billigen Lampen aus Kunststoff für Ihr Agamenterrarium. Die meisten Kunststofffassungen sind nicht für den Dauerbetrieb ausgelegt und könnten überhitzen, unter Umständen schmelzen oder sogar ein Feuer entfachen. Keramikfassungen sind zwar etwas teurer, aber sie sind wesentlich sicherer im Dauerbetrieb.
- **Heizfelsen:** Das sind Nachbildungen von Felsen oder Ziegelsteinen mit integrierten Heizelementen. Sie werden im Bodengrund vergraben, sodass das Reptil auf dem Substrat liegen kann, um sich aufzuwärmen. Heizsteine sind ideal für Bartagamen, denn in freier Natur nutzen sie ebenfalls in Steinen gespeicherte Wärme von unten, um auf „Betriebstemperatur" zu kommen. Man findet sie oft auf einem Stein in der Sonne liegend.

Seien Sie dennoch vorsichtig mit Heizsteinen. Bedecken Sie sie immer mit Substrat. So heizt sich auch der Bodengrund auf und verteilt die Wärme. Es sind einige Fälle bekannt, in denen sich Reptilien (manchmal sogar schwer) an Heizsteinen verbrannt haben. Das Substrat um den Heizfelsen wird dies verhindern.

- **Unterbodenheizung:** Diese Heizelemente wie Heizkabel oder -matten sind für Bartagamen nicht geeignet, denn deren natürlicher Instinkt sagt ihnen, dass sie beim Graben in kühlere Sandschichten gelangen. Eine Beheizung von unten aber hätte den gegenteiligen Effekt. Achten Sie darauf, dass nur ein Ende des Terrarium beheizt wird, während das andere kühler bleibt.

Heizung

Raten Sie nicht, wenn es um die Temperaturen in Ihrem Terrarium geht; verwenden Sie Thermometer, um diese zu bestimmen. Die Temperatur ist einfach zu wichtig, um geschätzt zu werden.

Sie sollten die Temperatur im Terrarium täglich – oder sogar mehrmals täglich – überprüfen, auch wenn das Terrarium schon eine Weile lang eingerichtet ist. Verwenden Sie mehr als nur ein Thermometer im Terrarium und überwachen Sie sowohl die hohen als auch die niedrigen Temperaturen. Es gibt Thermometer mit einer 24-Stunden-Mindest- und Höchsttemperaturanzeige; diese können von unschätzbarem Wert sein. Sie können daran exakt ablesen, wie kalt es während der Nacht und wie warm es tagsüber wird. Mit diesem Wissen können Sie jede Veränderung an der Umgebung Ihrer Bartagame vornehmen, die sie benötigt.

Männchen von Pogona vitticeps
Foto: M. Schmidt

Licht

Kommen Sie morgens schlechter in die Gänge, wenn es grau und wolkig ist? Fühlen Sie sich nicht auch beschwingter an einem klaren und sonnigen Morgen? Sie reagieren ganz einfach auf Licht. Licht wirkt sich auch auf jeden Aspekt des Lebens einer Bartagame aus, wie Appetit, Verdauung, Schlaf, Aktivität und Fortpflanzung.

Natürliches Sonnenlicht erzeugt Wärme, wie Spotstrahler auch, aber es enthält zusätzlich UV-Strahlung. Wenn Sie sich ohne Sonnenschutz zu lange draußen aufhalten, tragen Sie von der UV-Strahlung Verbrennungen davon. Es gibt verschiedene Typen UV-Strahlung (UV-A und UV-B), und nicht alle sind schlecht.

Pflanzen benötigen UV-A-Strahlen, um zu wachsen und zu blühen. Daher werden

„Pflanzen-Strahler" angeboten, die in Gewächshäusern (oder für Zimmerpflanzen) eingesetzt werden und UV-A abgeben. UV-A-Strahlung ist auch gut für Reptilien; sie steigert den Appetit und die Aktivität. Zusätzlich scheint sie notwendig für das physiologische Wohlbefinden zu sein, obwohl noch nicht geklärt ist, warum.

> **Licht** wirkt sich auf jeden Aspekt des Lebens einer Bartagame aus, wie Appetit, Verdauung, Schlaf, Aktivität und Fortpflanzung

Bartagamen benötigen auch den anderen UV-Typ. UV-B-Strahlung hilft dabei, Vitamin D_3 zu synthetisieren. Da dieses im Körper nicht gespeichert werden kann, müssen die Tiere der UV-B-Strahlung ausgesetzt sein, um es herzustellen. Vitamin D_3 ist notwendig für die Kalziumaufnahme und den Stoffwechsel; ein Mangel kann daher zu stoffwechselbedingten Knochenkrankheiten wie Rachitis führen.

Wenn sich Ihre Agame mehrmals in der Woche in ungefiltertem Sonnenschein sonnen kann, brauchen Sie sich um einen Mangel an Vitamin D_3 keine Gedanken zu machen. Einige Stunden pro Woche genügen, sofern das Sonnenlicht nicht durch Glas oder Kunststoff gefiltert wird; das UV-B würde zurückgehalten. Das bedeutet, das Sonnenlicht darf nicht durch ein Fenster oder die Wände eines Glasterrariums gefiltert werden. (Drahtgaze funktioniert recht gut; sie hält die UV-B-Strahlung weder zurück, noch besteht die Gefahr einer Überhitzung.)

Wenn Ihre Bartagame nicht regelmäßig nach draußen kann und im Winter müssen Sie eine speziell für Reptilien hergestellte Leuchtstoffröhre nutzen, die UV-B abgibt. Diese sollte genau über dem beschienenen Lieblingsast ihrer Agame angebracht werden; aber nicht weiter als 30 cm entfernt.

Spotstrahler erzeugen überhaupt keine UV-Strahlung, und Leuchtstoffröhren, die für den Heim- oder Bürobedarf hergestellt werden, sind nicht dieselben wie die für Reptilien. Sie müssen Leuchtmittel für Reptilien kaufen, die das volle benötigte Spektrum an UV-A und UV-B bereitstellen. Hier dürfen Sie keine Kompromisse machen; es ist zu wichtig für die Gesundheit Ihrer Bartagame.

> **Was sind Photoperioden?**
> Photoperiode nennt man den Rhythmus zwischen Licht und Dunkelheit, der durch die Rotation der Erde entsteht. Ein Zyklus von Tag und Nacht ist eine Photoperiode. Sie verschiebt sich mit den länger werdenden Tagen im Sommer und den kürzer werdenden im Winter. Diese Veränderungen lösen bei einigen Arten Verhaltensänderungen aus. Tiere, die Winterschlaf oder -ruhe halten, bereiten sich in der Zeit kürzer werdender Tage und länger werdender Nächte darauf vor.

Sie können Leuchtstoffröhren, die speziell auf Bartagamen und Reptilien abgestimmt sind, bei Zoohändlern kaufen, die Reptilien führen.

Um sicherzustellen, dass Ihre Agame den vollen Nutzen aus dem Licht zieht, sollte die Röhre alle sechs Monate erneuert werden, auch wenn sie noch nicht ausgebrannt ist.

Bartagamen überwintern nicht wirklich, aber die kürzeren Tage kündigen den ausgewachsenen Tieren die bevorstehende Fortpflanzungszeit an, die bei uns normalerweise von Dezember bis Februar oder März dauert.

Für Ihr Haustier sollte ein Zyklus von 14 Stunden Licht und zehn Stunden Dunkelheit das Richtige sein. Sollten Sie sich später dazu entschließen, ihre Tiere zu züchten, müssen Sie die Photoperioden so anpassen, dass die Tage im Winter kürzer sind. Gehen Sie schrittweise zu einem Zyklus mit zehn Stunden Licht und 14 Stunden Dunkelheit über. Verwenden Sie Zeitschaltuhren, um das Licht für Ihre Bartagame an- und auszuschalten.

Die Grundtemperatur im Terrarium lässt man während dieser Phase auf rund 22 °C absinken.

Zu guter Letzt

O.k., Sie haben das Terrarium eingerichtet, Stellen zum Sonnen und Verstecke sind auch vorhanden. Sie haben Sand als Bodensubstrat eingebracht und eine Wärmelampe sowie eine Leuchtstoffröhre über den Ruheplätzen montiert. Was braucht Ihr neues Haustier sonst noch? Nun, es benötigt Futter- und Wasserschalen. Diese sollten niedrige Seiten haben und flach sein. Ist die Schale zu tief, hat die Agame Schwierigkeiten, an das Futter zu kommen. Flache Kunststoff-Marmeladendeckel mit niedrigem Rand eignen sich gut. Sie brauchen auch eine Katzentoiletten-Schaufel aus dem Zoohandel, um den Agamenkot aus dem Terrariensand zu schaufeln. So können Sie das Terrarium sauber halten, ohne jedesmal den Sand ersetzen zu müssen.

Wenn Sie Ihre Bartagame nach Hause holen...

Ist das Terrarium erst einmal eingerichtet, können Sie Ihre neue Agame nach Hause holen. Wenn Sie ein Agamenbaby bekommen, können Sie es in einer kleinen Schachtel nach Hause transportieren – sogar in einer Schuhschachtel. Stoßen Sie dazu einfach kleine Löcher für den Luftaustausch hinein. Wenn Sie sich eine erwachsene Bartagame nach Hause holen, können Sie eine Transportbox verwenden, z. B. einen Katzen-Transportbehälter aus Kunststoff, der groß genug ist; die Agame sollte genügend Platz haben und nicht hineingepfercht sitzen müssen (der Schwanz kann ein wenig gebogen werden.) Bei sehr warmem oder kaltem Wetter muss die Transportbox oder Schachtel in einen größeren thermostabilen Behälter gestellt werden. Dies kann eine Styroporbox oder eine Iso-Box sein. Achten Sie darauf, dass dieses isolierende Behältnis groß genug ist, damit der Agame genug Luft zur Verfügung steht. Auf diese Weise verhindern Sie, dass Ihr neuer Schützling auf dem Transport auskühlt oder überhitzt. Wenn Sie das Tier erst einmal in den Transportbehälter gesetzt haben, sollten Sie es auf dem Heimweg keinesfalls herauslassen, selbst dann nicht, wenn es darin randaliert. Ihre Bartagame wird die Autofahrt wahrscheinlich nicht mögen und Krach schlagen, aber das Verletzungsrisiko ist im Behälter oder der Schachtel geringer als frei laufend im Auto. Außerdem könnte ein frei laufendes Tier Sie verletzen, oder Sie verlieren die Kontrolle über Ihr Auto. Also lassen Sie die Agame in der Transportbox oder der Schachtel und vergewissern Sie sich, dass diese fest verschlossen ist und sicher steht.

Wenn Sie zu Hause ankommen, sollte die Terrarienbeleuchtung eingeschaltet sein und frisches Futter und Wasser bereit stehen, bevor Sie Ihre neue Agame aus der Box lassen. Sowie alles vorbereitet ist, schließen Sie die Tür zum Zimmer mit dem Terrarium. Öffnen Sie vorsichtig die Transportbox. Ihre Agame wird wahrscheinlich selbst herauskommen. Wenn sie dies tut, greifen Sie sie unter der Brust und dem Bauch mit einer Hand und stützen Sie die Echse so von unten. Packen Sie nicht von oben zu, damit machen Sie Ihrem Tier Angst; von dort würde es ein Fressfeind packen. Nehmen Sie Ihre Agame wirklich niemals am Schwanz!

Diese Bartagame lebt in Windora/Queensland. Foto: V. Franz

Wenn Ihre Bartagame nicht von selbst aus dem Transportbehälter kommt, greifen Sie vorsichtig und langsam hinein und versuchen Sie das Tier unter der Brust zu nehmen. Wenn die Agame Angst hat und sich zur Rückwand zurückzieht oder gar versucht zu beißen, sollten Sie das Ganze nicht erzwingen. Wickeln Sie sich ein Handtuch um Ihre Hand und den Arm und ziehen Sie die Agame leicht aus der Box; geben Sie Acht, keine Beine, Zehen oder Zehennägel zu verletzen.

> **Wenn** Sie Ihr Tier von oben greifen, machen Sie ihm Angst; von dort würde ein Fressfeind zupacken.

Ist die Bartagame erst einmal aus der Transportbox, setzen Sie das Tier vorsichtig auf einen der „Sonnenplätze" ins Terrarium unter einen Strahler. Verschließen Sie die Terrarientür fest und lassen Sie das Tier alleine.

Was Sie in der ersten Nacht tun sollten

Was sollten Sie mit Ihrer Bartagame in ihrer ersten Nacht im neuen Zuhause tun? Nichts. Rein gar nichts! Lassen Sie sich das Tier an sein Terrarium und den Haushalt gewöhnen. Erlauben Sie der Agame, die Menschen, Haustiere und Dinge um sie herum erst einmal zu sehen, zu riechen und zu schmecken, aber sorgen Sie dafür, dass es so ruhig und entspannt wie möglich im Haus zugeht. Verhindern Sie, dass die Kinder, Hunde oder Katzen die Agame jagen, necken oder versuchen, sie zum Sich-Bewegen zu bringen. Sie wird wohl erst einmal wie eine Statue erstarrt sein, also lassen Sie dies zu!

Was Sie auf keinen Fall tun sollten

Versuchen Sie nicht, Ihre Bartagame anzufassen; das wäre unglaublich stressig für sie. Laden Sie keine Nachbarn ein, um ihnen Ihr neues Tier zu zeigen; zuerst einmal muss es sich an Sie gewöhnen. Bringen Sie es auch nicht dazu, das Terrarium zu erkunden. Lassen Sie die Echse einfach Statue spielen. Ihr Tier bekommt sehr wohl mit, was los ist – sie beobachtet, hört und riecht; und das ist genug für die ersten Tage.

Sorgen Sie dafür, dass sich Ihre Bartagame wohl und sicher fühlt

Geben Sie Ihrer Agame mindestens eine Woche, um sich an das Terrarium und ihr neues Zuhause zu gewöhnen. Wechseln Sie Futter und Wasser und machen Sie das Terrarium sauber, aber gönnen Sie ihr ansonsten Ruhe. Kein Streicheln, kein

Kraulen oder sonst irgendetwas. Erlauben Sie ihr einfach, sich zu entspannen.

Gleichzeitig sollten Sie versuchen, alles so ruhig wie möglich um das Terrarium zu halten. Die Agame wird sich an Ihre normale Haushaltsroutine gewöhnen müssen. Wenn sie das allmählich tun kann, wird es ihr bei der Eingewöhnung helfen.

Fixieren heißt Bedrohen

Achten Sie darauf, Ihre Bartagame nicht ständig anzustarren, wenn sie sich gerade eingewöhnt. Klar, Sie möchten sie bestimmt beobachten – schließlich ist sie neu und faszinierend. Und dennoch: direkter Augenkontakt ist eine Bedrohung. Also erklären Sie auch Ihrer Familie, dass sie die Bartagame zwar kurz ansehen oder aus dem Augenwinkel beobachten können, sie aber niemals anstarren sollten. Wenn Sie Ihren Hund oder Ihre Katze dabei ertappen, wie sie die Agame anstarren, dann unterbinden Sie dies. Fixieren ist nämlich der erste Schritt des Angriffs eines Fressfeindes.

Vorsichtiger Umgang

Im Lauf der nächsten Wochen können Sie allmählich beginnen, Ihre neue Bartagame anzufassen. Die Schlüsselworte lauten hier „vorsichtig" und „ruhig". Denken Sie daran: Obwohl die meisten in Gefangenschaft geborenen Bartagamen schon seit mehreren Generationen in Gefangenschaft aufgewachsen sind, sind es trotzdem noch immer Wildtiere.

Wie werden Sie Ihr neues Tier nennen?

Ihre Agame kann auch einen Namen bekommen. Sie können dann von ihr sprechen, ohne sie immer als „die Echse" zu bezeichnen, und mit der Zeit wird sie vielleicht sogar auf ihren Namen hören.

Wir haben unserer männlichen Bartagame den Namen „Gold Guy" gegeben, denn er hat eine leuchtende orange-gelbe und goldene Zeichnung, und er ist ein Männchen. „Gold Guy" bezieht sich auch auf einen „Las-Vegas-Charakter", und seine Persönlichkeit trifft dies ganz gut. Als das einzige Männchen unter drei Weibchen hat er schon so eine Art drauf und zeigt sie auch. Bartagamen haben eine sehr individuelle Persönlichkeit, und je mehr Sie die Tiere beobachten und mit ihnen leben, um so mehr wird Ihnen das klar. „Gold Guy" ist ein echter Macho. Er nickt seine Weibchen an, verdunkelt seinen Bart und stolziert im Terrarium herum. Er ist sehr wichtig, und das weiß er auch! Wilma dagegen ist wirklich eine Süße und winkt immer gleich mit dem Arm, wenn „Gold Guy" sie erschreckt. Betty ist da schon ein wenig frecher und wehrt sich auch gegen „Gold Guy". Sie winkt niemals mit dem Arm, um sich ihm zu unterwerfen. Wir haben länger gebraucht, den Weibchen Namen zu geben, denn sie hatten nicht so auffallende Eigenschaften wie er. Gloria jedoch haben wir nach der berühmten Feministin Steinem genannt, denn sie zögert keinen Moment, „Gold Guy" zu vertreiben, wenn er sie nervt. Weibchen Nummer zwei und drei bekamen ihre Namen „Wilma" und „Betty" von der „Familie Feuerstein", denn sie sehen wirklich prähistorisch aus!

Freunde von uns nannten ihr Männchen „Tutanchamun" und das Weibchen „Cleopatra". Ich denke, relativ viele Tiere bekommen Namen von Dinosauriern, wie z. B. „Dino", „Rex" oder „Sauri". Andere Tiere haben Namen, die auf ihre Färbung anspielen, wie mein „Gold Guy"; „Großer Roter", „Mandarinchen", „Oranger" und ähnliche Namen sind nicht ungewöhnlich.

Vielleicht möchten Sie einen Namen aussuchen, der lustig oder albern klingt, oder einen, der die guten Eigenschaften Ihrer Bartagame betont. Vielleicht nennen Sie Ihr dreistes, aggressives Männchen ja auch lieber „Bubbles" oder „Honigkuchen" statt „Killer"?

Auch eine zahme Bartagame ist nicht wie ein Haushund, der schon seit Tausenden von Jahren mit Menschen zusammenlebt. Sie müssen Ihre Agame erst allmählich an Sie gewöhnen. Damit dies gelingt, müssen Sie auch vertrauenswürdig für die Echse sein, also gehen Sie es ruhig und sacht an.

Beginnen Sie damit, Ihre Bartagame mit der Hand zu füttern. Finden Sie heraus, was sie gerne frisst, und füttern Sie kleine Happen davon. Geben Sie Ihr einen Mehlwurm, einen Regenwurm oder ein wenig rohes grünes Gemüse.

Wenn Sie etwas per Hand anbieten und Ihre Agame wegläuft, sind Sie vielleicht zu hektisch. Versuchen Sie es das nächste Mal mit langsameren Bewegungen. Halten Sie ihr das Futter unter die Nase; vielleicht entschließt sie sich, es doch zu nehmen. Wenn Sie Ihrer Agame den einen oder anderen Leckerbissen von Hand füttern können, beginnen Sie damit, sie vorsichtig zu berühren, kraulen Sie ihren Rücken in der Nähe der Stacheln oder auf dem Kopf. Streicheln Sie sie nicht, solange sie ängstlich ist – kraulen Sie nur ein wenig und hören Sie dann auf.

Im Terrarium und außerhalb

Sie sollten Ihre Bartagame in das Terrarium setzen können, ohne mit ihr zu ringen, und sie herausholen können, ohne dass sie um sich schlägt. Wenn Sie von Hand füttern können und sie es erlaubt, berührt und gekrault zu werden, ist es Zeit, damit anzufangen.

Beginnen Sie damit, ihr einen Leckerbissen anzubieten. Wenn sie frisst, kraulen Sie sie wie zuvor. Gleiten Sie mit einer Hand unter die Brust, sodass ein Finger oder zwei oder drei (je nach Größe Ihres Tiers) zwischen den Vorderbeinen und unter dem Brustkorb liegen. Heben Sie die Echse vorsichtig aus dem Terrarium. Wenn Sie ein Agamenbaby haben, halten Sie es in einer Hand. Haben Sie dagegen ein ausgewachsenes Tier, setzen Sie den restlichen Körper auf Ihren Unterarm und verstauen Sie den Schwanz zwischen Ihrem Arm und Körper. Der Kopf sollte über Ihrer Hand sein, diese zwischen den Vorderbeinen und unter dem Brustkorb. Der Körper liegt auf Ihrem Unterarm, die Hinterbeine zu jeder Seite Ihres Arms. Der Schwanz ist hinter Ihnen, zwischen Ihrem Arm und Ihrem Körper. So können Sie Ihr Tier gut halten, und es sollte sich sicher fühlen.

Wenn Sie das Tier von seinem Kletterast aufnehmen, lösen Sie sehr vorsichtig die Zehen vom Stamm. Die Zehen sind überraschend beweglich und können leicht verletzt werden. Nehmen Sie Ihre Agame mit einer Hand auf; so können Sie mit der anderen die Zehen lösen.

Packen Sie Ihre Echse niemals am Schwanz oder den Beinen. Sie könnten leicht brechen oder ausgerenkt werden; sie sind wirklich überraschend dünn für diesen schweren Körper. Beim Griff nach den Beinen würde sich die Agame außerdem verhalten, als würde sie angegriffen. Sie wird versuchen, sich dagegen zu wehren, und könnte sich dabei sogar selbst verletzen. Wenn Sie am Schwanz zugreifen, könnte dieser brechen oder sogar abreißen – dies wäre eine sehr ernsthafte Verletzung!

Sollte sie um sich schlagen, wenn Sie versuchen, Ihre Bartagame aufzunehmen, lassen Sie das Tier in Ruhe! Nachdem es sich beruhigt hat, kraulen Sie es ein wenig, sofern sie das nun zulässt. Das ist genug für eine Unterrichtsstunde.

Wenn Ihre Bartagame sich ruhiger herausnehmen lässt, können Sie damit anfangen, sie allmählich länger außerhalb des Terrariums zu lassen. Aber achten Sie auf alles, was sie stressen könnte, und vermeiden Sie dies am Anfang. Sie hat schon genug, an das sie sich gewöhnen muss! Wirkt Ihre Agame z. B. recht alarmiert, wenn Ihre Katze ins Zimmer kommt, sollten Sie die Katze aus dem Zimmer entfernen, bevor Sie Ihre Agame aus dem Terrarium holen. Die Agame kann die Katze sehen, wenn sie im Terrarium in Sicherheit ist; sie braucht sich keine Sorgen zu machen, so lange die Katze außerhalb ist. Später, wenn sie mehr Vertrauen hat, kann sie lernen, mit der Katze umzugehen.

Foto: A. Hauschild

Wussten Sie eigentlich...?
Junge Echsen werden leicht gequetscht und verletzt (oder sogar getötet); ebenso leicht entkommen sie einem Kind. Überwachen Sie daher Kinder die ersten Male, wenn diese Ihr neues Haustier anfassen.

Kapitel 3

Mmmm, lecker!

In diesem Kapitel:
Was ist eine ausgewogene Ernährung?
Wie man seine Bartagame füttert
Das richtige Futter für jedes Alter

Bartagamen sind ausgezeichnete Überlebenskünstler. Da sie sich omnivor ernähren und daher sowohl Insekten als auch Pflanzliches fressen, ist die Futtersuche für sie viel einfacher als für Reptilien, die sich nur von einer Sorte ernähren. Draußen in der Wildnis fressen Bartagamen Insekten, wenn sie welche bekommen können. Sind gerade keine Insekten, aber genug Pflanzen vorhanden, nun, dann fressen sie eben diese. Im Idealfall sollte natürlich beides verfügbar sein. In menschlicher Obhut sind Bartagamen immer noch Allesfresser, was heißt das also für uns als Halter? Was brauchen diese Echsen, um gesund zu bleiben?

Bartagamen fressen auch pflanzliche Nahrung
Foto: Bill Love/Blue Chemeleon Ventures

Was ist eine ausgewogene Ernährung?

Nahrung, die von einem Lebewesen (Säugetier oder Reptil) gefressen wird, versorgt den Körper mit Energie für die Aktivität und mit Stoffen, die für die Funktion von Organen, den Umsatz der Nahrung und die Widerstandskraft gegen Krankheiten wichtig sind. Ein starkes Immunsystem, Fortpflanzung und normales Wachstum setzen richtige Ernährung voraus. Obwohl ein schlecht gefüttertes Tier eine Weile lang überleben kann, wird es sich nicht weiterentwickeln oder sogar sterben, wenn die Diät nicht korrigiert wird.

> Es gibt einige Grundpfeiler der Ernährung und des Stoffwechsels Ihrer Bartagame:
> - Wasser
> - Eiweiß (Protein)
> - Kohlenhydrate
> - Fette
> - Fasern
> - Vitamine
> - Mineralstoffe
> - Enzyme

Jeder dieser Nahrungsbestandteile erfüllt seinen eigenen Zweck und hat seine Aufgabe, aber keiner funktioniert für sich allein. Gute Ernährung umfasst dies alles, lediglich die Anteile können variieren, je nach Alter der Bartagame, Gesundheitszustand, Stress, Aktivität und ob das Tier trächtig ist oder nicht.

Wasser

Wasser ist die häufigste Verbindung auf diesem Planeten und unabdingbar für das Leben, wie wir es kennen. Ungefähr zwei Drittel des Körpers Ihrer Bartagame sind Wasser. Blut besteht zu ca. 80 % aus Wasser, Muskeln zu mehr als 70 %, und ca. 75 % des Gehirns sind Wasser. Jede Zelle des Körpers benötigt für ihre normale Funktion Wasser. Atmung, Verdauung, Stoffwechsel und Ausscheidungen: für all dies ist Wasser notwendig. Es dient dem Auflösen und dem Transport der Nahrungsbestandteile und hält alles im Körper im Gleichgewicht.

Jeden Tag geht durch Atmung und Ausscheidung ein Teil dieses Wassers verloren, der ersetzt werden muss. Etwas davon nimmt die Agame über ihr Futter wieder auf.

Einige Früchte – besonders Wassermelone, Honigmelone und Erdbeeren – haben einen sehr hohen Wassergehalt. Dennoch muss Ihre Bartagame immer noch trinken, um den Bedarf zu decken.

Manche Tiere trinken aus flachen Schüsseln. Verwenden Sie nur sehr niedrige, damit die Agame daraus trinken kann. Natürlich ist eine flache Schale schnell leer, Sie müssen sie also regelmäßig wieder auffüllen. Außerdem werden Sie die Schale oft reinigen müssen, da manche Tiere ihren Kot im Wasser absetzen.

Viele Bartagamen erkennen eine Wasserschale nicht als Wasserquelle. Schließlich liegen in der Wüste nicht oft Wasserschalen herum! Wenn Sie sie vor den Augen Ihrer Agame tropfenweise füllen, können Sie ihr aber vielleicht beibringen, die Schale als Wasserquelle zu sehen. Aber stellen Sie sich darauf ein, dies oft vorführen zu müssen.

Viele Halter von Bartagamen haben ihren Tieren beigebracht, von einer Sprühflasche zu trinken. Füllen Sie die Sprühflaschen mit klarem Wasser und sprühen Sie vorsichtig den Rücken und Kopf Ihres Tiers ein. Vermutlich wird es den Rücken verbreitern und versteifen, die Hinterbeine strecken und den Kopf senken. So kann das Wasser vom Rücken zum Kopf laufen, wo die Agame es von der Nase leckt. Ich habe meinen Tieren auch beigebracht, von einer Pipette zu trinken. Ich kann ihnen auf diese Weise Wasser und Vitamine geben und sicherstellen, dass jedes Tier etwas davon bekommt. Dazu halte ich die Agame in einer Hand und setze einen Tropfen Wasser auf die Nase der Echse. Leckt sie ihn ab, gebe ich ihr mehr davon direkt ins Maul – immer nur ein paar Tropfen auf einmal.

Eine falsch ernährte Bartagame

Eine falsch ernährte oder mit zu wenig Flüssigkeit versorgte Bartagame sieht dehydriert aus: Die Haut ist faltig, man erkennt die Lage der Knochen, und die Augen sind eingefallen. Sie können einer fehlernährten Bartagame wieder auf die Beine helfen, indem sie etwas „Nährlösung" (z. B. „Bioserin", erhältlich bei Ihrem Tierarzt) in wenig Wasser geben und rühren, bis es sich aufgelöst hat. Mit einer Pipette oder Spritze geben Sie immer nur wenige Tropfen in das Maul der Agame. Achtung! Ertränken Sie Ihr Tier nicht! Geben Sie ihm immer nur ein paar Tropfen und warten Sie, bis es schluckt; erst dann geben Sie die nächsten paar Tropfen. Sie werden dies am ersten Tag stündlich wiederholen müssen. Zusätzlich sollten Sie dafür sorgen, dass unter dem Strahler zum Sonnen (aber auch nur dort!) 40 °C herrschen; Wärme ist wichtig für die Genesung.
Fahren Sie am zweiten Tag mit der Nährlösungs-Behandlung fort. Diesmal mischen Sie jedoch abwechselnd Hühnchen- oder Truthahn-Babybrei (Säuglingsnahrung) dazu. Setzen Sie diese Ernährung fort, bis Ihr Tier wieder von selbst frisst.

Enzyme

Enzyme erfüllen viele Funktionen im Körper Ihrer Bartagame; tatsächlich sind das so viele, dass Ihr Tier ohne sie nicht überleben könnte. Enzyme bestehen aus zwei Teilen: einer ist das Proteinmolekül, der andere Teil heißt Coenzym. Dieses Coenzym ist entweder ein Vitamin oder das chemische Derivat (sozusagen die umgebaute

Version) eines Vitamins. Enzyme arbeiten, indem sie chemische Reaktionen steuern, sodass wiederum andere Substanzen Ihren Job erledigen können.

Verdauung und Stoffwechsel erfordern ein komplexes System an Enzymen, um sicherzustellen, dass Tausende chemischer Reaktionen auch so ablaufen, wie sie sollen. Enzyme im Verdauungsprozess können genau eine bestimmte Substanz (bzw. Substanzgruppe) spalten. (Indem die Nahrung zerkleinert und verdaut wird, werden dem Körper die Nahrungsbestandteile zur Verfügung gestellt.) So spaltet z. B. ein Enzym für Kohlenhydrate keine Fette.

Da Enzyme aus Proteinen und anderen Verbindungen, normalerweise einem Vitamin, bestehen, kann die Zahl der Enzyme variieren, die der Bartagame zur Verfügung stehen – je nach Futter.

Eiweiß (Protein)

Neben Wasser ist Eiweiß die häufigste Verbindung im tierischen Körper; sie stellt ungefähr 50 % der Zelle. Eiweißstoffe sind unglaublich vielfältig und die Grundsubstanz von Klauen, Haut, Muskeln, Sehnen, Knorpel und anderen Bindegeweben. Sie gehören zu den wichtigsten Futterbestandteilen für Wachstum, Entwicklung, Reparatur von Körpergewebe, sexueller Entwicklung und Stoffwechsel. Außerdem sind sie essenzieller Bestandteil des Blutkreislaufs, des Immunsystems, des Verdauungssystems, von Hormonen und noch vielem mehr.

Fleisch fressende Reptilien bekommen ihr Eiweiß über die tierische Nahrung. Allesfresser haben zwar nicht den gleichen Proteinbedarf wie Fleischfresser, dennoch brauchen sie es für viele Körperfunktionen. Sie müssen das benötigte Eiweiß also über gefressene Insekten und Pflanzen bekommen. Nun hängt der Nährwert der meisten Insekten jedoch davon ab, wie gut sie gefüttert wurden. Daher ist es wichtig, Grillen oder Mehlwürmer zu füttern, bevor Sie diese Ihrer Bartagame vorsetzen. Sie werden gleich mehr darüber lesen. Neben Insekten haben verschiedene Pflanzen unterschiedliche Mengen und Typen an Eiweißstoffen. Lattich z. B. enthält nur Spuren von Protein, eine Hand voll Grünkohl dagegen 2 g. Gute pflanzliche Eiweißquellen sind auch Kürbis und Sojabohnen.

Bekommt Ihre Bartagame nicht genügend Eiweiß, wird sie an Gewicht verlieren, Muskelgewebe abbauen, und ihr Immunsystem wird geschwächt. Andererseits führt ein Zuviel an Eiweiß zu Hyperuricämie; dabei wird Harnsäure in den inneren Organen abgelagert und kann zu gefährlicher Gicht führen.

> **Wussten Sie eigentlich...?**
> Eine wohlgenährte, gesunde Echse hat einen runden, aber nicht fettleibigen Bauch, einen kräftigen Schwanz, klare, wachsame Augen und steckt voller Energie.

Kohlenhydrate

Pflanzliches Gewebe besteht hauptsächlich aus Kohlenhydraten. Ungefähr 60–75 % des Trockengewichts der meisten Pflanzen bestehen daraus. Genau wie Eiweiß erfüllen auch Kohlenhydrate nicht nur eine Funktion im Körper. Am wichtigsten ist sicherlich die Bereitstellung von Energie für Körperfunktionen und die Hilfe zur Verdauung anderer Nahrungsmittel. Außerdem sind sie für die Regulation des Proteinhaushalts wichtig und die Hauptenergiequelle für Muskelarbeit.

Fett

Nahrungsfette, so genannte Lipide, sind eine Gruppe wasserunlöslicher Verbindungen, die eine ganze Reihe verschiedener Funktionen im Körper einer Bartagame erfüllen. Eine der wichtigsten ist der Transport der fettlöslichen Vitamine A, D, E und K. Fette sind aber auch eine Energiequelle. Außerdem sind sie Bestandteil einer Reihe wichtiger chemischer Prozesse im Körper und werden für Wachstum, gesundes Blut und eine normale Funktion der Niere benötigt.

Für die meisten Reptilien wurde der Bedarf an Fettsäuren noch nicht bestimmt, die meisten Experten empfehlen jedoch einen Anteil von 0,2 % Linolsäure für alles- und Fleisch fressende Reptilien. Fettmangel konnte mit geringer Gelegegröße bei der Vermehrung in Verbindung gebracht werden. Linolsäure ist Bestandteil der meisten käuflich erwerblichen Futtermittel für Bartagamen. Auch in Insekten, die mit Getreide angefüttert wurden, ist sie enthalten.

Wussten Sie eigentlich…?
Für eine gute und ausgewogene Ernährung benötigt Ihr Haustier, genau wie Menschen, eine abwechslungsreiche Ernährung.

Fasern

Fasern bestehen aus Zellulose. Sie sind Bestandteil der Futterpflanzen, die Ihre Agame frisst, unterstützen die Gesundheit des Verdauungstraktes und helfen bei der Bildung und Ausscheidung des Kots.

Vitamine

Vitamine sind organische Verbindungen. Man findet sie ausschließlich in Pflanzen und Tieren. Der Körper Ihrer Agame kann kaum Vitamine synthetisieren; sie stehen ihm fast nur über die gefressene Nahrung zur Verfügung. Vitamine arbeiten eng mit anderen Verbindungen zusammen (normalerweise Enzymen) und erfüllen verschiedene Funktionen im Körper, darunter Verdauung,

Nahrungsstoffwechsel, Wachstum, Fortpflanzung, Zellteilung und Oxidationen, um nur einige zu nennen. Vitamine sind für Tausende unterschiedlicher chemischer Reaktionen verantwortlich.

Vitamin A

Das in Pflanzen vorkommende Carotin muss im Körper erst zu Vitamin A umgeformt werden, bevor es genutzt werden kann. Diese umgebaute Substanz findet man auch in tierischem Gewebe. Da Vitamin A fettlöslich ist, können überschüssige Mengen nicht mit dem Urin ausgeschieden werden. Stattdessen wird es in der Leber, im Fettgewebe, der Lunge und den Nieren eingelagert.

Als wichtiges Antioxidans hilft es beim Wachstum und der Reparatur von Körpergewebe. Außerdem unterstützt es das Immunsystem und die Sehkraft.

Ein Mangel an Vitamin A verursacht langsames oder verzögertes Wachstum, Reproduktionsausfälle und Hautirritationen. Häufig sind auch Sekundärinfektionen und Augenfehler. Zu viel Vitamin A konnte mit Knochendeformationen, Gelenkschmerzen und Blutungsneigung in Verbindung gebracht werden.

> **Vitaminquellen für Bartagamen**
> **Vitamin A:** grünblättriges Gemüse, Karotten
> **Vitamin-B-Komplex:** Brauereihefe, Vollkorn-Getreideflocken und -Brot
> **Vitamin C:** Früchte und Gemüse, grünblättriges Gemüse
> **Vitamin D:** Sonnenstrahlung, Leuchtstoffröhren für Reptilien, Futterzusatzmittel
> **Vitamin E:** grünblättriges Gemüse, Sojabohnen, Nüsse, Samen
> **Vitamin K:** Luzerne, Seetang, Futterzusatzmittel

Vitamin A ist Bestandteil von grünblättrigem, gelbem und orangem Gemüse sowie Fischöl und Tierleber. Die meisten Hersteller von Reptilienfutter fügen ihren Produkten Vitamin A zu.

B-Vitamine

Es gibt eine ganze Reihe an B-Vitaminen. Man nennt diese Gruppe den „Vitamin-B-Komplex". Dazu gehören B_1 (Thiamin), B_2 (Riboflavin), B_3 (Niacin), B_5 (Pantothensäure), B_6 (Pyridoxin), B_{12} (Cyanocobalamin) und B_{15} (Pangamsäure). Zu den B-Komplex-Vitaminen gehören außerdem Biotin, Cholin, Folsäure, Inositol und para-Aminobenzoesäure (PABA). Da B-Vitamine wasserlöslich sind, wird ein Überschuss nicht im Körper gespeichert, sondern über den Urin ausgeschieden.

B-Vitamine helfen bei der Energiegewinnung, indem sie die Umformung von Kohlenhydraten zu Glukose, dem Treibstoff des Körpers, unterstützen. Des Weiteren helfen sie beim Protein- und Fettstoffwechsel. Auch die normale Funktion des

Nervensystems, ein guter Muskeltonus sowie gesunde Haut setzen die Hilfe dieser Vitamine voraus. Jedes der B-Vitamine erfüllt seine ganz eigenen Funktionen, die alle essenziell für eine gute Gesundheit sind.

Da Vitamine des B-Komplexes oft zusammenarbeiten, kann ein Mangel an einem einzigen eine Kettenreaktion auslösen. Fügt man dem Futter Vitamin B zu, sollte es immer der ganze Komplex und nicht nur ein einziges sein.

Man findet B-Komplex-Vitamine in vielen Getreidesorten, Vollkornbrot, aber auch Brauereihefe. Diese Nahrungsmittel können den Agamen „indirekt" über zuvor damit gefütterte Insekten angeboten werden.

Vitamin C

Vitamin C wird oft das „Wundervitamin" genannt, da es so nützliche Effekte auf den Körper hat. Es hilft bei der Bildung der Blutkörperchen, einem gesunden Immunsystem, bekämpft bakterielle Infektionen, unterstützt den Heilungsprozess und noch vieles, vieles mehr. Auch Vitamin C ist wasserlöslich; ein Überschuss wird also mit dem Urin ausgeschieden.

Vitamin D

Vitamin D wird oft als „Sonnenscheinvitamin" bezeichnet. Bartagamen können Vitamin D mit Hilfe der Sonnenstrahlung bilden, wenn sie sich mehrmals die Woche in der Sonne aufhalten. Es gibt drei Formen von Vitamin D: D_1, D_2 und D_3. Säugetiere benötigen die ersten beiden, Ihre Bartagame braucht dagegen Vitamin D_3. D-Vitamine sind wichtig für ein normales Wachstum und gesunde Knochen und Zähne. Sie arbeiten in Verbindung mit Vitamin A, und ein Mangel an nur einem der beiden kann bereits zu Knochendeformationen, Rachitis oder anderen Knochenerkrankungen führen. Vitamin D ist fettlöslich und wird daher in der Leber, dem Gehirn und der Haut gespeichert.

Für Halter von Bartagamen ist Vitamin D_3 von besonderem Interesse; es ist für einen geregelten Kalzium-Phosphor-Haushalt unbedingt notwendig, und Bartagamen sind anfällig für stoffwechselbedingte Knochenerkrankungen. Vitamin D_3 hilft hier bei der Aufnahme von Kalzium im Verdauungstrakt.

Vitamin E

Vitamin E ist fettlöslich und essenziell für gesundes Blut. Als Antioxidans schützt es sowohl die Hormone der Hirnanhangsdrüse als auch der Nebenniere vor

Oxidation. Tocopherol ist eine Form von Vitamin E und wird käuflichem Reptilienfutter häufig als Konservierungsmittel beigemengt.

Vitamin K
Vitamin K ist fettlöslich. Es wird für die Blutgerinnung sowie eine normale Funktion der Leber benötigt.

Wie Sie der untenstehenden Tabelle entnehmen können, arbeiten die meisten Vitamine eng zusammen. Es sollte daher kein einzelnes ohne die anderen betont werden. Übermäßige Gabe oder sogar Vergiftung mit einem der Vitamine kann die Funktion aller anderen beeinflussen – sogar die mancher Mineralstoffe.

Vitamine, die zusammen besser wirken

Oft ist es nicht genug, einfach Nahrung zu verzehren, die Vitamine enthält. Viele erfüllen Ihre Funktionen in so enger Zusammenarbeit, dass sie viel effektiver sind, wenn sie gemeinsam aufgenommen werden.
Hier sind einige Vitamine (und Mineralstoffe), die recht gut zusammenarbeiten:

Vitamin A wirkt am besten, wenn es mit Nahrung aufgenommen wird, die auch dies enthält:
- Vitamin-B-Komplex
- Vitamin D
- Zink

Vitamin-B-Komplex wirkt am besten, wenn er mit Nahrung aufgenommen wird, die auch dies enthält:
- Vitamin C
- Vitamin E
- Kalzium und Phosphor

- Vitamin C wirkt am besten, wenn es mit einer Vielzahl anderer Vitamine und Mineralstoffe aufgenommen wird.

Vitamin D wirkt besser, wenn es mit Nahrung aufgenommen wird, die auch dies enthält:
- Vitamin A
- Vitamin C
- Kalzium und Phosphor

Vitamin E ist am effektivsten, wenn es mit Nahrung aufgenommen wird, die auch dies enthält:
- Vitamin A
- Vitamin-B-Komplex
- Vitamin C

Mineralstoffe

Mineralstoffe sind zu einem gewissen Anteil im Gewebe aller Lebewesen vorhanden. Sie sind bei der Bildung von Knochen, Zähnen, Muskeln, Blut und Nerven erforderlich. Sie erfüllen ihre Funktionen in Zusammenarbeit mit Vitaminen, Enzymen und untereinander. Kalzium und Phosphor z. B. sind so eng verknüpft, ihre Aufgaben so eng miteinander verzahnt, dass man sie eigentlich als einen Mineralstoff bezeichnen könnte: Kalzium-Phosphor. Tatsächlich sind es aber zwei verschiedene Substanzen, die miteinander einfach am besten funktionieren.
Auch viele andere Vitamine und Mineralstoffe arbeiten zusammen. B-Komplex-Vitamine benötigen Phosphor, Vitamin C fördert die Aufnahme von Eisen, und Zink hilft, dass Vitamin A von der Leber freigesetzt wird. Ein Mangel an irgendeinem Mineralstoff kann also viele Systeme des Körpers beeinträchtigen.

Kalzium und Phosphor

Wie schon erwähnt, sind Kalzium und Phosphor völlig verschiedene Mineralstoffe, die jedoch am besten in der Kombination wirken. Kalzium ist wichtig für die Muskelkontraktion, neuromuskuläre Vorgänge und die Pufferwirkung des Blutes. Außerdem wirkt es bei einigen Enzymreaktionen mit.
Da Phosphor in jeder Körperzelle vorhanden ist, spielt es in vielen chemischen Reaktionen des Körpers eine Rolle. Er ist am Verdauungsprozess und der Energiegewinnung beteiligt, ist essenziell wichtig für die Zellteilung, Blut, Knochen und noch viel, viel mehr. In ihrer Wechselwirkung sind Kalzium und Phosphor äußerst wichtig für die Knochenbildung und ein starkes und gesundes Skelett.

Kalziummangel kann Ursache für stoffwechselbedingte Knochenerkrankungen sein – ein viel zu häufiges Problem von Bartagamen in menschlicher Obhut.

Andere Mineralstoffe

Weitere wichtige Mineralstoffe sind Kupfer (arbeitet mit Eisen zusammen und hilft bei der Oxidation von Vitamin C), Jod (wichtig für die Schilddrüse), Magnesium (Wechselwirkungen mit anderen Vitaminen, wie C und E, sowie Kalzium und Phosphor) und Zink (funktioniert mit B-Komplex-Vitaminen und Enzymen.) Noch einmal: Genau wie Vitamine entfalten auch Mineralstoffe ihre Wirkung besser, wenn sie zusammen mit anderen Nahrungselementen, und nicht alleine als Futterergänzungsmittel aufgenommen werden.

Alles in Balance

Wenn Sie sich die Ernährungsanforderungen Ihrer Bartagame ansehen, sollten Sie immer daran denken, dass kein einziges Vitamin, kein Mineralstoff oder einzelner Ernährungsbaustein (wie Proteine oder Kohlenhydrate) für sich alleine wirkt. Jeder Teil hat seinen eigenen Platz und erfüllt seinen eigenen Zweck im großen System, aber jeder hängt vom anderen ab.

Mineralstoffe, die zusammen besser wirken

Genau wie Vitamine effektiver wirken, wenn sie mit bestimmten anderen Vitaminen (oder Mineralstoffen) zusammen aufgenommen werden, erfüllen auch Mineralstoffe ihren Zweck besser, wenn sie mit anderen Mineralstoffen oder Vitaminen aufgenommen werden.

Kalzium wirkt besser, wenn es mit Nahrung aufgenommen wird, die auch dies enthält:
- Vitamin A
- Vitamin C
- Vitamin D_3

Kupfer wirkt am besten, wenn es mit Nahrung aufgenommen wird, die auch dies enthält:
- Kobalt
- Eisen
- Zink

Eisen wirkt am effektivsten, wenn es mit Nahrung aufgenommen wird, die auch dies enthält:
- Vitamin-B-Komplex
- Vitamin C
- Kalzium
- Kupfer
- Phosphor

Phosphor wirkt am besten, wenn es mit Nahrung aufgenommen wird, die auch dies enthält:
- Vitamin A
- Vitamin D_3
- Protein
- Kalzium

Der Verdauungsvorgang

Die Grundpfeiler der Ernährung sind jeder für sich wichtig für eine gute Gesundheit, ohne Verdauung jedoch würden sie auch nichts nutzen. Erst dieser phantastische Vorgang macht aus Nahrungsmitteln Nährstoffe, die der Körper einer Bartagame verwenden kann.

Wie funktioniert Verdauung? Zunächst frisst Ihre Agame etwas Futter. Es wird ein wenig gekaut (jedoch nicht viel), geschluckt und dem Magen zugeführt. Der Magen einer Bartagame ist recht kompliziert und kann mit der ganzen Vielfalt an möglichem Futter umgehen. Pflanzliches Material z. B. muss völlig anders verdaut werden als tierisches.

Die aktiven Substanzen, die im Verdauungstrakt die chemische Zerkleinerung der Nahrung erledigen, nennt man Enzyme. Jedes Enzym kann nur einen einzigen Nahrungstyp zerkleinern. So können Enzyme, die z. B. Fette spalten, nichts mit Eiweiß anfangen. Die Arbeit der Enzyme beginnt bereits im Maul – im Speichel – und setzt sich bis in den Magen und den Darm fort.

Unter Nahrungsabsorption versteht man den Vorgang der Aufnahme von Nährstoffen über den Darm in den Blutkreislauf, um den Zellstoffwechsel zu ermöglichen. Zu den aufgenommenen Nährstoffen gehören Glukose aus Kohlenhydraten, Aminosäuren aus Proteinen und Fettsäuren aus Fetten.

Stoffwechsel ist die Gesamtheit aller chemischer Umformungen der Nährstoffe, angefangen mit ihrer Absorption, bis sie ein Teil des eigenen Körpers oder ausgeschieden werden. Der Stoffwechsel formt die verdauten Nahrungsbestandteile in Baumaterial für lebendes Gewebe um, oder er macht Energie daraus, um die Bedürfnisse des Körpers zu befriedigen. In diesem Prozess müssen Tausende von Enzymen gesteuert werden, damit auch Tausende chemischer Reaktionen so ablaufen, wie sie sollen. Dazu benötigen sie oft ein Coenzym, wie ein Vitamin oder einen Mineralstoff.

Enzymreaktionen brauchen auch Wärme. Bei Säugetieren kann diese vom Körper selbst bereitgestellt werden. Durch Stoffwechselreaktionen wird zwar auch Wärme erzeugt, die „Initialzündung" kommt aber durch die Körperwärme. Bei den wechselwarmen Reptilien werden diese Enzymreaktionen gar nicht erst ablaufen, bevor das Tier nicht genug Wärme von seiner Umgebung außerhalb des Körpers aufgenommen, sich also kräftig aufgewärmt hat.

Wie man seine Bartagame füttert

Sie wissen bereits, dass Bartagamen Allesfresser sind; sie ernähren sich also von Insekten und Pflanzen. In der Wildnis fressen Bartagamen sowohl Blätter, Blüten und Früchte der Pflanzen, die sie in ihrem natürlichen Umfeld finden, als auch Insekten. Diese Anpassungsfähigkeit ist eine charakteristische Eigenschaft von Bartagamen.

Genau dies macht es Haltern von Bartagamen aber auch leichter, ihre Tiere zu versorgen. Sehen wir uns zuerst die Pflanzen an, später werde ich die Insekten besprechen.

Sichere und nahrhafte Pflanzen für Bartagamen

Die folgenden Pflanzen sind nahrhaft für Bartagamen und können bedenkenlos verfüttert werden:

- Luzerne: frisch und zerkleinert, getrocknet und zermahlen oder als Pellets
- Apfel: kein Kerngehäuse oder Samen
- Banane: geschält
- Gerste: Blätter, die getrocknete Pflanze, geschrotet oder gemahlen, gekeimte Samen
- Bohnen, grün oder gelb: Blätter, Stängel, Keimlinge
- Rote Beete: Stängel, Blüte, geraspelte Wurzel

Sichere und nahrhafte Pflanzen für Bartagamen

- Brombeeren: Früchte
- Blaubeeren: Früchte
- Bok choy (Chinesischer Senfkohl): Blätter
- Broccoli: Köpfe, geraspelte Stängel
- Rosenkohl: Köpfe
- Kaktus: Stammstücke ohne Dornen, Blätter, Blüten
- Karotten: kleingehackt, geraspelt
- Klee: Blätter, Stängel, getrocknete Pflanze
- Kohl: Blätter
- Mais: Körner
- Löwenzahn: Blätter, Blüten
- Weintrauben: Früchte
- Gras: frisch, sauber, ohne Düngemittel oder Insektizide
- Hibiskus: Blüten, Blätter
- Grünkohl: Blätter
- Hülsenfrüchte: gekochte Bohnen
- Hirse: Blätter, geschrotet oder Mehl, getrocknete Pflanze
- Senf: Blätter, Blüten
- Brunnenkresse: Blätter, Blüten
- Okra (Gemüse-Eibisch): frisch oder tiefgekühlt und aufgetaut
- Petersilie: frische Blätter
- Papaya: Früchte
- Erbse: Hülsen, Früchte
- Kürbis: Frucht, kleingehackt oder geraspelt
- Sojabohne: Blätter, getrocknete Pflanze, geschrotet oder gemahlen
- Spinat: frische Blätter
- Erdbeeren: Früchte
- Sonnenblume: ungesalzene Samen, geschrotet oder gemahlen
- Mangold: Blätter
- Lieschgras: getrocknete Pflanze
- Tomate: nur Früchte
- Rüben: Blätter, geraspelte Wurzeln
- Gemüse: gekocht, tiefgekühlt oder aus Dosen, Mischung
- Weizen: gekeimte Samen, frische Blätter, Kleie oder gemahlen
- Zucchini: Frucht oder Blüten

Welche Pflanzen fressen Bartagamen?

Die Listen der folgenden Seiten nennen pflanzliches Futter, das Bartagamen fressen können und sollen. Wie Sie daraus entnehmen können, sind die Nährwerte sehr unterschiedlich. Geben Sie Ihrer Bartagame viel unterschiedliches Futter und verlassen Sie sich nicht ausschließlich auf ein bestimmtes. So ist es leichter, eine ausgewogene Diät zu bieten.

Wenn Sie den Platz für einen kleinen Garten haben, können Sie Ihr eigenes Agamenfutter anbauen. Zucchini ist schon beinahe ein Witz; sie ist leicht zu ziehen und wirft Unmengen an Früchten ab. Erdbeeren lassen sich leicht kultivieren, genau wie Tomaten. Aber vermeiden Sie Insektizide und Düngemittel!

> **Kein Kopfsalat!**
> Sehen Sie sich die Liste der empfohlenen Futterpflanzen für Bartagamen an – finden Sie Kopfsalat? Nein, er ist nicht dabei. Kopfsalat, speziell auch Eisbergsalat, hat praktisch überhaupt keinen Nährwert! Er kann höchstens dazu dienen, eine verletzte oder kranke Bartagame zum Fressen zu bewegen (denn irgendwie mögen ihn die ollen Echsen), er sollte jedoch nicht Teil der regulären Diät Ihrer Agame sein.

Giftige Pflanzen

Es gibt Pflanzen, die Sie Ihrer Bartagame nicht verfüttern dürfen. Die hier aufgeführte Liste enthält Pflanzen, deren Schädlichkeit für pflanzen- und allesfressende Reptilien bekannt ist. Viele davon sind Zimmer- oder Gartenpflanzen oder aus freier Natur. Vergleichen Sie also Pflanzen, die sie verfüttern möchten, unbedingt mit folgender Liste:

- Amaryllis
- Windröschen
- Apfel (nur die Samen)
- Avocado (Blätter, nicht die Früchte)
- Alpenrose
- Tollkirsche
- Strelitzie, Paradiesvogelblume
- Zylinderputzer
- Buchsbaum
- Butterblume
- Schlangenwurz
- Kirsche (Samen)
- Gemeiner Liguster
- Krokus
- Kroton
- Alpenveilchen
- Osterglocke
- Dieffenbachia
- Hartriegel
- Aubergine (Blätter)
- Englischer Efeu
- Roter Fingerhut
- Kanadische Hemlock-Tanne
- Stechpalme
- Rosskastanie
- Hyazinthe

- Fleißiges Lieschen, Springkraut
- Schwertlilie
- Jasmin
- Gewöhnlicher Stechapfel
- Rittersporn
- Maiglöckchen
- Seidenpflanze
- Mistel
- Trichterwinde
- Pilze
- Oleander
- Pfirsich (Samen)
- Poleiminze
- Philodendron
- Gift-Efeu
- Giftige Eiche
- Giftsumach
- Kermesbeere
- Kartoffel (Blätter)
- Liguster
- Rhododendron
- Salbei
- Löwenmäulchen
- Edelwicke
- Tomate (Blätter)
- Tulpe
- Blauregen, Glyzine
- Eibe

Diese Bartagame bereitet sich darauf vor, einen Mehlwurm zu „schießen"
Foto: M. Schmidt

Nährwert ausgesuchter Futterpflanzen

Futter	Menge	Kalorien	Eiweiß (g)	Kohlenhy-drate (g)	Fasern/Bal-laststoffe (g)
Alfalfa/Luzerne	1 Tasse	10	1	1	0,5
Banane	1 Frucht	105	2	27	1
Vollkornbrot	1 Scheibe	257	10	47	1
Broccoli	1 Tasse	24	2,6	4,6	1
Karotten	1 Tasse	48	1	11	1
Kohl	1 Tasse	35	3	7	1
Weintrauben	1 Tasse	58	0,5	15	1
Prickley-pear-Kaktus	1 gr. Stück	42	1	10	2
Kürbis	1 Tasse	49	2	12	2
Tofu	30 g	72	8	3	1
Squash, winter	1 Tasse	129	4	32	3
Erdbeeren	1 Tasse	45	> 1	10	> 1
Tomate	1 Tasse	24	1	5	0,5

Futter	Menge	Vitamin A (IE)	B-Komplex (mg)	Kalzium (mg)	Phosphor (mg)
Alfalfa/Luzerne	1 Tasse	51	13	10	23
Banane	1 Frucht	92	2	7	22
Vollkornbrot	1 Scheibe	Spuren	5	104	212
Broccoli	1 Tasse	1.356	62	42	58
Karotten	1 Tasse	3.0942	15	30	48
Kohl	1 Tasse	6.194	2	218	29
Weintrauben	1 Tasse	92	4	13	9
Prickley-pear-Kaktus	1 gr. Stück	53	1	58	25
Kürbis	1 Tasse	2.651	2	37	74
Tofu	30 g	Spuren	0	100	176
Squash, winter	1 Tasse	8,61	2	57	98
Erdbeeren	1 Tasse	41	2	21	28
Tomate	1 Tasse	1.394	10	8	29

Käufliche Insekten:

Viele Insekten für die Reptilienernährung sind im Zoofachhandel käuflich zu erwerben. Handelsüblich und für Bartagamen geeignet sind Zweifleckgrillen, Steppengrillen, Kurzflügelgrillen, Heimchen, Heuschrecken, Schaben, Wachsmotten, Regenwürmer, Mehlwürmer und *Zophobas* (eine Art Riesen-Mehlwurm). Insekten können Ihre Bartagame mit einer ganzen Reihe wertvoller Nährstoffe versorgen, wenn – und nur wenn! – die Insekten selbst zuvor gut gefüttert wurden. Sie sollten alle gekauften Insekten mindestens zwei Tage lang füttern, bevor Sie sie Ihren Agamen anbieten. Futterinsekten werden während des Transports und im Zoogeschäft nur unzureichend ernährt. Wenn Sie diese direkt verfüttern, nachdem Sie sie erhalten haben, bekommt Ihr Tier ein hungriges Insekt mit geringem oder gar keinem Nährwert. Mit angefütterten Insekten dagegen erhält Ihre Bartagame auch die Nährstoffe, die das Insekt zuvor gefressen hat. Dieses Anfüttern nennt man im Englischen „gut loading", man verfüttert sozusagen gefüllte Insekten.

Tatsächlich gibt es auch Insektenfutter, das man kaufen kann. Sie können Ihre Futterinsekten aber auch selbst füttern. Dafür sind grundsätzlich alle oben aufgeführten Nahrungsmittel geeignet, die auch von Bartagamen gefressen werden. Außerdem können Sie Hafer- und Schrotmehl, Reptilienfutter für Leguane, Hundeflocken und Ähnliches anbieten. Geben Sie das Futter für die Insekten in eine flache Schale.

Mehlwürmer

Die meisten Zoogeschäfte führen Mehlwürmer, auch unter dem wissenschaftlichen Namen *Tenebrio molitor* bekannt. Außerhalb des Zoogeschäfts kennt man sie eher als Vorratsschädlinge, die gelagertes Getreide befallen. Und dennoch können sie ein wertvolles Futter für Ihre Bartagame sein. Haben Sie mehrere Tiere zu füttern, können Sie Mehlwürmer auch in größeren Mengen kaufen und anschließend vorrätig halten. Mehlwürmer sind auch leicht selbst zu züchten. Sie können sie in einem 20-Liter-Behälter mit Gazedeckel halten, füttern und aufziehen. Füllen Sie 5–10 cm Weizen- oder Haferflocken ein. Geben Sie dann die Mehlwürmer dazu. Eine Tomaten- oder Gurkenscheibe, auf die Flocken gelegt, sorgt für Feuchtigkeit. Die Mehlwürmer fressen dann das Fruchtfleisch, lassen aber die Haut übrig. Ersetzen Sie das Gemüse regelmäßig und füllen Sie die Flocken nach Bedarf nach. Von den gefressenen Haferflocken bleiben nur die sandartigen Exkremente übrig.

Mehlwürmer haben vier Lebensabschnitte: Ei, Larve, Puppe und Käfer. Der Mehlwurm, den Sie kaufen, ist ein Larvenstadium. Ist die Larve ausgereift, verwandelt sie sich in die Puppe – und sieht dann aus wie in einem Science-Fiction-Film. Aus den Puppen gehen die Käfer hervor. Lassen Sie diese ruhig im Behälter; aus den abgelegten Eiern schlüpfen dann noch mehr Mehlwürmer. Hält man sie zwischen 25 und 27 °C, wachsen und entwickeln sich Mehlwürmer sehr schnell. Bei niedrigeren Temperaturen dagegen stellen sie das Wachstum ein.

> **Geschmäcker sind verschieden**
>
> Ich habe festgestellt, dass unsere Bartagamen völlig verschiedene Geschmäcker haben, was ihr Futter betrifft. Obwohl sie alle Grillen und Wachsmotten mögen, frisst eines der Weibchen niemals Mehlwürmer – es mag sie einfach nicht. Dazu kommt noch, dass ein anderes Weibchen eine ganz bestimmte Sorte käuflichen Bartagamenfutters nicht frisst. Nun mag ich es aber nicht, wenn meine Tiere wählerisch sind, daher setze ich ihnen immer eine Vielfalt an Futter vor und vermische es gut. So ist es schwieriger für das Tier, bestimmte Sorten herauszupicken, außerdem kann ich so sicher sein, dass die Echsen aufgrund der Vielfalt an Futter eine gute und ausgewogene Ernährung bekommen.

Mehlwürmer Foto: I. Fritzsche

Grillen und Heimchen

Die verschiedenen Grillenarten werden schon seit vielen Jahren für den Zoohandel gezüchtet, und sowohl Vögel, Reptilien wie auch Amphibien fressen sie gerne. Sie können in Ihrem örtlichen Zoogeschäft kleinere Mengen bekommen, aber wie bei Mehlwürmern erhalten Sie Grillen auch in großen Einheiten. Genau wie Mehlwürmer sind auch Grillen leicht zu halten und zu züchten.

Grillen lassen sich gut als „Vitaminträger" gebrauchen. Die Bartagamen nehmen sie gern. Foto: I. Fritzsche

> **Grillen können Vitamine tragen**
> Grillen üben auf Bartagamen eine große Anziehungskraft aus. Vielleicht stimulieren die raschen Bewegungen den Jagdinstinkt. Da Bartagamen Grillen mögen, lässt sich dies zu ihrem Vorteil nutzen. Geben Sie die Grillen in eine Kunststoffbox mit ein wenig gepulvertem Vitamin-Mineralstoff-Gemisch. Schütteln Sie Grillen und Vitamine und bestäuben Sie so die Tiere. Dann geben Sie die vitaminbedeckten Grillen in Ihr Terrarium.

Zum Halten der Grillen verwenden Sie ein 50- bis 100-Liter-Aquarium mit Gazedeckel. Grillen sind große Ausbruchskünstler, schließen Sie den Deckel also immer sorgfältig. Geben Sie ca. 5 cm Sand auf den Boden, Rinde oder ein bis zwei Eierkartons als Versteckmöglichkeit, und Sie können die Grillen einsetzen. Eine flache Schale oder ein Marmeladenglas-Deckel mit einem nassen Schwamm sorgen für Wasser. Bieten Sie kein offenes Wasser an – die Grillen ertrinken sehr leicht darin. Sie können die Insekten mit allem füttern, was in Ihrer Küche übrig bleibt (außer Fleisch oder Fett). Gutes Futter sind Apfelschalen oder die Kerngehäuse, trockenes Hafermehl, geraspelte Karotten, Brotkrusten oder Getreide. Denken Sie dabei immer daran: Was Ihre Grillen fressen, fressen auch Ihre Bartagamen.

Die Grillenweibchen legen ihre Eier in den Sand. Die Babys sind winzig kleine Tierchen, kleiner als ein Stecknadelkopf. Sie können Sie auf dem Boden des Aquariums herumkrabbeln sehen. Sie wachsen sehr schnell zu Miniatur-Grillen heran und sind innerhalb eines Monats ausgewachsen.

Insekten aus dem Hinterhof

Wenn Sie keine Insektizide, Pestizide, Herbizide oder andere Gifte, wie Schneckengift, in Ihrem Garten verwenden, können Sie hier einige Wirbellose für Ihre Bartagame sammeln. Ein Tempowechsel, mal etwas anderes, ist immer willkommen.

Meine Agamen mögen gerne Asseln (das sind diese kleinen Tierchen, die wie Mini-Gürteltiere aussehen und sich zu einer Kugel zusammenrollen.) Die Bartagamen lieben es, diese flinken Krebstiere zu jagen. Außerdem schätzen sie winzige Schneckenbabys. Geben Sie Ihren Tieren aber wirklich nur kleine Schnecken. Ihr Gehäuse ist noch recht weich, aber das Haus einer erwachsenen Schnecke könnte Ihre Agame verletzen.

> Generell können Sie sich merken: Ist das Insekt ungiftig, können Sie es Ihrer Bartagame auch füttern.

Zwei meiner Bartagamen fressen Regenwürmer, obwohl die anderen die Würmer nur misstrauisch beäugen und nicht einmal daran dächten, sie zu fressen.

Generell können Sie sich merken: Ist das Insekt ungiftig, können Sie es Ihrer Bartagame auch verfüttern. Wenn Ihr Tier es zu verschmähen scheint, sollten Sie es nicht noch einmal anbieten; seine Instinkte sind bestimmt besser als Ihre. Achten Sie aber darauf, dass einige Insekten, vor allem diverse Schmetterlinge, Falter und Heuschrecken, unter Artenschutz stehen. Diese dürfen selbstverständlich nicht verfüttert werden.

Ergänzungsmittel

Nehmen wir an, Sie geben Ihrer Bartagame eine gute Diät, reich an dunkelgrünem, beblättertem Gemüse, dazu einige Früchte, fertiges Bartagamenfutter und außerdem noch gut angefütterte Insekten; sollten Sie dann noch eine Vitamin-Mineralstoff-Ergänzung zufüttern? Im Idealfall sollte Ihr Haustier alles, was es benötigt, über sein Futter bekommen. Aber bedenken Sie, das Futter Ihrer Bartagame ist nur so gut, wie der Boden, auf dem es wächst. Wurde das Gemüse auf einem Boden gezogen, der nur noch wenig Mineralstoffe enthält, bekommt Ihre Agame auch wenig davon mit dem Futter. Das gilt auch für käufliches Futter.

Üblicherweise füttert man einer jungen und rasch heranwachsenden Bartagame drei- bis viermal die Woche ein Vitamin-Mineralstoff-Gemisch. Davon gibt es zahlreiche Varianten im Zoofachhandel und beim Tierarzt, inzwischen sogar Präparate, die speziell für Bartagamen angeboten werden. Sie können dies über das

Bestäuben der Grillen tun, wie auf Seite 61 beschrieben, oder indem Sie das Gemisch über das Gemüse streuen.

Denken Sie daran, dass eine Überdosierung an Ergänzungsmitteln genauso gesundheitsschädlich ist wie zu wenig davon. Versuchen Sie, eine gute und ausgewogene Ernährung zu bieten, und verwenden Sie Ergänzungsmittel nur, um Mängel im Futter auszugleichen.

> **Achtung!**
> Verfüttern Sie Broccoli, Grünkohl, Spinat, Kohl, Bok Choy und alle anderen Mitglieder der Kohlfamilie nur in kleinen Mengen, denn sie zeigen chemische Wechselwirkungen mit der Kalziumaufnahme. Sie stehen auch in Verdacht, Schilddrüsen-Fehlfunktionen zu verursachen. Auf der anderen Seite sind sie aber auch Teil einer guten Ernährung; also streichen Sie sie nicht völlig.

Das richtige Futter für jedes Alter

Genau wie Menschen haben auch Bartagamen in unterschiedlichen Lebensabschnitten unterschiedliche Ansprüche an die Ernährung. Ein rasch wachsendes Baby z. B. benötigt mehr Protein als ein voll ausgewachsenes Tier. Die folgenden Ernährungsrichtlinien sollen Ihnen dabei helfen, immer die richtige Diät für das jeweilige Entwicklungsstadium zusammenzustellen.

Futter für ein Bartagamen-Baby

Sehr junge Bartagamen (bis zu vier Monate alt) wachsen sehr schnell und stellen daher einige Ansprüche an ihre Ernährung. Füttern Sie Babys zweimal täglich mit folgender oder einer ähnlichen Diät:

- 60 % „gefüllte" Insekten: Grillen, nicht größer als ein Stecknadelkopf; verfüttern Sie nie größere Grillen an Babys, sie könnten die kleine Agame töten! frisch gehäutete (weiße) Mehlwürmer (keine harten „erwachsenen" Mehlwürmer)
- 25 % kalziumreiches grünes Gemüse: Kohl, Senfblätter, Löwenzahn, Spinatblätter, Kohl, Bok Choy, Mangold, Grünkohl, Rote-Beete-Blätter, grüne Bohnen
- 10 % anderes Gemüse: Alfalfa, Broccoli, Zucchini, Paprika, Keimlinge, geraspelte Karotten, tiefgefrorenes Mischgemüse oder Konserven, Tomaten, Süßkartoffel, saubere Rosenblüten, saubere Hibiskusblüten
- 5 % anderes Futter: Vollkorngetreide, käufliches Futter für Bartagamen, Tofu

Futter für Jungtiere

Ab dem vierten Monat benötigen Bartagamen immer noch eine spezielle Ernährung, bis sie ausgewachsen sind. Füttern Sie diese rasch wachsenden Agamen zweimal täglich mit:

- 50 % „gefüllte" Insekten: drei bis fünf Wochen alte Grillen, frisch gehäutete (weiße) Mehlwürmer, ein- bis zweimal die Woche ein Mäusebaby
- 30 % kalziumreiches grünes Gemüse: Luzerne, Kohlblätter, Senfblätter, Löwenzahn, Spinatblätter, Kohl, Bok Choy, Mangold, Grünkohl, Rote-Beete-Blätter, grüne Bohnen, Broccoli
- 10 % anderes Gemüse: geraspelten Kürbis, Zucchini, Paprika, Keimlinge, geraspelte Karotten, tiefgefrorenes Mischgemüse oder Konserven, Tomaten, Süßkartoffel, saubere Rosenblüten, saubere Hibiskusblüten
- 10 % anderes Futter: Vollkorngetreide, käufliches Futter für Bartagamen, Tofu

Futter für ausgewachsene Tiere

Wie schon mehrfach betont, ist abwechslungsreiches Futter wichtig für eine gute Ernährung und damit eine lange Gesundheit Ihres Haustiers. Gewöhnen Sie Ihre Bartagame an unterschiedliches Futter, indem Sie ihr viel Abwechslung anbieten. Ihre Diät sollte in etwa so aussehen:

- 50 % „gefüllte" Insekten: käufliche Insekten, wie Grillen, Heuschrecken und Mehlwürmer; Wirbellose aus Ihrem Garten, wie Asseln, Käfer, Schneckenbabys, Nacktschnecken, Grashüpfer und Heuschrecken
- 30 % kalziumreiches grünes Gemüse: Alfalfa, Kohlblätter, Senfblätter, Löwenzahn, Spinatblätter, Kohl, Bok Choy, Mangold, Grünkohl, Rote-Beete-Blätter, grüne Bohnen, Broccoli
- 10 % anderes Gemüse: geraspelter Kürbis, Zucchini, Paprika, Keimlinge, geraspelte Karotten, tiefgefrorenes Mischgemüse (natürlich aufgetaut) oder Konserven, Tomaten, Süßkartoffel, saubere Rosenblüten, saubere Hibiskusblüten
- 10 % anderes Futter: Vollkorngetreide, käufliches Futter für Bartagamen, Tofu

Wie füttern Sie Ihre Bartagame?

Bieten Sie Mehlwürmer in einem kleinen Marmeladenglas-Deckel an. Eventuell kriechen sie zwar heraus, aber mit Glück frisst sie Ihre Agame, bevor das geschieht. Grillen und andere Insekten sind schwieriger zu zügeln, daher werden sie meist einfach in das Terrarium geworfen; Bartagamen jagen sie mit Begeisterung! Geben Sie aber nicht zu viele Grillen auf einmal. Vor allem nachts, wenn die Echsen schlafen, sind Grillen aktiv und könnten Ihre Tier durch Anknabbern verletzen. Außerdem verlieren Grillen ihren Nährwert, je länger sie im Terrarium sind. Es ist also besser, immer nur wenige Grillen auf einmal hineinzuwerfen und aufzuhören, wenn Ihre Agame genug hat.

Verfüttern Sie Gemüse immer an einer Stelle im Terrarium, die leicht zugänglich ist; so lässt sich hinterher das Durcheinander leichter beseitigen. Bartagamen können furchtbare Fresser sein! Mag Ihr Tier z. B. Erdbeeren, wird es vermutlich alles aus dem Weg räumen, bis es auch die letzte Erdbeere vertilgt hat. Erst dann macht es sich über das Grünzeug her. Bis dahin hat es vermutlich alles durcheinander gebracht.

Sie sollten pflanzliches Futter fein zerhacken, besonders für Agamen-Babys. Obwohl Bartagamen so manches Futter zerreißen können, versuchen sie doch eher, es im Ganzen zu schlucken. Es ist daher viel leichter und sicherer, das Futter in kleine Stücke zu schneiden.

Sie werden die Futtermenge immer wieder anpassen müssen. Ihre Bartagame wird mehr fressen, wenn sie wächst und das Wetter warm ist. Ist es dagegen kühl, während der Fortpflanzungszeit und zwischen Wachstumsschüben, frisst sie weniger. Beobachten Sie immer, wie viel sie frisst. Geben Sie ihr mehr, wenn die Futterschale immer leergefressen ist und reduzieren Sie die Menge, wenn sie Futter übrig lässt.

Wussten Sie eigentlich?
Käufliches Reptilien-Fertigfutter kann ruhig Teil der Diät für Ihr Haustier sein, aber natürliches Futter ist unentbehrlich.

Auswertung der Resultate

Sie können leicht feststellen, ob Ihr Futterplan funktioniert. Stellen Sie sich dazu einfach die folgenden Fragen und passen Sie die Ernährung so lange an, bis Sie alle bejahen können:

- Sieht Ihre Bartagame gesund aus? Ist die Haut hell, sauber und klar?
- Ist die Haut straff und glatt?
- Ist der Kot fest?
- Wie steht es mit dem Gewicht? Nicht zu dick, aber auch nicht zu knochig?
- Zeigt Ihre Agame eine normale Aktivität?

Kapitel 4

Medizinische Versorgung Ihrer Bartagame

**In diesem Kapitel:
Der Tierarzt
Eine gesunde Bartagame
Was tun im Notfall?**

Je besser Sie Ihre Bartagame kennen lernen, desto mehr wird Ihnen klar, dass sie recht schnell zu einem Mitglied der Familie wird. Diese Echsen haben eine ausgeprägte Persönlichkeit! Wie können Sie nun dieses neue Familienmitglied gesund erhalten? Wir haben bereits gesehen, dass hierfür das richtige Terrarium, die Umgebung und eine ausgewogene Ernährung wichtig sind. Aber was können Sie sonst noch tun?

Es gibt einige Dinge, die Sie unternehmen können, um Ihre Agame bei guter Gesundheit zu halten. Vorsorge ist dabei sehr wichtig. Und dennoch, genau wie wir manchmal zum Arzt müssen, muss Ihr Tier vielleicht auch mal zum Veterinär. Nun behandeln aber nicht alle Tierärzte gerne Bartagamen, also werde ich Ihnen in diesem Kapitel helfen, einen guten Tierarzt in Ihrer Nähe zu finden. Außerdem werden wir uns ansehen, was Sie tun können, damit Ihre Bartagame gesund bleibt und was Sie an erster Hilfe für Ihr Tier tun können – nur für den Fall.

Für die Gesundheit Ihrer Bartagame ist es wichtig, dass sich die Tiere sonnen können.
Foto: M. Schmidt/P. Lammers

Wie Sie einen Tierarzt finden

Nicht alle Tierärzte sind in der Behandlung von Bartagamen oder Reptilien im Allgemeinen ausgebildet. Tatsächlich wären einige froh, überhaupt keine Reptilien zu sehen. Das liegt aber nicht unbedingt daran, dass sie Bartagamen nicht mögen. Reptilien sind einfach ganz anders als Hunde und Katzen und benötigen daher eine andere Behandlung und oft auch andere Instrumente und Medikamente. Außerdem können Reptilien manchmal recht heikle Patienten sein.

> **Sie sollten** einen erfahrenen Tierarzt mit den entsprechenden Kenntnissen suchen, *bevor* Sie ihn brauchen.

Sie sollten einen erfahrenen Tierarzt mit den entsprechenden Kenntnissen suchen, *bevor* Sie ihn brauchen. Wenn Sie damit warten, bis ein Notfall eintritt, werden Sie bestimmt nicht die Zeit haben, den richtigen Tierarzt zu finden – und Ihre Bartagame wird vielleicht von jemandem behandelt, der sich nicht so gut auskennt, wie Sie es erwarten. Also machen Sie jetzt Ihre Hausaufgaben.

Zunächst einmal sollten Sie sich eine Liste mit den Namen einiger Tierärzte zusammenstellen, die überhaupt Reptilien behandeln. Manche Tierärzte, die exotische Tiere (einschließlich Reptilien) behandeln, werben damit in den Gelben Seiten. Vielleicht haben Sie Freunde, die Reptilien halten und ihnen einen guten Arzt empfehlen können. Terrarianer in lokalen Reptilienvereinen können Ihnen sicherlich auch empfehlenswerte Tierärzte nennen.

Oder Sie wenden sich einfach an die Deutsche Gesellschaft für Herpetologie und Terrarienkunde (DGHT), Geschäftsstelle, Postfach 1421, D-53351 Rheinbach, Tel.: 02225/703333, Fax: 02225/703338, E-Mail: gs@dght.de, www.dght.de. Auf der Homepage finden Sie eine Liste versierter Tierärzte, und auch sonst wird man Ihnen dort gerne weiterhelfen.

Haben Sie die Namen einiger Tierärzte, die Bartagamen behandeln und in Ihrer Nähe sind, können Sie mit jedem einzelnen einen Termin vereinbaren. Seien Sie aber darauf vorbereitet, den Praxisbesuch auch zu bezahlen (Sie beanspruchen schließlich ihre Zeit). Sie könnten dann folgende Fragen stellen:

- Halten Sie selbst Bartagamen?
- Bringt man Ihnen häufig Bartagamen?
- Haben Sie schon viele Bartagamen erfolgreich behandelt?
- Haben Sie beheizte Terrarien für Reptilien, die sich in medizinischer Behandlung befinden?

> - Bilden Sie sich auch weiterhin in der Reptilienmedizin fort?
> - Wie gehen Sie bei Notfällen vor?
> - Sind Sie auch außerhalb der Sprechstunde zu erreichen?
> - Akzeptieren Sie Kreditkarten oder Ratenzahlung?

Nach dem Gespräch sollten Sie sich fragen, was Sie von ihm (oder ihr) halten. Zeigte der Tierarzt Interesse an Ihnen und Ihrem Tier? Unterstütze er Sie? Oder versuchte er, Sie davon abzubringen, Klient zu werden? Hatten Sie den Eindruck, er kümmert sich um Sie, ist auf dem neuesten Stand und möchte gerne mit Ihnen zu tun haben?

Ein guter Tierarzt ist Ihr Partner für die Gesundheit Ihrer Bartagame. Einen Tierarzt zur Seite zu haben, den Sie nicht nur in Notfällen anrufen können, sondern wann immer es Schwierigkeiten gibt, wird Ihnen eine große Hilfe sein, für Ihr Tier bestmöglich zu sorgen.

Bauen Sie eine Zusammenarbeit auf

Wenn Sie einen Tierarzt gefunden haben, können Sie einen Termin mit ihm vereinbaren und ihm Ihr Tier vorstellen. Er wird Ihre Agame wahrscheinlich wiegen, vermessen, gründlich untersuchen und sich Notizen machen. So hat er grundlegende Daten, die er heranziehen kann, wenn in Zukunft ein Problem auftritt. Haben Sie das Tier neu erworben, bringen Sie eine Kotprobe mit, um sie auf Parasiten untersuchen zu lassen.

Viele Leute beschweren sich, Tierärzte seien nur dazu da, sie mit unerhörten Rechnungen „auszunehmen". Sicherlich gibt es Tierärzte, die Ihren Klienten überhöhte Rechnungen stellen, genau wie in jedem anderen Beruf auch. Andererseits glaube ich fest daran, dass solches Verhalten auf diese Tierärzte zurückfällt, und sie ihre Klienten nicht sehr lange behalten werden. Bedenken Sie aber, dass Tierärzte auch Geschäftsleute sind, die ihre eigenen Rechnungen bezahlen müssen.

Die Höhe einer Tierarztrechnung hängt nicht vom Preis Ihres Haustiers ab. Kostet Ihre Bartagame also 75 EUR, bedeutet das nicht, ihre medizinische Vorsorge ist günstiger als diejenige für einen 500 EUR teuren reinrassigen Hund. Tatsächlich sind einige Medikamente und Behandlungen für Bartagamen sogar teurer als für Hunde und Katzen. Die Tierarztkosten für Ihre Bartagame sollten sich in einem vernünftigen Rahmen bewegen, aber sie werden nicht billig sein.

Eine gesunde Bartagame

Eine gesunde Bartagame hat eine ganz eigene Art. Ihr Auftreten schreit geradezu: „Ich bin hier!" Sie ist hellwach und aufmerksam, wenn Sie sie auf die Hand nehmen; es sei denn, sie hat gerade tief geschlafen. Sie sollte sich kräftig anfühlen; sogar kleine Bartagamen fühlen sich schwer und kompakt an.

Die Augen Ihrer Agame sollten leuchtend und klar sein, ohne Absonderungen. Die Nase ist trocken, ohne Ausfluss oder Verkrustungen. Das Maul ist sauber (es sei denn, Sie haben Ihr Tier beim Fressen gestört), und die Kiefer fühlen sich fest an. Entlang der Kiefer sollten keine weichen Stellen oder Schwellungen sein.

Die Ohren Ihrer Bartagame sehen nicht wirklich wie Ohren aus (zumindest nicht wie unsere), eher wie Löcher im Kopf. Und dennoch sind es Ohren, die ebenfalls keine Absonderungen oder Schwellungen aufweisen sollten.

Die Haut Ihrer Agame sollte frei von Schnitten, Kratzern oder anderweitigen Verletzungen und unerklärlichen Schwellungen sein. Zwischen den Schuppen dürfen sich keine Zecken bzw. Milben befinden.

> **Eine gesunde Bartagame** hat eine ganz eigene Art. Ihr Auftreten schreit geradezu: „Ich bin hier!"

Steht Ihre Bartagame kurz vor der Häutung, sieht die Haut weißlich und stumpf aus. Die meisten Bartagamen häuten sich in Fetzen, einer nach dem anderen, bis die gesamte alte Haut abgestreift ist. Achten Sie darauf, dass keine Häutungsreste zurückbleiben, auch nicht an den Zehen und Stacheln.

Eine gesunde Bartagame setzt normalen Kot ab. Was aber normal für die eine Agame ist, muss nicht unbedingt normal für eine andere sein. Sie müssen hier also aufmerksam sein. Oft sind Veränderungen im Kot die ersten Anzeichen einer Krankheit, also achten Sie darauf, was normal für Ihr Tier ist.

Ebenso wichtig ist es, das Gewicht Ihres Tiers zu verfolgen. Jeglicher Gewichtsverlust ist von Bedeutung, es sei denn, es handelt sich um ein Weibchen während der Fortpflanzungszeit. Oft nimmt dann der Appetit ab. Ansonsten sollte das Gewicht Ihrer Agame in jungem Alter stetig zunehmen und im Erwachsenenalter relativ konstant bleiben.

Die Häutung

Ihre Bartagame häutet sich in periodischen Abständen. Dazu kratzt oder reibt sie die alten Hautschichten ab, bis alles entfernt ist. Dieser Vorgang (Wissenschaftler nennen ihn Ekdysis) wiederholt sich vom Schlupf Ihrer Agame bis zu ihrem Tod.

Die Häutung

Bartagame in der Häutung Foto: A. Hauschild

Sehr junge, schnell wachsende Bartagamen häuten sich öfter, um mit ihrem schnellen Wachstum Schritt zu halten. Ist die Agame ausgewachsen, verlangsamt sich ihr Wachstum, und sie häutet sich in größeren Abständen. Vollständig ausgewachsene Tiere häuten sich nur noch ein paarmal im Jahr.

Zeigt die Haut weiße oder blaue Schattierungen, hilft ein Bad in lauwarmem Wasser, die Haut abzustreifen (bitte ganz flaches Wasser!). Zusätzlich sollten Sie einige Gegenstände mit rauer Oberfläche bereitstellen (z. B. Holzstücke mit Rinde), an denen sich die Bartagame reiben kann, um die Haut zu lockern.

Scheint Ihr Tier eigentlich komplett gehäutet, etwas Haut ist jedoch noch immer nicht abgegangen, können Sie mit etwas Mineral- oder Babyöl nachhelfen, diese zu entfernen. Die Zehen, Schwanzspitze und größere Schuppen sind oft

Problemstellen. Bleibt hier die Haut haften, können die alten Hautschichten Probleme verursachen oder sogar den Blutfluss in die Zehen unterbinden. Reiben Sie daher mit leicht geölten Fingern die zurückgebliebene Haut ein. So lässt sie sich lockern und entfernen. Nur sehr wenige Bartagamen sträuben sich gegen diese Massage; wahrscheinlich fühlt es sich gut an!

Medizinische Vorsorge

Die beste Vorsorge ist es, Ihre Bartagame gesund zu erhalten. Noch gibt es keine Impfungen für Bartagamen, und es wird wohl auch in naher Zukunft keine geben. Wie auch immer, Bartagamen können auch ohne Impfungen lange leben; es liegt nur an uns, es ihnen zu ermöglichen.

Details

Die Pflege Ihres Tiers ist Teil der medizinischen Vorsorge. Die richtige Haltung schließt eine gute, nahrhafte Diät ein. Weitere Details einer guten Pflege sind Heizung, richtiges Licht, passende Photoperioden und (wenn möglich) Sonnenschein. All diese einzelnen Punkte gehören dazu, Ihre Agame bei Gesundheit zu erhalten. Die meisten reptilienkundigen Tierärzte gehen davon aus, dass viele der kranken Reptilien, die ihnen vorgestellt werden, deshalb krank sind, weil sie falsch ernährt und/oder unter falschen Licht- oder Temperaturbedingungen gehalten werden.

Sauberkeit

Sauberkeit ist essenziell für die Gesundheit Ihrer Agame. In freier Natur leben Bartagamen in der Wüste. Sie streifen umher und lassen ihren Kot einfach zurück. In der Wüste trocknet dieser schnell, wird zersetzt oder zu Staub und schließlich verweht. Im Terrarium dagegen muss die Echse ihren Kot viel näher am Wohnbereich absetzen. Ihr Tier wird es nicht mögen, mit seinen Ausscheidungen in Kontakt zu kommen, wird diese überall verschmieren und seine Gesundheit gefährden, besonders, wenn der Kot Futter oder das Wasser verdirbt.

Ich werde in Kapitel 6 mehr über die Reinigung des Terrariums und wie man es richtig macht erzählen, hier soll also nur gesagt werden, dass die regelmäßige Reinigung ein wesentlicher Beitrag zur Erhaltung der Gesundheit Ihrer Bartagame ist. Dazu gehört das Schrubben der Liegeäste, der Terrarienwände, des Fressplatzes und des Terrarienbodens.

Salmonellen

Vor einigen Jahren stand in den Schlagzeilen einiger US-Zeitungen, dass Reptilien durch Übertragung von Salmonellen am Tod einiger Säuglinge schuld gewesen seien. Einige Städte und Behörden riefen nach der Justiz: Reptilien seien schlechte Haustiere und sollten verboten werden. Glücklicherweise legte sich die Unruhe wieder, und die meisten Reptilien sind als Haustiere immer noch erlaubt. Leider können jedoch Reptilien Salmonellen tragen, und Menschen können sich unter Umständen damit infizieren. Die Gefahr ist real.

Reptilien sind aber nicht die einzige Infektionsquelle. In den meisten Fällen ging die Salmonelleninfektion von unsachgemäß tiefgekühlten Lebensmitteln aus oder solchen, die während der Verarbeitung kontaminiert wurden. Sogar verseuchtes

Bartagamen können auch Träger von Salmonellen sein.
Foto: Bill Love/Blue Chameleon Ventures

Wasser kann Salmonellen enthalten. Wie dem auch sei, auch Reptilien können Salmonellen übertragen. Am häufigsten findet man sie bei Wasserschildkröten, Schmuckschildkröten, Schlangen und einigen Echsen, z. B. dem Grünen Leguan. Glücklicherweise sind Bartagamen als Wüstenechsen nicht so anfällig wie Reptilien, die eher im Wasser leben. Obwohl also Salmonellen bei Wüstenreptilien nicht häufig auftreten, sollte man sie nicht auf die leichte Schulter nehmen.

Die meisten gesunden Menschen wehren eine Infektion ohne jegliche Symptome ab, doch Kinder, ältere Menschen und solche mit angeschlagenem Immunsystem können ernsthaft erkranken. Zu den Symptomen einer Salmonellose gehören Übelkeit, Krämpfe, Erbrechen, blutiger Durchfall und Fieber. In seltenen Fällen können ernste Knocheninfektionen, Gehirnhautentzündung (Meningitis) und entzündliche Prozesse des Gehirns (Encephalitis) als möglicherweise tödliche Nebenwirkungen auftreten. Stellen Sie an Ihnen oder in Ihrer Familie unerklärliche Krankheitsanzeichen fest, ist es wichtig, Ihrem Arzt zu erzählen, dass Sie ein Reptil halten, damit er oder sie auf Salmonellen testen kann.

Während die meisten infizierten Reptilien keine Krankheitssymptome zeigen, können andere mit geschwächtem Immunsystem aufgrund von Verletzung, Krankheit oder Umgebungsstress krank werden und sterben. Tierärzte können testen, ob ein Reptil Salmonellen in sich trägt.

Infektionsvorbeugung

Sie können einer Salmonelleninfektion oder einer Übertragung der Krankheit durch hygienisches Arbeiten vorbeugen.

- Halten Sie das Terrarium und alle Einrichtungsgegenstände sehr sauber.
- Entfernen Sie regelmäßig den Kot und geben Sie ihn in einen verschlossenen Abfallsack. Werfen Sie den Kot Ihrer Bartagame nie auf den Komposthaufen.
- Waschen Sie das Terrarium, Einrichtungsgegenstände sowie Futter- und Wasserschalen niemals im Küchenspülbecken ab. Nehmen Sie hierzu ein tiefes Waschbecken im Keller, die Badewanne oder den Gartenschlauch. Verwenden Sie auch keine Küchengegenstände. Sie sollten einen eigenen Schwamm oder eine Bürste für die Sachen Ihrer Bartagame besitzen.
- Verwenden Sie stark bleichende Lösungen, um Gegenstände, Schalen und das Terrarium selbst zu desinfizieren.

Erste-Hilfe-Set für Bartagamen

Folgendes sollte in Ihrem Erste-Hilfe-Set enthalten sein:
- Wundkompressen (verschiedene Größen) zum Reinigen, Auswischen, oder um Druck auf eine Wunde auszuüben
- (Elastische) Mullstoffbinden zum Fixieren von Wundkompresse oder Schiene
- Klammerpflaster zum Verschließen von Wunden
- Pflasterstreifen zum Fixieren von Wundkompresse, Schiene oder Klammerpflaster
- Wattestäbchen zur Wundreinigung oder zum Auftragen von Arzneimitteln
- Wunddesinfektionsmittel
- Wasserstoffperoxid zur Wundreinigung
- Schere – stumpf und spitz
- Pinzette – groß und klein
- Lösung zur Augenspülung
- Mittel zur Blutstillung
- Kleine Hölzchen zum Schienen
- Handschuhe gegen mögliche Bisse
- Ein Handtuch, um Ihre Bartagame darin einzuwickeln

Überprüfen sie regelmäßig Ihr Erste-Hilfe-Set, ersetzen Sie verbrauchte Materialien und werfen Sie abgelaufene weg. Zusätzlich sollten Sie eine Transportbox aus Kunststoff ausreichender Größe an einem leicht zugänglichen Ort aufbewahren.

Waschen Sie sich nach dem Umgang mit Ihrer Bartagame (oder jedem anderen Reptil) bzw. nachdem Sie in das Terrarium gefasst haben, immer die Hände. Leiten Sie auch Ihre Kinder dazu an. Antibakterielle Händedesinfektionslösungen eignen sich sehr gut. Viele Halter von Reptilien haben es sich angewöhnt, immer eine Flasche davon direkt neben das Terrarium zu stellen; so vergessen sie nicht, diese zu benutzen. Bringen Sie Ihren Kindern bei, niemals die Bartagame zu küssen.

Was tun im Notfall

Egal wie vorsichtig Sie auch sind, es können Unfälle passieren. Vielleicht verfängt sich Ihre Bartagame irgendwo mit einer Kralle und bricht sie sich, oder sogar die Zehe. Vielleicht stolpern Sie über ihr Tier, oder es fällt herunter. Unfälle passieren, aber Sie können darauf vorbereitet sein – zumindest nach menschlichem Ermessen.

Sollten Sie zufällig feststellen, dass etwas mit Ihrer Bartagame nicht stimmt, bleiben Sie ganz ruhig. Wenn Sie ruhig sind, können Sie besser denken und Entscheidungen treffen.

Halten Sie Ihre Bartagame fest

Eine verletzte Bartagame wird Sie bei Ihren Bemühungen, ihr zu helfen, nicht unterstützen. Ihrer Meinung nach ist sie nun dem Angriff eines Fressfeindes besonders ausgesetzt; sie wird also gegen Sie ankämpfen. Eine der erfolgreichsten Fluchttechniken ist, wie ich es nenne, das „Wedeln". Wenn Sie Ihre Bartagame unter dem Körper halten, fuchtelt sie mit dem Schwanz von einer Seite zur anderen. Schlägt sie stärker um sich, wedelt der ganze hintere Körper hin und her, fast wie ein Helikopter kurz vor dem Abheben. Sie können dieses Wedeln unterbinden, indem Sie Ihr Tier fest unter dem Körper halten, es stützen und den Schwanz immobilisieren – entweder mit der Hand oder zwischen Ihrem Arm und Körper, wenn die Agame groß genug ist.

Wenn Sie von den Stacheln gepiekst werden, nehmen Sie einen Waschlappen oder ein Handtuch, um Ihr Tier behaglich, aber fest einzuwickeln. Achten Sie darauf, dass die Beine nach hinten seitlich am Körper anliegen. Dann legen Sie den verletzten Körperteil frei.

Eventuell reicht es bereits, nur den Kopf der Agame mit dem Handtuch abzudecken. Aber Vorsicht! Das Tier muss atmen können. Wir konnten ein Tier auch schon dadurch ruhig stellen, dass wir nur eine Hand über seine Augen legten. Leider funktioniert dies nur bei einigen Bartagamen.

Seien Sie vorsichtig, wenn Sie Ihre Agame ruhig stellen. Hindern Sie sie so schnell wie möglich am Wedeln und Schlagen. Solange sie gegen Sie ankämpft, ist die Gefahr größer, dass sie sich weiter verletzt. Wenn sie sich erst einmal beruhigt hat und fest gehalten wird, ist es wahrscheinlicher, dass sie sich entspannt.

Blutungen

Es gibt verschiedene Arten von Blutungen, und die Behandlung hängt davon ab, um was für eine Blutung es sich handelt und wie stark sie ist.

Ist die Haut unverletzt, kann es zu Blutungen unter der Haut kommen. Dies führt bei einer kleinen Blutung zu einem blauen Fleck, bei anhaltender zu einem Hämatom. Ein blauer Fleck ist normalerweise kein ernsthaftes Problem. Ein Hämatom jedoch kann es erforderlich machen, dass Sie ihr Tier zum Tierarzt bringen. Bei den ersten Anzeichen eines Einblutens unter die Haut legen Sie ein sehr kleines Eis-Pack (oder ein bis zwei Eiswürfel) auf die entsprechende Stelle; immer nur ein paar Sekunden lang. Sie wollen ja die Kälte nur dazu nutzen, die Blutung zu verlangsamen, ohne Ihre Bartagame zu unterkühlen und in Schock zu versetzen. Hält die Blutung an, benachrichtigen Sie Ihren Tierarzt!

Blutungen von kleinen Abschürfungen, Kratzern oder kleinen Schnitten stellen normalerweise keine Gefahr dar. Wischen Sie die Wunde (vorsichtig) ab und drücken Sie eine Wundkompresse darauf. Hat es zu bluten aufgehört, sollten Sie die Wunde mit ein wenig Wasserstoffperoxid reinigen. Kontrollieren Sie die Wunde regelmäßig auf den Heilungsprozess und mögliche Anzeichen einer Infektion.

Bei einer lang anhaltenden und starken Blutung ist die Lage ernster. Drücken Sie einige Kompressen mit der Hand auf die Wunde und halten Sie den Druck. Sie sollten Ihre Bartagame unverzüglich zum Tierarzt bringen; sie könnte sehr schnell verbluten.

Wunden, aus denen das Blut stoßweise hervortritt, sind sehr gefährlich. Das bedeutet, dass ein größeres Blutgefäß verletzt ist und Ihre Bartagame zu verbluten droht. Befindet sich die Wunde am Schwanz oder an einem Bein, bilden Sie aus einer zusammengewickelten Mullbinde oder einem Schnürsenkel eine Schlinge. Diese legen Sie um das Bein, führen ein Stöckchen oder einen Bleistift durch den Knoten und drehen ihn, bis sich die Schlinge verengt. Seien Sie behutsam – drehen Sie so weit zu, dass die Blutung erliegt, aber brechen Sie Ihrem Tier nicht die Knochen. Bringen Sie Ihre Bartagame unverzüglich zum Tierarzt; sie ist in Lebensgefahr.

Die Schlinge muss alle 10–15 min gelockert werden, oder das abgebundene Gewebe stirbt aufgrund des Blutmangels ab. Sie können sie für einige Minute lockern; lassen Sie die Wunde leicht bluten, dann müssen Sie wieder zuziehen.

Innere Blutungen sind weniger auffällig und sehr gefährlich. Ist Ihre Bartagame tief herabgesprungen oder -gefallen bzw. hatte sie irgendeinen Unfall, müssen Sie ihr Verhalten beobachten. Wenn Sie aufhört, sich zu bewegen, ruhelos wird oder durch das Maul atmet, müssen Sie sie sofort in die Tierarztpraxis bringen. Weitere Symptome innerer Verletzungen sind bleiches Zahnfleisch, aufgeblähter Bauch, blutiger Kot, blutiges Erbrechen oder Blut im Speichel.

Erstickungsanfälle

Bei der Fütterung Ihrer Bartagame ist es unbedingt notwendig, darauf zu achten, dass das Futter in Stücke geeigneter Größe geschnitten ist. Bartagamen versuchen, fast alles zu schlucken. An zu großen Futterbrocken kann eine Bartagame ersticken, besonders Babys.

Scheint Ihre Bartagame zu würgen oder etwas im Hals stecken zu haben, öffnen Sie das Maul und sehen Sie nach, ob Sie etwas entdecken können. Steckt ein Futterbissen hinten im Maul oder im Rachen, ziehen Sie ihn heraus. Eine Pinzette ohne scharfe Kanten ist ein gutes Hilfsmittel.

Wenn das nicht hilft, bringen Sie Ihr Tier unverzüglich zum Tierarzt. Das Leben der Echse ist in Gefahr.

> **Bartagamen** versuchen fast alles zu schlucken. An zu großen Futterbrocken kann eine Bartagame ersticken, besonders ein Baby.

Verbrennungen

Bartagamen können sich verbrennen, wenn sie Spotstrahlern zu nahe kommen, oder wenn Leuchtmittel auf oder in das Terrarium fallen. Bauchverbrennungen können auch von Heizfelsen im Terrarium herrühren (zur sicheren Verwendung von Heizelementen siehe Kap. 2). Lassen Sie Bartagamen frei durchs Haus laufen, können sie sich leicht Verbrennungen zuziehen, wenn sie in die Küche gehen, während Sie kochen, oder wenn sie Lampen zu nahe kommen. Es ist also keine gute Idee, Ihre Bartagame unbeaufsichtigt laufen zu lassen, ob in der Wohnung oder draußen.

Wenn Sie den Verdacht haben, Ihre Bartagame könnte sich verbrannt haben, ist sofortige tierärztliche Hilfe nötig. Nehmen Sie einen sehr kleinen Eisbeutel (ein oder zwei Würfel) und legen Sie ihn immer nur für ein paar Sekunden auf die verbrannte Stelle. Wiederholen Sie dies auf dem Weg zum Tierarzt immer wieder. (Berühren Sie die verbrannte Stelle, um sie zu kühlen, aber nehmen Sie den Eisbeutel gleich wieder ab, um Ihre Bartagame nicht zu unterkühlen.)

Tierbisse

Wurde Ihre Bartagame von einer anderen Agame gebissen, ist die Haut wahrscheinlich durchtrennt – oft in Form eines Hufeisens – jedoch nicht sehr tief. Reinigen Sie die Wunde und geben Sie etwas Wasserstoffperoxid darauf. Manche Wunden können mit Klammerpflaster geschlossen werden, manchmal muss jedoch genäht werden. Ihr Tierarzt wird Ihnen möglicherweise Antibiotika empfehlen, denn solche Bisswunden infizieren sich häufig. Ohne Antibiotika entwickeln sich oft Abszesse.

Bartagamen können durchaus kräftig zubeißen. Foto: M. Schmidt

Wurde Ihre Bartagame von einer Katze gebissen, ist die Wunde kleiner, mit zwei oder vier Stichstellen von den Eckzähnen. Ihr Tierarzt wird Ihnen vermutlich vorschlagen, die Wunde nicht zu nähen, sondern sorgfältig zu säubern und sauber zu halten sowie Antibiotika zu geben. Katzenbisse entzünden sich regelmäßig.

Hunde können eine Bartagame schwer verletzen. Mittelgroße bis große Exemplare können eine Bartagame regelrecht zermalmen und, noch schlimmer, schütteln sie unter Umständen auch noch, wenn sie beißen. Ihre Agame kann hiervon Quetschungen, Knochenbrüche, innere Blutungen und Verletzungen, Hautverletzungen und vieles mehr davontragen. Sollte ein Hund Ihre Bartagame erwischt haben, bringen Sie die Echse sofort zum Tierarzt, auch wenn Sie äußerlich keine Probleme feststellen. Eine gebrochene Rippe oder innere Blutungen sind von außen nicht sofort zu erkennen.

Frakturen des Schwanzes

Bartagamen sehen wirklich gut aus, mit ihrem langen, spitz zulaufenden Schwanz. Leider kann dieser lange Schwanz jedoch brechen. Bei vielen Echsenarten kann der Schwanz abgeworfen werden. Er liegt dann einfach da und zuckt einige Momente lang – lang genug, einen Feind abzulenken –, während die Echse flieht. Der Schwanz einer Bartagame kann das nicht. Ist die Krafteinwirkung groß genug, kann er zwar abreißen, aber er wächst nicht mehr nach.

Obwohl Bartagamen keinen abwerfbaren Schwanz haben, muss es dennoch nicht unbedingt ein Notfall sein, wenn dieser gewaltsam gebrochen wird. Die Echse kann damit recht gut umgehen. Die Blutgefäße schließen sich normalerweise von selbst, und das Tier gerät nur selten in einen Schockzustand.

Wussten Sie eigentlich...?
Eine zahme Echse, die es gewohnt ist, berührt zu werden, lässt sich viel leichter zum Tierarzt bringen.

Kälteeinwirkung

Bartagamen kommen mit einer großen Temperaturspanne zurecht und sind erstaunlich hart im Nehmen. Dennoch sind sie aber in erster Linie Wüstenreptilien; sind sie Kälte ausgesetzt, kann dies gefährlich sein. Das müssen nicht gleich Minustemperaturen sein; dazu gehört alles, was ihr Tier frieren lässt, sodass seine Temperatur unter diejenige fällt, die notwendig für seine Gesundheit ist.

Unterkühlungen sind aus verschiedenen Gründen eine ernste Sache. Brennt die Glühlampe oder der Heizstrahler Ihrer Agame durch, während Sie in der Arbeit sind, aber ist es immer noch einigermaßen warm im Haus, wird es ihr gut gehen. Ein mehrtägiger Stromausfall während eines Schneesturms dagegen wäre ein Problem für Ihre Bartagame! Ist ein Reptil Kälte ausgesetzt, wird es zunächst langsamer. Es bewegt sich nicht mehr so viel, wie üblich, Verdauung, Kreislauf und andere Prozesse im Körper verlangsamen sich

Ist Ihre Agame nur leicht unterkühlt, können Sie sie langsam aufwärmen. Setzen Sie Ihr Tier nicht auf eine Heizmatte oder unter einen Strahler mit hoher Leistung. Diese Veränderung wäre zu schnell. Nehmen Sie stattdessen eine lauwarme Wärmflasche; eingewickelt in leichte Handtücher können Sie Ihr Tier damit langsam aufwärmen. Ein 40-W-Spotstrahler erzeugt zusätzlich angenehme Wärme. Ist Ihre Bartagame ernsthaft unterkühlt, versuchen Sie, sie allmählich aufzuwärmen. Wickeln Sie sie in ein Handtuch mit einer lauwarmen Wärmflasche und bringen Sie Ihr Tier unverzüglich zum Tierarzt.

> **Ist ein Reptil** Kälte ausgesetzt, wird es zunächst langsamer. Es bewegt sich nicht mehr so viel wie üblich, Verdauung, Kreislauf und andere Prozesse im Körper verlangsamen sich.

Aggressionen unter Terrariengenossen

Bartagamen-Babys zeigen oft untereinander aggressives Verhalten, üblicherweise durch gegenseitiges Beißen in den Schwanz oder die Zehen. Glücklicherweise entzünden sich diese Verletzungen nur selten. Hier kann man die aggressive Agame nur von ihren Genossen trennen und die Kleinen immer gut füttern.

Dehydrierung

Als Wüstenreptilien dehydrieren Bartagamen nur selten. Dennoch kann dies passieren, vor allem bei hohen Temperaturen und wenn die Echse unter Stress steht. Zu den Symptomen der Austrocknung gehören eingefallene Augen,

Normalerweise kommen Bartagamen gut miteinander aus. Foto: M. Schmidt

runzlige Haut, die sich nicht wieder glättet, wenn man leicht zwickt, und das Gefühl, Ihr Tier sei zu leicht, wenn Sie es aufnehmen.

Sie können eine leichte Dehydrierung dadurch behandeln, dass Sie Ihrer Bartagame etwas mineralische Lösung oder Gatorade per Pipette geben; der Tierarzt kann auch mit einer Injektion helfen. Wasser ist auch gut. Dehydrierte Reptilien trinken oft nicht – sie verspüren keinen Durst mehr. Sie müssen ihnen also oral Flüssigkeit zuführen, am besten mit einer Pipette oder einer Spritze (selbstverständlich ohne Nadel).

Ist Ihre Bartagame dehydriert, reagiert sie nicht mehr und nimmt sie keine Flüssigkeit von der Pipette an, bringen Sie sie so schnell wie möglich zu Ihrem Tierarzt.

Umweltgifte

Wie ein Großteil aller Reptilien können auch Bartagamen durch eine Vielzahl von Mitteln im Haushalt vergiftet werden. Glas-, Boden-, Küchen- und Badreiniger – sogar Waschmittel – sind giftig für Ihre Bartagame. Zur Reinigung des Terrariums und der Einrichtungsgegenstände sollten Sie eine Lauge verwenden, die gut abgespült wird. Anschließend sollte alles an der Luft vollständig trocknen.

Beim Hausputz sollten Sie Chemikalien in der Nähe der Reptilienterrarien sehr vorsichtig anwenden. Verhindern Sie, dass Reiniger in das Terrarium spritzen. Vermeiden Sie Reinigungsmittel, die giftige Dämpfe freisetzen.

Wann Sie Ihren Tierarzt anrufen sollten

Viele Reptilienhalter zögern, ihren Tierarzt anzurufen. Vielleicht sind sie der Meinung, ein *Reptil* sei das Geld nicht wert? Warum ist es eigentlich o. k., Geld für einen Hund, aber nicht für eine Echse auszugeben? Ein Haustier ist ein Haustier, und wenn wir die Verantwortung für ein Tier übernehmen, gehören Behandlungen durch einen Tierarzt dazu. Unterlässt man dies, verstößt man gegen das Tierschutzgesetz!

Reptilien scheinen stark und zäh, aber sie können überraschend zerbrechlich sein. Bei Verletzungen geraten sie schnell in einen Schockzustand und sterben. Davon könnte viel verhindert werden, wenn eine Behandlung durch den Tierarzt schnell erfolgte. Wenn Ihre Bartagame verletzt ist, blutet, einen Knochenbruch hat oder einfach nur „komisch" aussieht, rufen Sie Ihren Tierarzt!

Kapitel 5
Bartagamen-Sprechstunde

In diesem Kapitel:
Parasiten, die Ihre Bartagame plagen können
Gefahren für die Gesundheit Ihrer Bartagame
Verhaltensweisen, die Gesundheitsprobleme anzeigen

Da Bartagamen seit Generationen vom Menschen nachgezüchtet werden, zeigen sie nicht die Probleme wie viele Wildfangtiere, und an die Haltung sind sie gut angepasst. Das bedeutet jedoch nicht, es gäbe keine gesundheitlichen Probleme. Sie können sich z. B. Innenparasiten von anderen Reptilien einhandeln, wenn sie zusammen mit diesen im gleichen Terrarium gepflegt werden. Werden Agamen im Freien gehalten, können sie diese auch von Vogelkot oder woanders her bekommen. Probleme der Haltung (wie falsches Licht oder Heizung) können ebenfalls gesundheitliche Probleme verursachen.

Aber auch andere Probleme, Außenparasiten z. B., können Ihrem Tier zur Plage werden. Verwenden Sie dieses Kapitel als Nachschlagewerk für sich selbst und Ihren Tierarzt, um Ihre Bartagame bei bester Gesundheit zu erhalten. Halten Sie es immer griffbereit und schlagen Sie nach, wenn gesundheitlich mit Ihrem Tier etwas nicht stimmt.

Bartagamen brauchen Pflege, um gesund zu bleiben.
Foto: M. Schmidt

Parasiten, die Ihre Bartagame plagen können

Parasiten sind Organismen, die auf anderen leben und sich von ihnen ernähren. Ektoparasiten leben außen auf der Haut, Innen- oder Endoparasiten dagegen entweder im Verdauungstrakt (die häufigste Möglichkeit) oder in anderen Organen. Es liegt nicht in der Absicht der meisten Parasiten, dem Tier, auf dem sie leben, zu schaden; schließlich würden sie mit ihrem Wirt auch sterben. Dennoch fügen Parasiten ihrem Wirt oft Schaden zu, indem sie entweder zu viel Blut aufnehmen, die Nährstoffe im gefressenen Futter aufbrauchen oder Sekundärinfektionen verursachen.

Sind Parasiten nicht normal?

Der Großteil wild lebender Tiere, sowohl Reptilien als auch Säugetiere, trägt Innenparasiten. Wenn das also normal ist, warum sollten sich dann Besitzer von Haustieren darum Gedanken machen? Nun, zunächst einmal können Tiere in freier Wildbahn an ihren Parasiten sterben; wenn nicht direkt, dann aufgrund sekundärer Probleme, die sie verursachen. Schwerer Parasitenbefall kann das Immunsystem so sehr belasten, dass Ihr Tier an einer Krankheit stirbt. Zunächst erliegt es also der Krankheit; es wäre jedoch nie daran erkrankt, wenn es nicht so massiv mit Parasiten befallen gewesen wäre. Parasiten sind auch für andere Probleme verantwortlich, z. B. Störungen im Stoffwechsel.

> Einige generelle Symptome für Parasiten sind:
> - Entwicklungsstörungen
> - Fortpflanzungsstörungen
> - Lethargie
> - Keine Gewichtszunahme; Wachstumsstörungen
> - Nahrungsverweigerung oder Appetitsverlust

In Gefangenschaft kann ein möglicher Parasitenbefall gewaltig zunehmen, da das Tier auf kleinerem Raum gehalten wird, als ihm natürlicherweise zur Verfügung stünde. In freier Wildbahn leben Bartagamen in weiten trockenen Regionen, in denen sie umherstreifen. In Gefangenschaft dagegen sind sie ihrem eigenen Kot, je nachdem wie oft Sie das Terrarium reinigen, immer und immer wieder ausgesetzt und können so wieder und wieder re-infiziert werden.

Schützen Sie sich vor den Parasiten Ihres Tiers!

Die Bedeutung der Hygiene wurde schon in vorangegangenen Kapiteln ausführlich besprochen, aber ich kann es nicht oft genug betonen: Viele Parasiten werden durch schlechte Hygienemaßnahmen übertragen, wenn Kot mit Wasser oder Nahrungsmitteln in Kontakt kommt.

Seien Sie gewarnt! Auch Menschen sind für einen Befall mit manchen dieser Parasiten anfällig. Halten Sie also die Terrarieneinrichtung sauber, reinigen Sie sie nie im Küchenspülbecken und waschen Sie sich immer die Hände, nachdem Sie ihr Tier berührt haben.

> Hier sind einige Möglichkeiten, eine Übertragung von Parasiten zwischen Ihrer Agame und Ihnen oder zwischen ihr und anderen Haustieren zu verhindern.
> - Entfernen Sie Kot häufig; mindestens täglich, öfter wäre noch besser.
> - Futter- und Wasserschalen müssen täglich geleert und ausgewaschen werden.
> - Setzen Sie nicht gefressenes Futter keinesfalls anderen Haustieren vor.
> - Halten Sie jedes neue Haustier für mindestens 30 Tage in Quarantäne; 60 Tage wären sogar noch besser, wenn dies möglich ist.
> - Waschen Sie sich jedes Mal, und wirklich jedes Mal die Hände, nachdem Sie Ihre Bartagame, das Terrarium oder sonstige Gegenstände aus dem Terrarium berührt haben.

Außenparasiten

Außenparasiten sind unangenehm, können die Schuppen Ihrer Bartagame beschädigen und die Gesundheit Ihres Tieres bedrohen. Außenparasiten sind aber auch leichter zu entdecken als Innenparasiten.

Zecken

Diese Tiere benutzen ihren Rüssel, um sich durch die Haut zu arbeiten, und saugen dort Blut. Ein massiver Befall von Zecken kann den Blutvorrat einer Bartagame sehr schnell aufbrauchen.

Im Zimmerterrarium besteht für Bartagamen kaum eine Gefahr, sich Zecken einzufangen, es sei denn, durch andere Reptilien im selben Raum oder gar Terrarium. Bei Freilandaufenthalten können aber Zecken von frei lebenden Reptilien auf Ihre

Außenparasiten

Schützlinge übertragen werden. Zecken können auch gefährliche Krankheiten übertragen.

Man kann Zecken auf der Haut einer Bartagame sehen, oft an Stellen, wo die Haut und die Schuppen weicher sind, wie unter den Beinen und am Hals. Haben sie sich mit Blut voll gesaugt, sehen sie angeschwollen aus, manchmal dicker als ein Bleistift-Radiergummi, je nach Zeckenart. Tiere, die nicht gesaugt haben, können dagegen deutlich kleiner sein, manchmal nur wie ein Punkt. Eine Bartagame, die von Zecken befallen ist, wird versuchen, die Zecke abzukratzen, oder sie bekommt Häutungsschwierigkeiten, vor allem in dem Bereich, in dem die Zecken sitzen oder saßen.

Zecken lassen sich einzeln entfernen, indem man sie mit einer Pinzette so nah wie möglich an der Haut der Agame packt und sie vorsichtig aus der Haut dreht. Verbrennen Sie die Zecke, oder geben Sie sie in ein verschlossenes Gefäß mit Alkohol. Dies wird sie töten. Spülen Sie sie nicht die Toilette hinunter; sie könnte den Ausflug überleben! Sie sollten die Zecke auch nicht zwischen Ihren Fingern zerdrücken; dies würde Sie eventuell all den Krankheiten aussetzen, die die Zecke trägt. Säubern Sie die Stichwunden Ihrer Agame mit etwas Wasserstoffperoxid und geben Sie etwas antibiotische Salbe darauf. Beobachten Sie den Heilungsprozess und achten Sie darauf, dass keine Entzündung auftritt.

Milben

Die meisten nachgezüchteten Bartagamen tragen keine Milben; das heißt aber nicht, dass Milben Ihre Bartagame nicht doch finden. Halten Sie Ihre Agame in einem nicht gewissenhaft gereinigten Terrarium, in dem zuvor noch ein Reptil mit Milben lebte, könnte Ihre Agame befallen werden. Oder Sie bringen ein befallenes Reptil als neues Haustier mit nach Hause, und die Milben breiten sich bis zu Ihrer Bartagame aus.

Milben sind winzig kleine Parasiten, nicht größer als der Punkt am Ende dieses Satzes. Und dennoch können diese winzigen Schädlinge großen Schaden anrichten, denn wo eine ist, sind noch Tausende mehr! Milben saugen auch Blut, und obwohl eine einzelne Milbe nicht viel anrichtet, können Tausende davon Ihre Bartagame schnell leer saugen.

Sie können die Milben auf Ihrer Agame entdecken; sie sehen aus wie winzige umherwandernde rote, braune oder schwarze Pünktchen. Man kann sie auch auf der Hand sehen, nachdem man die Bartagame angefasst hat, oder Sie sehen sie als

> **Milben** sind winzig kleine Parasiten, nicht größer als der Punkt am Ende dieses Satzes.

kleine Punkte auf der Wasseroberfläche der Wasserschale.

Wenn Sie eine Milbe finden und Ihr Tierarzt den Befund bestätigt, sollten Sie Ihre Agame, das Terrarium, die Einrichtung und alles um das Terrarium herum sehr sorgfältig reinigen. Milben pflanzen sich sehr schnell fort, und aus einem einzigen Paar werden schnell Tausende. Bringen Sie Ihre Bartagame ins Badezimmer und setzen Sie sie in die trockene Badewanne. Reiben Sie Ihr Tier überall (außer den Augen) mit einem entsprechenden Präparat ein, das Sie vom Tierarzt erhalten, und lassen Sie es bei geschlossener Badezimmertür in der Wanne, während Sie sein Terrarium säubern.

Nehmen Sie, wenn möglich, alles auseinander und behandeln Sie auch das Terrarium, die Einrichtungsgegenstände und die Schalen mit dem Milben-Präparat.

Nachdem Sie das Terrarium wieder eingerichtet haben, gehen Sie wieder zu Ihrer Bartagame und waschen Sie sie mit einer milden Seife ab. Eventuell muss die Prozedur mehrmals wiederholt werden.

Versuchen Sie nicht, Ihre Bartagame mit einem frei verkäuflichen Präparat für Hunde oder Katzen zu behandeln. Holen Sie sich von Ihrem Tierarzt die Information ein, welches Mittel für Ihr Reptil geeignet ist und achten Sie darauf, es vorschriftsgemäß einzusetzen, denn auch diese Präparate können sonst Ihrem Haustier schaden.

Wussten Sie eigentlich...?
Zecken können die Schuppen einer Echse nicht durchdringen. Daher arbeiten sie sich zwischen den Schuppen durch und durchbohren die weichere Hautschicht darunter.

Innenparasiten

Innenparasiten sind natürlich viel schwerer zu entdecken als Außenparasiten; ihr Tierarzt wird Ihnen dabei helfen müssen. Innenparasiten können der Gesundheit Ihres Haustiers großen Schaden zufügen; regelmäßige Untersuchungen von Kotproben sind daher eine gute Idee.

Parasiten können Ihren Wirt schädigen, indem sie:
- Blut saugen und für Blutverlust verantwortlich sind (Hakenwürmer)
- Nährstoffmangel verursachen (Rundwürmer etc.)
- Darminhalt direkt aufnehmen (Bandwürmer)
- Körperzellen ihres Wirtes zerstören (Kokzidien)
- den Darmtrakt blockieren (Rundwürmer)
- den Gallengang blockieren (Rundwürmer, Bandwürmer)

Innenparasiten

- giftige Substanzen abgeben (verschiedene)
- allergische Reaktionen auslösen (verschiedene)
- Entzündungen und Infektionen des Darmtraktes verursachen (verschiedene)
- das Immunsystem schwächen (alle)

Rundwürmer

Rundwürmer sind bei Fleisch fressenden Reptilien nichts Ungewöhnliches; und man findet sie auch bei Bartagamen. Sie leben im Verdauungstrakt und absorbieren dort bis zu 40 % der Nährstoffe Ihrer Agame, die dann selbst mit einer guten Diät unterernährt sein kann. Unter Umständen wandern die Larven von Rundwürmern durch den ganzen Körper Ihrer Bartagame und können damit Sekundärinfektionen verursachen.

Die Eier von Rundwürmern lassen sich im Kot feststellen. Die Behandlung besteht üblicherweise aus Panacur (Fenbendazol) einmal alle zwei Wochen mit zwei oder drei Wiederholungen. Sie sollten die Dosierung Ihrem Tierarzt überlassen, der sowohl das Alter als auch die Größe Ihrer Agame berücksichtigen wird.

Hakenwürmer

Leider findet man Hakenwürmer recht häufig bei Reptilien. Sie leben im Verdauungstrakt, irgendwo zwischen dem Magen und der Kloake. Hakenwürmer heften sich dort fest und saugen Blut. Daher ist das erste Symptom auch oft blutiger Stuhl. Üblicherweise besteht die Behandlung wiederum aus Gaben von Panacur (Fenbendazol) im zweiwöchigen Abstand, mit zwei oder drei Wiederholungen. Die Dosis hängt vom Alter und der Größe Ihres Tiers ab.

Bandwürmer

Treten Bandwürmer in großer Zahl auf, können sie Mangelernährung, Darmfunktionsstörungen sowie Verstopfung verursachen. Die Standardbehandlung sieht eine Gabe Droncit (Praziquantel) oral oder als Injektion vor. Eine zweite Behandlung sollte zwei Wochen später erfolgen.

Fadenwürmer

Fadenwürmer werden meist über Kontakt mit kontaminiertem Wasser übertragen. Sauberkeit im Terrarium ist daher sehr wichtig! Diese Würmer leben im unteren Verdauungstrakt. Behandelt wird mit Panacur.

Wie man Parasiten diagnostiziert (feststellt)

Symptome, die auf einen Befall mit Innenparasiten hinweisen, sind z. B.:
- schleimiger oder blutiger Kot
- anormal häufige Kotabgabe
- sichtbare Würmer im Kot
- Appetitveränderungen
- Verhaltensauffälligkeiten; Aktivitätsverlust

Ihr Tierarzt benötigt eine frische Kotprobe, um Innenparasiten feststellen zu können. Anhand einer angefärbten Ausstrichprobe wird er nachsehen, ob irgendetwas sichtbar ist, oder er wird sie aufschlämmen, um zu sehen, ob Parasiteneier zur Oberfläche treiben.

> **Der Lebenszyklus eines Parasiten**
>
> Alle Parasiten benötigen einen Wirt, auf dem sie leben. Obligate Parasiten leben nicht ohne ihren Wirt und können auch nicht ohne ihren Wirt leben. Viele Parasiten brauchen zusätzlich in ihrem Lebenszyklus mehr als einen Wirt. Hakenwürmer z. B. sind weit verbreitete Parasiten und infizieren sowohl Menschen als auch Hunde, Katzen, Reptilien und andere Wildtiere. Ausgewachsene Hakenwürmer produzieren Eier, die über den Kot den Wirt verlassen. Im Boden entwickeln sich die Eier fort, und die Larven schlüpfen. Diese Larven werden schließlich von neuen Wirten (oder auch dem alten) aufgenommen, indem sie über kleine Hautwunden einwandern oder mit Gras oder Wasser aufgenommen werden. Indem man das Bartagamen-Terrarium sehr sauber hält, kann man diesen Lebenszyklus – in Gefangenschaft – unterbrechen. Bleiben Kot und infizierter Bodengrund im Terrarium, wird die Agame immer und immer wieder damit befallen. Wird jedoch der Kot sofort entfernt und das Bodensubstrat regelmäßig erneuert, kann dieser Lebenszyklus durchbrochen werden.

Protozoen

Protozoische Parasiten sind relativ häufig bei Reptilien. Sauberkeit ist deshalb essenziell, um einem Befall mit diesen vorzubeugen. Kokzidien zählen zu den häufigsten Protozoen und werden normalerweise durch Wasser oder Futter übertragen, das mit infiziertem Kot kontaminiert wurde. Sie werden mittels einer Kotprobe diagnostiziert, und die Behandlung besteht normalerweise aus Albon (Sulfadimethoxin) in alters- und größenabhängiger Dosis.

Flagellaten

Man findet Flagellaten im Darmtrakt von Reptilien so häufig, dass die meisten Experten davon ausgehen, sie gehörten zur normalen Darmflora. Dennoch sollte ein starkes Auftreten dieser Protozoen, begleitet von Durchfall, Abmagerung, blutigem Stuhl oder anderen Darmstörungen, behandelt werden. Dies geschieht üblicherweise mit Flagyl (Metronidazol).

Gefahren für die Gesundheit Ihrer Bartagame

Als natürliches Verhalten verstecken Reptilien ihre Gesundheitsprobleme so gut wie möglich, bis sie schließlich zu krank sind, um dies noch weiter zu tun – und dann ist es oft zu spät, um ihnen zu helfen. Besitzer von Bartagamen müssen also Meister des Details sein. Achten Sie auf jede Kleinigkeit und notieren Sie sich jede Veränderung. Dies könnte der Schlüssel zur Gesundheit Ihrer Agame sein.

Kalzium-Vitamin D$_3$-Tremor

> **Wussten Sie eigentlich...?**
> Indem Sie aufmerksam die Tagesroutine, die Gewohnheiten und das Verhalten Ihres Haustiers beobachten, können Sie viel früher Signale feststellen, die ein mögliches Gesundheitsproblem anzeigen.

Junge, rasch heranwachsende Bartagamen brauchen für ihr Wachstum große Mengen an Kalzium und genug Vitamin D$_3$ für ihren Stoffwechsel. Wird keines von beiden in ausreichender Menge angeboten, beginnt die Agame unter Umständen zu zucken. Dies kann bis zu Tremor (starkem Zittern), Anfällen und eventuell zum Tod führen. Die Vorsorge dagegen ist leicht. Bestäuben Sie die Grillen zwei- bis dreimal die Woche mit einem Vitamin-Mineralstoff-Gemisch (achten Sie darauf, dass sowohl Kalzium als auch Vitamin D$_3$ enthalten sind) und füttern Sie eine gute, ausgewogene Ernährung mit kalziumreichem dunkelgrünem Gemüse. Bieten Sie Ihrem Tier zusätzlich ein paar Stunden direktes Sonnenlicht pro Woche, oder stellen Sie eine UV-B-Leuchtstoffröhre für Reptilien bereit, mit der Sie Ihre Bartagame direkt bestrahlen.

Sollte Ihr Tier Zuckungen zeigen, bestrahlen Sie es am besten sofort mit einem richtigen UV-Strahler. In der Echsenhaltung üblich ist der 300-Watt-Strahler „Ultra Vitalux" von Osram. Dieser wird 30–60 min aus einem Abstand von einem Meter eingesetzt. Achten Sie darauf, dass das Tier nicht überhitzen und sich bei Bedarf aus dem Wirkungsbereich der Lampe zurückziehen kann. Nehmen Sie ein wasserlösliches Vitamin-Mineralstoff-Gemisch und lösen Sie ungefähr eine Messerspitze davon in einer Tasse warmen Wassers auf. Geben Sie Ihrer Agame einige Tropfen dieser Mischung mittels Pipette, aber achten Sie darauf, das Tier nicht zu ertränken. Wiederholen Sie diese Prozedur in den nächsten Tagen einige Male. Hat das Problem erst kurz zuvor begonnen und ist es noch nicht zu ausgeprägt,

> **Achten Sie** auf jede Kleinigkeit und notieren Sie sich jede Veränderung. Dies könnte der Schlüssel zur Gesundheit Ihrer Agame sein.

werden sich die meisten Bartagamen nach kurzer Zeit mit dieser Behandlung schnell wieder erholen.

Ernährungsbedingte Knochen-Stoffwechselstörungen

Ernährungsbedingte Knochen-Stoffwechselstörungen sind eine schreckliche Krankheit, die sich jedoch mit einer guten Ernährung vollständig verhindern lässt. Sie wird ausgelöst von einer Mangelernährung aufgrund einer falschen oder nicht angemessenen Diät, selbst bei Bartagamen, die nicht zu wenig gefüttert werden.

Alle folgenden Gesundheitsprobleme stehen oder können mit ernährungsbedingten Knochen-Stoffwechselstörungen in Verbindung stehen:

- Appetitlosigkeit
- Blutungen
- Verstopfung
- Zahnfleischentzündungen
- Maulfäule
- Entwicklungsstörungen
- Wirbelsäulenverkrümmungen
- Anfälle und Tremor
- Schwellungen an Beinen, Kiefer, Augen und Bauch
- Knochenbrüche oder weiche Knochen
- Nierenprobleme

Was ist das nun für eine Krankheit? Bekommt der Stoffwechsel einer Bartagame nicht genügend Kalzium, stiehlt es der Körper von den Knochen, um es dort bereitzustellen, wo es gerade gebraucht wird. Da Kalzium so wichtig für Blut, Funktion des Herzens und der Muskeln sowie den Nahrungsstoffwechsel ist, muss es in ausreichender Menge vorhanden sein. Es liegt auf der Hand, dass dieser Kalziumraub von den Knochen nicht unendlich weitergehen kann, der Körper eventuell schließlich zusammenbricht und all die Probleme, die ich oben aufgelistet habe, auftauchen.

Wie geben Sie Ihrer Bartagame orale Medikamente?

Orale Medikamente sind solche, die Ihre Bartagame schlucken muss – also Pillen, Kapseln oder Flüssigkeiten. Okay, also wie bekommt man sie nun ihren Hals hinunter?

Frisst Ihre Agame noch, ist das ein leichtes Spiel. Handelt es sich um Flüssigkeiten, nähern Sie sich Ihrem Tier. In der einen Hand haben Sie das Medikament, in der anderen einen Leckerbissen. Halten Sie den Leckerbissen (eine Erdbeere, eine Tomatenscheibe oder einen Mehlwurm) vor seine Nase und locken Sie Ihre Agame damit. Wenn sie das Maul öffnet, spritzen Sie das Medikament hinten in die Mundhöhle. (Aber spritzen Sie es nicht quer durch das Maul, sodass es auf der anderen Seite wieder herauskommt!) Geben Sie ihr dann den Leckerbissen. Handelt es sich um Pillen oder Kapseln, verstecken Sie diese im Lieblingsfutter und füttern Sie Ihr Tier von Hand.

Frisst Ihre Bartagame nicht, wickeln Sie sie mit flach nach hinten angelegten Beinen in ein Handtuch, sodass nur der Kopf herausragt. Öffnen Sie vorsichtig (brechen Sie ihr nicht die Kiefer!) mit einem Löffel das Maul. Geben Sie das Medikament tief hinein und werfen Sie ein winziges Stück Futter hinterher, damit sie schluckt.

Die Behandlung beginnt mit einer Korrektur der Ernährung – mehr kalziumreiches Gemüse, wie Kohlblätter, Rübenblätter, Senfpflanzen und Grünkohl. Ebenso muss den Bartagamen UV-B-Licht zur Verfügung gestellt werden. Wenn möglich, sollte das Tier draußen in der Sonne liegen können. Sonst empfiehlt sich der Einsatz des UV-Strahlers „Ultra Vitalux" von Osram oder ähnlicher UV-Strahler. Manche Tierärzte behandeln diese Stoffwechselstörungen mit Injektionen von Kalzium, Vitamin D_3 und Calcitonin. Auch orale Gaben entsprechender Medikamente können verschrieben werden.

Das Traurige an dieser Krankheit ist, dass sie häufig zum Tod der Agamen führt, obwohl sie so leicht zu verhindern wäre.

Lähmungen aufgrund großer Beutetiere

Bartagamen sind aktive Jäger, und sogar die Kleinen stürzen sich auf Beutetiere, die eigentlich zu groß für sie sind. Zu große Beute kann jedoch auf die Nerven im hinteren Körperteil Druck ausüben und so das Nachziehen der Beinen oder sogar partielle Lähmungen verursachen. Ist es erst einmal soweit, sind die Überlebenschancen schlecht, denn es gibt kaum eine Behandlungsmöglichkeit. Dennoch kann dies verhindert werden, indem man nur angemessen kleine Beute anbietet. Geben Sie Bartagamen-Babys sehr junge Grillen (erst zwei oder drei Wochen alt) und den jungen Agamen Grillen mittlerer Größe (drei bis fünf Wochen alt).

Anorexie (Appetitverlust)

Männliche Bartagamen stellen die Nahrungsaufnahme während der Fortpflanzungszeit ein – oder fressen zumindest weniger. Weibchen fressen kurz vor der Eiablage nicht mehr. Ist die Temperatur zu niedrig, fressen Bartagamen ebenfalls weniger. Wird das Tier jedoch bei der richtigen Temperatur gehalten, sollte es auch konsequent gut fressen.

Appetitverlust kann außerdem noch verursacht werden von:
- Veränderungen im Terrarium oder der Umgebung
- Außen- oder Innenparasiten
- Darmverschluss (durch Fremdkörper)
- Lebererkrankungen
- Nierenleiden

Bis Sie und Ihr Tierarzt festgestellt haben, was die Ursache der Anorexie ist, kann es notwendig sein, Ihr Tier zwangszufüttern.

> **Männliche Bartagamen** stellen die Nahrungsaufnahme während der Fortpflanzungszeit ein – oder fressen zumindest weniger. Weibchen fressen kurz vor der Eiablage nicht mehr.

Bakterielle Erkrankungen

Diese Krankheiten kommen wirklich häufig bei Reptilien vor, auch bei Bartagamen, und werden oft von opportunistischen Bakterien ausgelöst, die ein Reptil mit schwachem Immunsystem infizieren. Ihr Tierarzt wird feststellen müssen, welches Bakterium für das Problem verantwortlich ist und welches Antibiotikum daher für die Behandlung verwendet werden sollte. Außerdem sollten alle Umgebungsbedingungen, die zur Infektion führten, korrigiert werden.

Verstopfung

Bartagamen besitzen ein sehr schnelles Verdauungssystem, vor allem verglichen mit anderen Reptilien. Die meisten setzen täglich, manche sogar zweimal täglich Kot ab, und oft hängt die Menge oder die Häufigkeit davon ab, wie viel die Agame frisst. Sie sollten lernen, was normal für Ihre Bartagame ist, und auf Veränderungen achten.

> Verstopfung kann ausgelöst werden durch:
> - Innenparasiten
> - Appetitverlust
> - Nierenleiden
> - Bevorstehende Eiablage
> - Chronische Kalzium-Stoffwechselstörungen

Als Erstes sollten Sie die Bartagame in lauwarmem Wasser baden. Wiederholen Sie dies täglich (oder zweimal täglich), drei Tage lang. Hilft das warme Bad nicht, benötigen Sie Hilfe vom Tierarzt.

Dermatitis

Entzündungen der Haut können von Bakterien oder Pilzen verursacht werden und rühren normalerweise von falschen Haltungsbedingungen her. Zu hohe Luftfeuchtigkeit, Parasiten, verschmutztes Wasser oder eine Reihe anderer Probleme kommen hierfür in Frage. Dermatitis kann behandelt werden, aber auch die Haltungsbedingungen müssen korrigiert werden.

Kleine Blasen werden von der Bläschenkrankheit verursacht, die ebenfalls durch schlechte Haltung ausgelöst wird. Schmutzige, feuchte Terrarien können diese Krankheit hervorrufen. Die anfangs kleinen Bläschen werden rasch zu großen Wunden und Geschwüren. Diese können eine Bartagame in kurzer Zeit töten.

Maulfäule (Stomatitis)

Maulfäule, ein passender Name für diese Krankheit, ist nur sehr schwer zu heilen. Dabei bilden sich neben starken Schwellungen tiefe Eitertaschen im Maul. Zu den Symptomen gehören Geifern, gesteigerter Speichelfluss und gerötete Maulschleimhäute. Maulfäule wird oft von Lungenentzündung begleitet.

Weiche Ernährung mit zu vielen Früchten ist in einigen Fällen Schuld an der Maulfäule. Sie kann jedoch auch die Begleiterscheinung von Stoffwechselstörungen sein oder auf Verletzungen der Schnauze folgen.

Durchfall

Durchfall zeigt an, dass etwas nicht stimmt. Dies kann an Bakterien, verschmutztem Wasser oder Futter, Salmonellen, schlechter Diät oder Parasiten liegen. Hält der Durchfall länger als zwei Tage an, muss er vom Tierarzt behandelt werden. Die Ursachen müssen anschließend entdeckt und behoben werden.

Legenot

Weibliche Bartagamen sind oft mit neun Monaten geschlechtsreif, obwohl dies in Abhängigkeit von Größe, Gesundheitszustand und Ernährung variieren kann. Mit neun Monaten sind jedoch die meisten Tiere groß genug, um Eier zu legen. Wurde das Weibchen nie mit einem Männchen zusammen gehalten, sind die Eier – selbstverständlich – nicht befruchtet.

Es ist wichtig, immer eine geeignete Stelle im Terrarium zu haben, an der das Weibchen die Eier legen kann. Dies kann beispielsweise eine Kunststoffbox mit Deckel und einem Loch sein, das groß genug für das Tier ist, um hineinzukriechen. Die Box sollte bis zur Hälfte mit feuchter Blumenerde gefüllt sein.

Steht eine solche Stelle nicht zur Verfügung, hält Ihr Weibchen unter Umständen die Eier zurück. Es entsteht eine so genannte Legenot, und diese kann zu einer ernsthaften Bedrohung für die Gesundheit der Agame werden – bis hin zur

Notwendigkeit eines operativen Eingriffs, um das Leben des Tiers zu retten.
Sehr junge weibliche Bartagamen beginnen manchmal damit, Eier zu produzieren, bevor ihr Körper vollständig ausgewachsen ist. Sie haben dann nicht genug Kalzium im Körper, um die Schale um das Ei zu bilden, oder die Schale ist zu dünn, um das Ei unbeschadet zu legen. Solche Weibchen brauchen üblicherweise Hilfe vom Tierarzt.

Entwicklungsstörungen

Tatsächlich wachsen die meisten jungen Bartagamen in den ersten Lebensmonaten bis zu 2,5 cm pro Woche. Ein Tier, dass erheblich langsamer wächst, könnte an einer ernährungsbedingten Knochen-Stoffwechselstörung (s. o.) leiden, oder mit den Haltungsbedingungen stimmt etwas nicht.

Das rasche Wachstum setzt angemessene Temperatur, Licht einschließlich UV-B-Anteil und die richtige Photoperiode voraus. Die artgerechte Ernährung ist von besonderer Wichtigkeit.

Krankes Jungtier Foto: M. Schmidt

Häufig auftretende gesundheitliche Probleme bei Bartagamen und was man gegen Sie tut

Problem	Mögliche Ursachen	Behandlungsmöglichkeiten
Aufgedunsenheit	Darmverstopfung	Gehen Sie zum Tierarzt
	Innenparasiten	Gehen Sie zum Tierarzt
	Verletzungen der Wirbelsäule	Gehen Sie zum Tierarzt
	stoffwechselbedingte Knochenkrankheit	Gehen Sie zum Tierarzt
	Nierenversagen	Gehen Sie zum Tierarzt
Dellen und Beulen	Verbrennungen	Kontrollieren Sie Licht, Lampen und Heizquellen, Gehen Sie zum Tierarzt
	Wunden	Säubern, medikamentöse Behandlung, Suche nach Ursache
	Tumor bei alten Tieren	Gehen Sie zum Tierarzt
	Abszesse	Gehen Sie zum Tierarzt
	Blasen, Bläschenkrankheit	Gehen Sie zum Tierarzt, reinigen und trocknen Sie das Terrarium
	Eier (bei Weibchen)	Gehen Sie zum Tierarzt
Verstopfung	Nicht genügend Fasern im Futter	Futterumstellung
	Überfüttern	Futterumstellung
	Fettleibigkeit	Futterumstellung, mehr Aktivität für das Tier
	Anorexie	Gehen Sie zum Tierarzt
	Nierenerkrankung	Gehen Sie zum Tierarzt
	bevorstehende Eiablage	Sorgen Sie für eine geeignete Eiablagemöglichkeit
	Innenparasiten	Gehen Sie zum Tierarzt
	stoffwechselbedingte Knochenkrankheit	Gehen Sie zum Tierarzt
Durchfall	Innenparasiten	Gehen Sie zum Tierarzt
	zu viele Früchte	Futterumstellung
	Bakterielle Infektion	Gehen Sie zum Tierarzt
	Salmonelleninfektion	Gehen Sie zum Tierarzt
Zurückhalten der Eier	psychischer Stress	Änderung der Haltungsbedingungen
	keine geeignete Eiablagestelle	Box mit feuchtem Substrat
	organische Ursachen	Gehen Sie zum Tierarzt

Häufig auftretende gesundheitliche Probleme und was man gegen sie tut

Problem	Mögliche Ursachen	Behandlungsmöglichkeiten
Zurückhalten der Eier	Eier werden resorbiert	Gehen Sie zum Tierarzt, besseres Futter, Untersuchung auf Parasiten
Appetitsverlust	Trächtiges Weibchen	Stellen Sie eine Eiablagemöglichkeit bereit
	Männchen in der Fortpflanzungszeit	Gibt sich von selbst
	Umgebungsstress	Halten Sie die Bedingungen konstant
	zu kühle Haltung	Temperaturerhöhung
	Stress mit anderen Bartagamen	Einzelhaltung
	Infektionen	Gehen Sie zum Tierarzt, reinigen Sie das Terrarium, verbessern Sie die Haltungsbedingungen
	stoffwechselbedingte Knochenkrankheit	Gehen Sie zum Tierarzt, verbessern Sie die Ernährung und Haltungsbedingungen
	Darmverstopfung	Gehen Sie zum Tierarzt
	Parasiten	Gehen Sie zum Tierarzt, Verbessern Sie die Haltungsbedingungen
Atmung durch das Maul, Niesen, laufende Nase	Infektion	Gehen Sie zum Tierarzt
	Allergische Reaktion	Gehen Sie zum Tierarzt
Maulfäule, Sabbern, verformte Kiefer	Verletzungen des Maulbereichs	Gehen Sie zum Tierarzt
	Zu viel weiches Futter, Früchte	Ändern Sie die Ernährung, gehen Sie zum Tierarzt
	sichtbares Zahnfleisch	gehen Sie zum Tierarzt
	stoffwechselbedingte Knochenkrankheit	Gehen Sie zum Tierarzt
Unvollständige Häutung (Dysekdysis)	falsche Ernährung	Ändern Sie die Ernährung
	Verletzungen	Helfen Sie bei der Häutung mit Baby- oder Mineralöl
	Milben	Gehen Sie zum Tierarzt, entfernen Sie Milben
	Hautinfektionen	Gehen Sie zum Tierarzt
	zu trockene Luft	Baden Sie das Tier in lauwarmem Wasser
Vorfälle	Darmvorfall, Durchfall	Gehen Sie zum Tierarzt
	Hemipenisvorfall	Viele mögliche Ursachen, gehen Sie zum Tierarzt
	Vaginavorfall (bei Weibchen)	Viele mögliche Ursachen, gehen Sie zum Tierarzt

Problem	Mögliche Ursachen	Behandlungsmöglichkeiten
Vorfälle	Zunge	Viele mögliche Ursachen, gehen Sie zum Tierarzt
Zuckungen, und Tremor-Anfälle	Mangel an Vitamin D$_3$ oder Kalzium	Vitamin D$_3$ und Kalzium-Präparat Verlängern Sie die Zeit unter der Reptilien-Leuchtstoffröhre oder in der Sonne
Nachziehen der Hinterbeine, teilweise Lähmungen	Zu große Futtertiere	keine Behandlungsmöglichkeiten
Erbrechen	Darmverstopfung	Gehen Sie zum Tierarzt
	Vergiftung	Gehen Sie zum Tierarzt
	Nierenversagen	Gehen Sie zum Tierarzt

Infektionen der Atemwege

Bartagamen gelten zwar nicht als anfällig für Atemwegsinfektionen, diese kommen aber dennoch vor. Zu Infektionen der oberen Atemwege gehören solche in Kopf und Nase. Symptome sind z. B. eine laufende Nase. Tiefer oder in der Brust liegende Infektionen sind dagegen normalerweise schwerwiegender und können zur Lungenentzündung führen. Zu den Symptomen hierfür gehören pfeifende Atemgeräusche, Schnappen nach Luft und Atmung durch das Maul sowie schaumiger Ausfluss aus Nase oder Maul, geringer Appetit und nachlassende Aktivität. Normalerweise wird eine Behandlung mit Antibiotika empfohlen, Änderungen der Haltungsbedingungen sind jedoch auch notwendig, da Atemwegsinfektionen von zu feuchter, zu kalter oder zu trockener Haltung herrühren können.

Wenn Ihre Bartagame die Farbe wechselt

Viele Halter von Bartagamen züchten auf kräftigere Farben. Man sieht daher häufig hellgoldene, rote oder orange Männchen. (Weibchen sind nicht so kräftig gefärbt.) Doch einige Halter beklagen, dass Ihre Bartagamen ihre kräftige Farbe nicht behalten.

Es gibt verschieden Faktoren, die die Farbe zu beeinflussen scheinen. Einige Züchter sind der Meinung, Futter mit hohem Anteil an Beta-Karotin könne die Farben kräftigen.

Das Bartagamenmännchen ist in der Fortpflanzungszeit kräftiger gefärbt, vor allem, wenn ein Weibchen anwesend ist. Schließlich will es seiner Partnerin mehr imponieren als Ihnen!

Verhaltensweisen, die Gesundheitsprobleme anzeigen

Geraspelte Karotten und Yamswurzel werden üblicherweise von Bartagamen gerne angenommen und gefressen. Einige Reptilien-Vitamine enthalten auch Beta-Karotin.
Andere Experten führen an, Licht sei besonders wichtig, und Bartagamen, denen Reptilien-Leuchtstoffröhren oder direktes Sonnenlicht zur Verfügung stehen, seien stärker gefärbt. Männliche Bartagame sind auch über die Fortpflanzungszeit kräftiger gefärbt, vor allem, wenn ein Weibchen anwesend ist. Schließlich will er ihr mehr imponieren als Ihnen!

Wussten Sie eigentlich...?
Ein Tier, das krank erscheint, wird in freier Natur viel schneller von einem Fressfeind gepackt. Daher versteckt ein wild lebendes Tier alle Anzeichen einer Verletzung oder Krankheit, so lange es kann.

Verhaltensweisen, die Gesundheitsprobleme anzeigen

Ihre Bartagame kann Ihnen nicht einfach mit Worten sagen, dass sie Bauchweh oder Ohrenstechen hat. Sie muss sich vielmehr auf Ihre Beobachtungsgabe verlassen, wenn etwas nicht stimmt. Aber sie kann Ihnen manchmal mit ihrem Verhalten zeigen, dass es ein Problem gibt. Sie müssen sie nur beobachten.

Aufregung oder Reizbarkeit können vor einer Häutung oder vor der Fortpflanzungszeit auftreten. Weibchen werden auch oft reizbar, kurz bevor sie ihre Eier legen oder wenn sie in Legenot geraten. Haben Bartagamen Schmerzen, können sie allgemein sehr gereizt reagieren, sich verdunkeln und mit dem Schwanz hin- und herpeitschen.

Normalerweise ist das Kopfnicken Teil des Territorialverhaltens; es zeigt der ganzen Welt (vor allem anderen Bartagamen): „Hey, das ist mein Gebiet!". Trotzdem folgt auf aufgeregtes Kopfnicken manchmal ein Biss, also seien Sie vorsichtig, wenn Sie sich einer nickenden Bartagame nähern. Versteckt sich Ihr Tier nahezu vollständig, könnte dies auf ein ernstes Problem

Gesunde Bartagamen gehen gut ans Futter
Foto: M., Schmidt

97

hindeuten. Es ist entweder stark gestresst, krank, verletzt oder reagiert negativ auf seine Umgebung.

Wie Sie Ihre Bartagame wieder gesund pflegen

Obwohl viele Reptilien recht heikel sind, ist eine kranke Bartagame nicht unbedingt gleich eine tote Bartagame. Ihr Tier kann nach einer Krankheit immer noch ein langes und gesundes Leben vor sich haben. Es braucht nur Ihre Hilfe.

Befolgen Sie die Anweisungen Ihres Tierarztes wirklich buchstabengetreu. Wenn Sie z. B. zweimal täglich, zehn Tage lang, ein Medikament verabreichen sollen, dann tun Sie auch genau das. Stellen Sie das Ganze nicht ein, nur weil Ihre Agame besser aussieht. Jede medikamentöse Behandlung muss vollständig abgeschlossen werden.

Teilen Sie Ihrem Tierarzt jegliche Veränderung des Zustandes Ihrer Bartagame mit. Dies kann unter Umständen wichtig sein, aber lassen Sie das Ihren Tierarzt entscheiden.

Halten Sie Ihr Tier warm. Reptilien können kein Fieber bekommen, wenn sie krank sind, sie benötigen also eine warme Umgebung, um wieder gesund zu werden. Der Heizstrahler sollte stellenweise auf 40 °C erhitzen.

Achten Sie darauf, dass Ihre Agame nicht zu viel Wasser verliert. Es sollte immer welches bereitstehen; fügen Sie etwas Elektrolytlösung oder Gatorade dazu und geben Sie es mittels Spritze oder Pipette.

Selbst, wenn Ihr Tier nur wenig frisst, sollten Sie dennoch reichhaltiges und nahrhaftes Futter bieten. Stellen Sie es im Terrarium bereit, damit Ihr Pflegling es findet, wenn er fressen möchte.

Halten Sie Stress so gering wie möglich. Es schläft sich besser, wenn die Umgebung ruhig und friedlich ist.

Zögern Sie nicht!

Bartagamen können ein langes und gesundes Leben in menschlicher Obhut haben. Gutes Futter, die richtige Haltung und Ihre Beobachtungsgabe – all dies trägt dazu bei, dass Ihre Agame dieses lange Leben erreicht. Bemerken Sie jedoch ein (noch) kleines Problem, dann zögern Sie nicht. Fangen Sie umgehend an, es zu lösen, denn wenn Ihnen Ihr Tier zeigt, dass ein Problem besteht, so hat sich dieses wahrscheinlich schon eine Weile lang entwickelt. Oft ist schnelles Handeln nötig.

Kapitel 6
Körpersprache und Verhalten Ihrer Bartagame

In diesem Kapitel:
Studieren Sie die Körpersprache Ihrer Bartagame
Verstehen Sie das Verhalten Ihrer Agame
Jede Bartagame ist ein Individuum

Haben Sie sich im Gespräch mit jemandem schon einmal unwohl gefühlt, aber Sie wussten nicht, warum? Hat Sie jemand verärgert, aber Sie konnten nicht herausfinden, warum Sie eigentlich verärgert waren? Wir kommunizieren mit Hilfe von Körpersprache, unbewusst und ohne darüber nachzudenken. Wir lesen die Körpersprache anderer, und dies beeinflusst, wie wir auf sie reagieren. Stellen Sie sich vor, Sie sind mit jemandem im Gespräch, und Ihr Gegenüber gähnt, sieht über Ihre Schulter, ohne Ihnen ins Gesicht zu blicken, oder dreht sich ein wenig weg; Sie würden sich sicherlich zurückgewiesen und abgewertet fühlen. Körpersprache ist ein wichtiger Teil unserer Kommunikation.

Bartagamen verwenden auch körperliche Signale. Sie kommunizieren mit ihrer Hilfe miteinander und mit Ihnen, auch wenn Sie nicht immer verstehen oder angemessen darauf reagieren. Je mehr Sie also über die Körpersprache Ihrer Bartagame wissen und je mehr Sie ihr Verhalten verstehen, desto leichter können Sie mit Ihrem Tier interagieren.

Bartagamen können recht zutraulich werden.
Foto: L. Barkam

Studieren Sie die Körpersprache Ihrer Agame

Körpersprache dient der Übermittlung einer Nachricht. Diese kann sehr subtil sein, wie der gespannte und aufwärts gebogene Schwanz, der Interesse am Futter signalisiert. Oder sie ist sehr energisch, wie das vollständige Präsentieren des Körpers – zusammen mit einem weitestmöglich aufgestellten schwarzen Bart –, das einem anderen Männchen sagt: „Hey, ich bin größer und männlicher als Du!"

Die Körpersprache der Bartagamen ist besonders im Vergleich mit der von Säugetieren recht grob. Ihnen fehlen die vielen Gesichtsmuskeln, mit denen Säuger die Nase runzeln, schnüffeln, die Lippen schürzen oder spotten. Ohne diese Gesichtsausdrücke brauchen Agamen größere, ausladende Bewegungen, um sich auszudrücken. Das soll nicht heißen, dass ihrer Körpersprache etwas fehlt; sie funktioniert prächtig zwischen den Tieren! Dennoch sind wir es gewohnt, auf Gesichtsausdrücke zu achten. Deshalb ist die Körpersprache von Bartagamen etwas völlig Neues für uns. Aber je mehr Sie die Bedeutung dieser Gesten erfassen, umso mehr werden Sie das Verhalten Ihrer Tiere verstehen.

Mit abgeflachtem, schräg gestelltem Körper umkreisen sich Kontrahenten

Kopfnicken

Das Kopfnicken ist die erste körperliche Äußerung, die den meisten Besitzern von Bartagamen auffällt. Nickt eine Bartagame mit dem Kopf, sieht das fast aus, als sei der Kopf vom Rumpf gelöst und springe auf einem Trampolin. Mit einer schnellen, flüssigen Bewegung hüpft er auf und ab, ohne die muskulären Einschränkungen, die die menschliche Anatomie einer solchen Bewegung auferlegen würde.

Beide Geschlechter nicken mit dem Kopf; die Männchen jedoch mehr als die Weibchen, und die dominantesten Agamen am häufigsten. Das Kopfnicken tritt das ganze Jahr über auf und ist nicht auf die Fortpflanzungszeit beschränkt.

Nickt eine Bartagame, zeigt sie damit ihren Besitzstand an, sei es an Nahrung, einem Aussichtsplatz, einem Platz zum Sonnen oder ihrem Territorium.

Grüßt ein Männchen ein Weibchen, nickt es, um ihr die Größe seines Kopfes und des Bartes vorzuführen – es zeigt ihr damit seine Männlichkeit. Dazu präsentiert es sich während der Fortpflanzungszeit in den schönsten Farben und zeigt unter Umständen noch andere Körpersignale – dies hängt natürlich von „ihrer" Antwort auf „sein" Kopfnicken ab. Hat ein Männchen schon eine Partnerin, nickt es, um seinen Anspruch sowohl auf das Weibchen als auch auf das Territorium zu behaupten. Dabei zeigt es (vor allem während der Fortpflanzungszeit) eine hellere Färbung und unter Umständen noch weitere Gesten.

Pfleger von Bartagamen sehen oft ein oder zwei leichte Nickbewegungen, wenn sie sich ihren Echsen nähern; vor allem, wenn sie Futter bringen. Dies ist ein Gruß: „Hey! Ich sehe dich!"

Plötzliches, ruckartiges Kopfnicken heißt, die Agame hat schlechte Laune: „Lass mich in Ruhe!" oder während der Fortpflanzungszeit: „Ich bin ein Mann!". Obwohl die Anwesenheit eines Weibchens diese Antwort verstärkt, ist sie nicht notwendig. Das Männchen weiß auch so, wann Fortpflanzungszeit ist.

Der Bart

Bartagamen haben ihren Namen vom „Bart". Das aufgestellte und verdunkelte Hautsegel unter dem Kiefer ist sehr auffällig und sieht aus, als hätte die Echse einen vollen, schwarzen Bart. Er kann teilweise oder ganz abgespreizt werden und nicht bzw. nur ein wenig verdunkelt sein, oder er ist völlig schwarz. Diese Variationen scheinen die Stimmung der Agame widerzuspiegeln. Ein voll aufgestellter und schwarzer Bart signalisiert eine sehr aufgeregte und emotionalisierte Bartagame.

Der Bart ist zwar Teil der Körpersprache beider Geschlechter, jedoch mehr der Männchen, und wird auch häufiger von ihnen eingesetzt. Die meisten Männchen verdunkeln den Bart jedesmal und stellen ihn auf, wenn sie etwas aufregt. Einige zeigen dieses Verhalten sehr oft, sogar beim Fressen, während andere, etwas ruhigere Tiere, nicht so „arrogant" sind.

> **Der abgespreizte und dunkle Bart** ist ein sehr wichtiger Bestandteil des Werbungsverhaltens, sowohl um andere Männchen zu verscheuchen als auch das Weibchen zu beeindrucken. Je sicherer das Männchen seinen Erfolg glaubt, desto stärker abgespreizt und dunkler ist sein Bart.

Der abgespreizte und dunkle Bart ist ein sehr wichtiger Bestandteil des Werbungsverhaltens, sowohl um andere Männchen zu verscheuchen als auch das Weibchen zu beeindrucken. Je sicherer das Männchen seinen Erfolg glaubt, desto stärker abgespreizt und dunkler ist sein Bart.

Der Bart verfärbt sich schwarz.

Aufreißen des Mauls

Das Aufsperren des Mauls begleitet oft den aufgestellten und verdunkelten Bart. Ist die Agame verstimmt, aufgeregt oder zu sehr gereizt, wird der Bart zunächst verdunkelt und dann aufgestellt. Hält die Aufregung an, öffnet sie weit das Maul. Dies signalisiert dann: „Siehst du, wie groß mein Maul ist? Und ich beiße auch!" Im Terrarium gezüchtete Bartagamen (also praktisch alle bei uns gepflegten Haustiere) beißen nur sehr selten, aber sie setzen dieses Verhalten noch immer ein, um damit zu drohen. Das Aufsperren des Mauls kann man beobachten, wenn die Bartagame von Fressfeinden (wie Ihrer Hauskatze) oder einer größeren, dominanten Bartagame bedroht wird, oder einfach dann, wenn die Agame sehr aufgeregt ist. Bartagamen, die nur im Terrarium gehalten werden, sind oft übermäßig erregt, wenn sie in ein Außengehege gesetzt werden, und sperren dann das Maul wegen allem (oder nichts) auf – mit schwarzem, abgespreiztem Bart.

Wenn Sie herausfinden möchten, in welcher Stimmung Ihr Tier ist, sollten Sie als Halter auf alle Aspekte der Körpersprache Ihrer Bartagame achten. Verwechseln Sie z. B. ein weit offenes Maul, das auf Futter wartet, nicht mit demjenigen, das Beißbereitschaft signalisiert. Bartagamen, die oft von Hand gefüttert werden, begrüßen ihren Pfleger oft mit geöffnetem Maul und warten auf ihre Ration. Das Maul ist hierbei jedoch nicht so weit geöffnet wie beim Drohen, und außerdem ist der Bart nicht aufgestellt oder schwarz.

> **Wussten Sie eigentlich...?**
> Obwohl manche Echsen Laute von sich geben können, vor allem wenn sie bedroht werden, verständigen die meisten Arten sich nicht mit „Worten". Körpersprache ist sehr viel wichtiger.

Züngeln

Das Züngeln kommt normalerweise dann vor, wenn eine Bartagame neugierig ist oder etwas erkundet. Untersucht sie z. B. einen neuen Einrichtungsgegenstand im Terrarium, beleckt sie ihn immer wieder sehr kurz, während sie darauf herumklettert. Dies sieht fast aus, als probiere sie das neue Teil. Dabei wird die Zunge nicht unbedingt weit herausgestreckt; nur so weit, um den Gegenstand zu berühren, manchmal auch nur so weit, dass die Zungenspitze gerade aus dem Maul herausragt.

Immer, wenn die Zunge heraus- und zurückschnellt, nimmt sie Moleküle vom untersuchten Gegenstand auf. Diese werden dann an das Jacobsonsche Organ weitergegeben (das Vomeronasalorgan im Munddach) und dort analysiert. Die Informationen vom Jacobsonschen Organ sind teils Geschmack, teils Geruch und geben der Bartagame zusätzliche sensorische Informationen darüber, was gerade untersucht wird.

Bartagamen verwenden das Züngeln, um Informationen über neue Plätze und Gegenstände zu sammeln, sie tun es aber auch, um sich bereits bekannter Dinge zu versichern. Es gibt ihnen Informationen, die den Ort betreffen – wer war hier, was war hier und wann – sowie darüber, ob sie selbst schon einmal dort waren.

> **Das Züngeln** gegenüber Terrarienmitbewohnern scheint einer Bartagame zu sagen, dass es sich um bekannte Kameraden handelt und nicht um Fremde.

Bartagamen züngeln auch, wenn ihnen Futter vorgesetzt wird. Kennen sie das Futter, genügt schon ein Zungenschlag, und es wird gefressen. Ist es dagegen unbekannt, belecken sie es drei- oder viermal, bevor sie es versuchen (oder sich entschließen, es nicht zu probieren).

Das Züngeln gegenüber Terrarienmitbewohnern scheint einer Bartagame zu sagen, dass es sich um bekannte Kameraden handelt und nicht um Fremde. Ein kurzes

Lecken an der Schulter oder am Rücken kommt häufig vor und übermittelt genug Information, denn üblicherweise gibt es nur einen oder wenige Mitbewohner.

Ist eine Bartagame jedoch neu im Terrarium, kommt es zu mehrfachem Züngeln hin und her zwischen den beiden, um genügend Information über den anderen aufzunehmen.

Ist während der Fortpflanzungszeit ein Tier des anderen Geschlechts zugegen, sind die Zungenschläge schnell und wild. Die Weibchen züngeln vor allem in die Luft, während Männchen sowohl in die Luft als auch an jede Stelle züngeln, an der das Weibchen war. Sie bezüngeln sogar das Weibchen selbst, wenn sie sich ihm nähern. Männchen züngeln auch in die Luft und an Oberflächen, wenn ein rivalisierendes Männchen in der Nähe ist.

> **Olfaktorische Nachrichten**
>
> Körpersprache beruht auf visuellen Hinweisen; wir (und natürlich auch die Bartagamen) sehen diese und reagieren darauf. Bartagamen setzen aber auch olfaktorische Markierungen ein, also Duftmarken, um miteinander zu kommunizieren.
>
> Bei männlichen Bartagamen sitzt hierfür eine Reihe großer Poren auf der Innenseite der Oberschenkel. Sie geben eine wachsartige Substanz ab, die voll von Hinweisen über das jeweilige Individuum, seinen Gesundheitszustand, Pheromone, Paarungsbereitschaft und noch mehr steckt.
>
> Streift die Agame durch ihr Territorium, reibt sich diese Substanz an Stämmen, Felsen, Ruheplätzen oder Gras ab, sodass andere Bartagamen sie riechen und die enthaltene Botschaft entziffern können.

Die Augen

Da das Gesicht von Bartagamen im Gegensatz zu unserem mit Schuppen bedeckt ist und die vielen Gesichtsmuskeln von Säugetieren fehlen, ist es auch nicht so ausdrucksstark wie das von Menschen, Hunden, Katzen oder sogar Pferden. Bartagamen können jedoch mit den Augen Botschaften übermitteln, und ihre Pfleger lernen sehr schnell, diese zu lesen.

Ist eine Bartagame an etwas interessiert, sieht sie es an. Ist es ein Stück weit entfernt, blickt sie direkt in die entsprechende Richtung. Bei einem sehr nahen Objekt dagegen dreht die Bartagame den Kopf leicht zur Seite, da sie eine Lücke im Gesichtsfeld hat, direkt vor der Nase. Manchmal dreht sie dazu den Kopf leicht und betrachtet das Objekt mit nur einem Auge, dreht den Kopf dann wieder und sieht es mit dem anderen Auge an. Dieses Verhalten signalisiert üblicherweise starkes Interesse. Nach diesem Anstarren nähert sich die Bartagame normalerweise mit Züngeln und zumindest leicht aufgestelltem Bart.

Beobachtet die Agame eine eventuelle Bedrohung, wie z. B. den Hund oder die Hauskatze, stellt sie sich breitseits zum Feind und beobachtet ihn wachsam aus einem Auge. Zwei möglicherweise gleich dominante Männchen sehen sich direkt in die Augen, gefolgt von Kopfnicken, Aufstellen des Bartes, Abflachen des Körpers und gegenseitigem Umkreisen. Ein weniger dominantes oder unterwürfiges Männchen dagegen wird keinen Augenkontakt herstellen oder wegsehen.

Stacheln und vergrößerte Schuppen

Die Stacheln und vergrößerten Schuppen sind aktiver Teil der Körpersprache Ihrer Bartagame. Beide bestehen aus Keratin, die steiferen, härteren Schuppen und Stacheln enthalten mehr davon als die kleineren und weicheren. Keratin ist die gleiche Substanz, aus der auch Fingernägel, Horn, Hufe und Federn bestehen.

Nickt die Agame mit dem Kopf und stellt ihren Bart auf, eingerahmt von Stacheln, erscheint dieser größer, als er eigentlich ist, vor allem im verdunkelten Zustand. Die Stacheln rund um den Bart betonen seine Größe und lassen ihn noch bedrohlicher aussehen.

Auch der flache Körper ist von Stacheln umgeben. Wird die Echse bedroht oder erschreckt und kann nicht fliehen, flacht sie ihren Körper horizontal ab. Die Stacheln an den Seiten lassen ihn dann sogar noch größer aussehen. Es könnte also gefährlich sein, diese Bartagame zu fressen – schließlich könnten die Stacheln im Hals stecken bleiben! Zusätzlich helfen sie bei der Tarnung, indem sie die Konturen des Körpers verwischen, wenn die Bartagame sich nicht bewegt oder sich versteckt.

> **Wussten Sie eigentlich...?**
> Ihr Haustier muss sich in seinem Terrarium sicher fühlen und sich zurückziehen können. Gestatten Sie daher niemandem, gegen die Scheiben oder Gitter zu klopfen oder Ihr Tier anderweitig zu belästigen.

Der Schwanz

Der Schwanz einer Bartagame, wichtig für das Gleichgewicht im täglichen Leben, ist auch ein aktiver Teil der Körpersprache. Auf der Jagd nach Insekten oder der Futtersuche wird der Schwanz angespannt und nach oben gebogen gehalten. Er berührt dabei nicht den Boden, sondern wird in der Luft gehalten. Niemand weiß, wozu diese Stellung dient, obwohl es Vermutungen gibt. Eine davon ist, dass der über dem Körper der Bartagame gehaltene Schwanz ein Beutetier lange genug ablenkt, damit die Agame es packen kann.

Man sieht einen steifen und aufrecht gehaltenen Schwanz oft auch, wenn sich zwei Bartagamen zum ersten Mal begegnen. Dies signalisiert vermutlich die Anspannung. Sind viele Tiere auf engem Raum zusammen, kann man dieses Verhalten ebenfalls beobachten. Auch hier ist es wieder ein Zeichen von Anspannung.

Abflachen des Körpers

Der Körper einer Bartagame ist bereits flach. Dies dient mehreren Zwecken, z. B. der besseren Wärmeaufnahme. Wird das Tier von einem Feind bedroht, flacht es den Körper noch mehr ab. Die Agame versucht sich dann völlig flach auf den Boden zu legen, in der Hoffnung, aus dem Blickfeld zu verschwinden. Oder aber sie streckt sich und versucht mit Hilfe der Stacheln noch größer zu erscheinen, als sie ist. Sie versucht dem Fressfeind dadurch zu signalisieren: „Ich bin zu groß! Du kannst mich nicht schlucken!"

Wenn Bartagamen zur Aufstellung der Rangordnung oder während des Werbungsverhaltens miteinander interagieren, flachen sie sich auch ab, um größer zu erscheinen. Versucht eines der Tiere zu beißen, dreht sich das gebissene Tier. Die beißende Echse erhält dadurch nur ein Maul voll Stacheln von der Körperseite anstelle von Haut.

> **Der flache Körper erfüllt noch einen anderen Zweck**
>
> Bartagamen sind Wüstenechsen und haben eine einzigartige Möglichkeit entwickelt, Wasser zu gewinnen. Zunächst kommt die Agame morgens aus ihrem Bau und flacht ihren Körper ab, sodass sich der Morgentau darauf niederschlägt. Sie hält den Körper dann völlig still, abgeflacht und verbreitert und senkt den Kopf. Die Wassertropfen fließen daraufhin den Rücken hinab, bis zum Kopf und zur Nase. Von dort leckt sie das Tier ab.
>
> Sie können dies beobachten, wenn Sie Ihre Bartagame vorsichtig ansprühen. Ist sie durstig, wird sie auf die gleiche Weise trinken.

Die Bartagame bläst ihren Körper auf und stellt ihn schräg zum Kontrahenten oder Fressfeind, um größer zu erscheinen.

Aufstellen des Körpers

Bartagamen verwenden auch das Aufstellen des Körpers zur Kommunikation. Wenn Bartagamen interagieren, hebt das dominanteste Tier – das größte Männchen, das draufgängerischste Weibchen oder das größte Weibchen in einer reinen Weibchengruppe – die vordere Körperhälfte an. Es steht dann gestreckt auf den Vorderbeinen. Die Hinterbeine bleiben dabei oft entspannt und liegen angewinkelt dem Körper an. Diese Stellung hebt den Kopf bereits an, aber die Bartagame streckt ihn noch höher, bis die Nase direkt in den Himmel zeigt. So scheint sie der Bartagamengruppe zu sagen: „Ich bin groß!"

Handelt es sich dabei um ein Männchen, das einem anderen Männchen gegenüber noch einen Schritt weiter gehen möchte, stellt es sich so auf, dass der Rivale die ungeschützte Kehle sieht, wenn er sich nähert. Dies ist eine Herausforderung. Üblicherweise folgen dann energisches Kopfnicken, Aufstellen des Bartes, Abflachen des Körpers und eventuell sogar ein Kampf zwischen den beiden.

Eine unterlegene Bartagame, die Konflikten generell aus dem Weg geht, wird dagegen eine geducktere Haltung einnehmen. Sie hält dazu Kopf und Körper niedrig oder sogar auf dem Boden. Eine Bartagame, die diese Haltung einnimmt, wird nur ganz selten von einem dominanten Tier weiterhin herausgefordert oder bedrängt.

> **Wussten Sie eigentlich...?**
> In extrem trockenen Teilen ihres Gebietes stillen Bartagamen ihr Wasserbedürfnis, indem sie den Morgentau von Pflanzen lecken.

Armwinken

Was mich an Bartagamen zu allererst fasziniert hat, war das Winken. Ich war auf einer Reptilienausstellung und entdeckte einen Stand, an dem ein Bartagamenzüchter einige Agamen-Babys und Jungtiere ausstellte. Ich blieb also stehen, um die Tiere zu betrachten, und sah viele, die sich gegenseitig mit dem Arm zuwinkten. Ich war fasziniert und fragte den Züchter, warum sie das täten. Völlig richtig antwortete er, dass Bartagamen-Babys, die auf engem Raum zusammengehalten werden, wie eben auf solch einer Ausstellung, dieses Verhalten zeigen, um Stress zu lindern. Das Winken sei eine Unterwerfungsgeste.

Später, als ich meine eigenen Bartagamen hielt, bemerkte ich, dass sie es auch aus anderen Gründen taten, aber alles drehte sich hauptsächlich darum, den Frieden herzustellen oder zu bewahren. Nähert sich ein dominantes Männchen einem Weibchen oder einem unterlegenen Männchen, winkt das kleinere, jüngere, rang-

Auch über größere Entfernungen erkennen die Bartagamen einen Artgenossen und nehmen Kontakt mit ihm auf. Sie winken sich zu.

niedere Männchen oder das Weibchen mit einem Arm. Dieses Verhalten scheint also zu helfen, Spannungen abzubauen.

Das Winken kann entweder nur mit einem Arm auftreten, oder eine Bartagame winkt abwechselnd mit dem einen Arm, dann mit dem anderen. Dabei wird der Arm zurückgezogen, geht dann weit nach außen und schließt mit einer Bewegung nach vorne einen Kreis. Die Zehen werden dabei üblicherweise weit abgespreizt. Dadurch wird es eine gut sichtbare Geste.

Manche Tiere erwidern sogar das Winken ihres Pflegers. Wenn Sie sich also dem Terrarium nähern, versuchen Sie doch einmal die Arm-Wink-Geste; vielleicht antwortet Ihre Bartagame.

Bekommen Sie einen Blick dafür

Wie Sie sehen, werden viele dieser einzelnen Komponenten der Körpersprache zusammen verwendet. Ein Kopfnicken wird vielleicht von einem verdunkelten und aufgestellten Bart begleitet. Dem gespannten und aufwärts gebogenen Schwanz folgt vielleicht ein Züngeln. Und sie können sehen, wie eine Bartagame, deren Bart nicht aufgestellt und hell ist, einem hoch aufgerichteten, dunkelbärtigen Tier zuwinkt. All diese einzelnen Gesten der Körpersprache spielen zusammen und lassen erahnen, was unsere Bartagamen übermitteln möchten – sowohl anderen Agamen als auch uns.

Es ist wichtig, dass Sie lernen, Ihre Bartagame zu beobachten. Jede Bartagame setzt ihre Körpersprache auf etwas andere Art ein. Zusätzlich findet ein Haustier, das schon lange in menschlicher Obhut lebt, auch heraus, was bei seinem Halter funktioniert und was nicht. Meine Tiere z. B. wissen genau, dass ich sie gerne von Hand füttere, also öffnen sie das Maul – kein drohendes Maulaufreißen, sondern die Bitte um Futter. Und es funktioniert immer!

Lernen Sie, das Verhalten Ihrer Agame zu verstehen

Bartagamen neigen dazu, in bestimmten Situationen auf bestimmte Art und Weise zu reagieren. Einige dieser Verhaltensweisen sind bei allen Bartagamen gleich, andere beobachtet man nur bei bestimmten Tieren, wie Männchen während der Fortpflanzungszeit oder Jungtieren. Verhaltensweisen haben immer auch einen Grund – üblicherweise, weil sie eine Reaktion hervorrufen sollen, entweder bei anderen Agamen, bei Fressfeinden oder beim Pfleger, wenn es sich um Tiere in menschlicher Haltung handelt. Verhalten und Körpersprache gehören eng zusammen. Es ist sehr schwer, eins ohne das andere zu diskutieren.

Ein verärgertes Tier

Eine verärgerte Bartagame ist eine große Bartagame. Sogar Babys schaffen es dann, viel größer zu erscheinen, als sie tatsächlich sind. Die Bartagame stellt ihren Bart auf, flacht den Körper ab, bringt die Stacheln richtig zur Geltung und nickt mit weit aufgerissenem Maul. Vermutlich peitscht sie mit dem Schwanz, oder sie hält ihn gerade gestreckt nach hinten.

Wird eine ärgerliche Bartagame festgehalten, wird sie versuchen, zu entkommen, und kratzt Sie dabei unter Umständen. An diesen kleinen, scheinbar harmlosen Zehen sitzen recht scharfe Krallen, die Ihre Haut leicht aufritzen und Ihnen blutende Kratzer beibringen können.

Es ist mit Sicherheit reine Zeitverschwendung, eine verärgerte Bartagame zur Vernunft bringen zu wollen, also lassen Sie sie in Frieden und sich beruhigen, wenn dies möglich ist.

Das oben geschilderte Verhalten zeigen selbstbewusste oder in die Enge getriebene Bartagamen auch, um Fressfeinde oder andere Agamen zu bluffen.

> **Eine verärgerte Bartagame** stellt ihren Bart auf, flacht den Körper ab, bringt die Stacheln richtig zur Geltung und nickt mit weit aufgerissenem Maul.

Flucht

Bei einer empfundenen Bedrohung versuchen Bartagamen zunächst, sich unsichtbar zu machen, dann zu bluffen. Dies funktioniert auch oft, manchmal jedoch ist es nötig, wegzulaufen. Es ist wirklich verblüffend, wie schnell die Tiere sein können. Weglaufen jedoch bedeutet nicht unbedingt, auch eine große Strecke zurückzulegen; schließlich sind die Echsen keine Hundertmeterläufer! Auf kurze Distanzen können sie aber sehr schnell sein.

Regungsloses Verharren

Wenn Reptilien (inklusive Bartagamen) regungslos verharren, versuchen sie mit Hilfe ihrer natürlichen Färbung, der Bewegungslosigkeit und des Umrisses ihres Körpers mit dem Hintergrund zu verschmelzen. Mit ihren natürlichen grauen, gelbbraunen, cremefarbenen oder braunen Farbtönen „verschwinden" sie recht leicht vor Wüstensand, trockenem Gras oder Falllaub. Die Zeichnungen und Muster sehen dabei wie Steine und Äste am Boden aus. Zusätzlich helfen die Stacheln an den Seiten des Körpers, den Umriss der Echse noch mehr aufzulösen; sie ist dadurch noch schlechter auszumachen.

Viele Jäger sind auf Bewegungen spezialisiert. Bleibt ein Beutetier regungslos, nimmt der Jäger es oft nicht wahr. Der Erfolg dieses Verhaltens hängt davon ab, ob der Feind schon vorher wusste, dass das Reptil dort ist und wie gut die Bartagame ihre Stellung halten kann, ohne sich zu bewegen. Nehmen wir ein Beispiel: Ihre Bartagame wird vielleicht versuchen regungslos zu erstarren, wenn Sie sich ihr morgens nähern. Nun wissen Sie zwar, dass ihr Tier dort auf seinem Platz sitzt; Ihre Agame ist also nicht wirklich unsichtbar, aber das weiß sie doch nicht. Haben Sie sie erst einmal berührt, weiß sie, dass die Tarnung aufgeflogen ist.

Beißen

Glücklicherweise neigen Bartagamen nicht dazu, zu beißen. Obwohl wild lebende Tiere in Australien durchaus beißen können, sind unsere Haus-Bartagamen in bestimmten Aspekten fast schon domestiziert. Sie beißen daher nur ganz selten. Wenn sie es dennoch tun, ist dies normalerweise die letzte Möglichkeit, sich zu wehren.

Wird eine Bartagame geängstigt, in die Ecke getrieben oder bedroht, wird sie üblicherweise alle anderen Optionen der Verteidigung versuchen, bevor sie beißt. Sie wird das Maul aufreißen, den Bart aufstellen, ihn verdunkeln und sich ganz flach machen. Wahrscheinlich versucht sie sogar, einfach wegzulaufen. Erst wenn das alles nicht hilft, versucht sie eventuell zu beißen. Meist aber bleibt es nur beim Versuch – sozusagen eine Warnung mit

---

Fliehen oder Erstarren?

Was bestimmt, ob eine Bartagame vor einer Gefahr davonläuft oder bewegungslos verharrt und sich versteckt? Der Schlüssel hierzu ist oft die Körpertemperatur.

Sind Reptilien kalt, kann sich ihr Körper nicht schnell bewegen. Muskelbewegungen, Atmung und Kreislauf arbeiten langsam, und schnelle Bewegungen sind kaum möglich – ganz zu schweigen von den wiederholten schnellen Bewegungen, die nötig wären, um einem Feind zu entkommen. Ein kaltes Reptil wird daher höchstwahrscheinlich versuchen, sich nicht zu bewegen und unsichtbar zu erscheinen.

Haben sich Reptilien dagegen aufgewärmt, ist die Blutversorgung für Muskeln und Atmung optimal. Schnelle Bewegungen fallen nun viel leichter, und viele Reptilien versuchen daher, vor einer Gefahr zu fliehen, anstatt sich zu verstecken

offenem Maul. Nur, wenn sich das Tier wirklich nicht mehr anders zu helfen weiß, beißt es tatsächlich zu.

Bartagamen-Babys richten nicht wirklich viel Schaden an, wenn sie zubeißen. Sie sind einfach zu klein und zu schwach, um mehr als ein Kneifen zu erreichen. Ein erwachsenes Tier dagegen kann wirklich fest zubeißen. Und dennoch ist es nicht jedesmal, wenn eine Bartagame zubeißt, gleich ein kräftiger Biss; manchmal dient er nur als Warnung: „Hey! Jetzt ist aber Schluss!" Wenn Sie darauf korrekt reagieren und damit aufhören, was auch immer Sie tun, wird es wahrscheinlich keine weiteren Bisse mehr geben. Machen Sie jedoch weiter, ist der nächste Biss vielleicht schon fester.

Wenn Sie das Vertrauen Ihrer Bartagame gewinnen möchten, ist es am besten, Sie bringen sie nie in eine Situation, in der sie sich in die Ecke getrieben fühlt und gegen Sie kämpfen muss. Hat ihr Tier erst einmal gegen sie gekämpft und gelernt, Sie als Feind zu sehen, wird es eine ganze Weile dauern, bis es das vergeben und vergessen hat.

Territorialverteidigung

Bartagamen haben keine Ahnung, dass sie relativ kleine Tiere sind, und versuchen manchmal ihr Territorium gegen andere Tiere zu verteidigen, sogar gegen mögliche Fressfeinde. Meist jedoch verteidigen sie ihr Revier gegen andere Bartagamen und manchmal auch gegen andere Echsen. Üblicherweise zeigt das größte und dominanteste Tier auch die energischste Revierverteidigung. Das Verteidigungsverhalten beginnt normalerweise damit, dass das Tier den Bart aufstellt, ihn verdunkelt, sich auf die gestreckten Vorderbeine stützt und den Körper weit vom Boden abhebt, Augenkontakt herstellt und das Maul weit öffnet. Manchmal, unter gleich starken

Ein gutes Territorium muss z. B. einen Sonnenplatz umfassen.
Foto: M. Schmidt

Bartagamen, kann es zu einem Kampf kommen, das Ganze geht aber nur selten so weit.

Leben jedoch zwei Männchen nahe beieinander, indem sie z. B. das gleiche Terrarium teilen, können Kämpfe ausbrechen. Das dominante Tier könnte dann unter Umständen das unterlegene ernsthaft verletzen, es verstümmeln oder sogar töten.

Fressen

Normalerweis ist das Fressverhalten ziemlich entspannt. Es beginnt oft mit dem Züngeln. Ist die Nahrung erst einmal getestet, beginnt das Tier zu fressen. Einige Bartagamen nicken mit dem Kopf, wenn sie sehen, wie sich ihr Pfleger mit der Futterschale nähert. Dies ist ein Grußverhalten und zeigt sozusagen die Vorfreude auf das Futter. Ist nicht genug Futter für alle Tiere im Terrarium oder Gehege – oder kommt es den Agamen so vor –, können während der Fütterung auch Rangeleien ausbrechen. Solche Spannungen im Terrarium lassen sich durch ein größeres Futterangebot wieder beheben. Übrig gebliebenes Futter können Sie jederzeit einfach entfernen.

Dominanz, Werbung und Fortpflanzung

Dominante Männchen sind üblicherweise die größten Bartagamen (oder diejenigen, die denken, sie seien die größten!) und sie betonen dies auch noch, indem sie sich mächtig aufbauen, den Bart aufstellen und den Körper verbreitern.

Bartagamen nehmen gierig Futter aus der Hand des Pflegers.
Foto: M. Schmidt

Ein Dominanz-Gerangel beginnt üblicherweise damit, dass sich beide Männchen voreinander oder seitlich zueinander aufbauen. Nach einigem Imponiergehabe duckt sich das kleinere (und in den meisten Fällen auch unterlegene) Männchen, bis es fast am Boden liegt, und läuft weg. Beim Festlegen der Rangordnung kommt es nur selten zum Kampf, es sei denn, beide Männchen sind gleich entschlossen, das dominante Tier zu sein, und sie sind sich in Alter und Größe ähnlich. Manchmal kann es auch einfach zu einem Ausbruch der Spannungen kommen, wenn Männchen auf zu engem Raum zusammen sind und sich nicht aus dem Weg gehen können.

Das Werbungsverhalten kann recht vielfältig sein. Üblicherweise werden die Farben des Männchens leuchtender, und es beginnt mit dem Kopf zu nicken. Dies setzt es während des ganzen Werbens fort – oft in recht schnellem Tempo. Unter Umständen erwidert das Weibchen das Nicken, dies hängt davon ab, in welcher Stimmung es gerade ist und ob es für „ihn" empfänglich ist. Weitere Verhaltensweisen der Partnerwerbung sind das Aufstellen des Körpers, um größer zu erscheinen, und das Bezüngeln des ganzen Körpers.

Auch nach der Paarung bleibt das Männchen manchmal nahe beim Weibchen, nickt mit dem Kopf und zeigt weitere Verhaltenselemente der Werbung, solange „sie" für weitere Paarungen empfänglich ist.

Jede Bartagame ist ein Individuum

Um die Körpersprache und das zugehörige Verhalten Ihrer Agame zu verstehen, müssen Sie Ihr Tier beobachten und darauf achten, was es tut. Was macht Ihre Bartagame, wenn Sie

- sie morgens grüßen? Nickt sie ein-, zweimal gemächlich mit dem Kopf?
- sie füttern? Nickt sie zur Begrüßung? Beleckt sie das Futter? Wenn Sie ihr etwas Neues füttern, inspiziert sie es mit einigen Zungenschlägen, oder öffnet sie weit das Maul, um es gleich zu fressen?
- sie für ein Sonnenbad mit nach draußen nehmen? Wird sie wieder zum wilden Tier und versucht zu entkommen? Kratzt sie Sie beim Fluchtversuch? Oder sucht sie Schutz bei Ihnen und versteckt sich in Ihren Armen?

Je mehr Sie Ihre Bartagame beobachten, desto mehr werden Sie von ihrer ganz persönlichen Körpersprache sehen; und natürlich auch verstehen.

Kapitel 7
Wie Sie mit Ihrer Bartagame umgehen

**In diesem Kapitel:
Wie denkt eine Bartagame?
Grundlagen der Dressur
Training braucht Geduld!**

Wer sieht, wie eine Bartagame auf ihrem Heizstein schläft, nur ein Auge öffnet, wenn ihr Pfleger vorbeikommt und es dann wieder schließt, denkt vielleicht, man könne diese Tiere nicht trainieren – oder sie seien sogar überhaupt nicht lernfähig. Schließlich sehen sie ziemlich primitiv aus.

Dennoch können Bartagamen lernen, wenn (und nur wenn) sie verstehen, was für sie dabei herausspringt. Es muss also einen unmittelbaren Anreiz geben. Anders gesprochen, die Bartagame muss diesen Anreiz – einen Mehlwurm beispielsweise – sehen und begreifen, dass sie diesen Mehlwurm gleich bekommt. Wenn Sie diese Tatsache im Hinterkopf behalten, werden Sie Ihr Tier dabei beobachten können, wie es lernt, und Sie werden feststellen, dass es viel intelligenter ist, als Sie ihm jemals zugetraut hätten.

Viele Bartagamen lassen sich im Arm halten. Foto: M. Schmidt

Wie denkt eine Bartagame?

Vergessen Sie im Zusammenhang mit der Dressur Ihres Haustiers nie, dass eine Bartagame in freier Wildbahn oft als Beute angesehen wird. Zugegeben, sie ist für viele Insekten der Fressfeind, aber dennoch ist sie klein genug, um für andere Jäger einen apptitlichen Happen abzugeben. Im Kopf einer Bartagame dreht sich daher alles um das Verschwinden aus dem Blickfeld des Jägers, Kämpfen (oder Selbstverteidigung), Flucht, Futtersuche und Reproduktion.

Auch als Haustier, dessen Urgroßeltern bereits im Terrarium gezüchtet wurden, wird Ihre Bartagame dennoch immer gegen Sie kämpfen, wenn sie sich bedroht fühlt (sogar noch mehr, bevor Sie sie gezähmt haben), die Fluchtmöglichkeit jedoch ist, vor allem im Terrarium, stark eingeschränkt. Sie sorgen für das Futter, also muss sie nicht mehr danach suchen, und die Fortpflanzung findet statt oder auch nicht. Außerdem bringt eine Haltung in menschlicher Obhut Dinge wie Fernsehen, andere Haustiere, Menschen und noch eine Vielfalt anderer komischer Sachen mit sich, die eine wild lebende Bartagame niemals zu Gesicht bekäme. In Menschenobhut hat eine Bartagame noch immer ihre naturgegebenen Instinkte, aber alles um sie herum hat sich verändert; daran sollten Sie bei Ihren Dressurversuchen immer denken.

Verstehen der Umgebung

Bartagamen sind sich sehr wohl bewusst, was um sie herum vorgeht. Noch einmal: Als potenzielle Beutetiere müssen sie wachsam, auf der Hut und fluchtbereit sein. Viele Halter von Bartagamen erzählen, ihr Tier zu pflegen sei fast, als besitze man eines dieser Bilder, die einem ständig mit den Augen zu folgen scheinen. Eine Bartagame im Terrarium ist sich sehr wohl bewusst, wenn Sie mit ihr in einem Raum sind. Das kann hilfreich für das Training sein. Schließlich ist es viel leichter, mit einem Tier zu arbeiten, das Sie zumindest schon mal wahrnimmt, als mit einem, das Sie ignoriert!

Gedächtnis

Sie werden feststellen, dass Ihre Bartagame ein recht gutes Gedächtnis besitzt. Füttern Sie Ihr Tier z. B. jeden Tag zur selben Zeit, wird es dies auf Dauer lernen, Sie zur entsprechenden Zeit erwarten und angelaufen kommen.

Bartagamen erinnern sich außerdem an Orte und Dinge. Wurden sie an einem bestimmten Ort erschreckt oder verletzt, wird dies in ihrer Erinnerung mit dem entsprechenden Ort assoziiert; Bartagamen vergessen nicht! Gute Dinge bleiben auch in Erinnerung, aber scheinbar nicht so stark. Vermutlich erzeugen Angst und Schmerz bleibendere Erinnerungen.

Dieses Gedächtnis kann Ihnen beim Training Ihrer Bartagame helfen, wenn Sie langsam vorgehen und Positiv-Dressur betreiben. Sollten Sie jedoch die Geduld verlieren und verärgert oder frustriert reagieren, wird sich Ihre Agame auch daran erinnern und Angst vor Ihnen bekommen.

Vernunftbegabung

Die Fähigkeit, Probleme zu durchdenken, ist ein Maß für Intelligenz. Selbstverständlich haben Bartagamen keine Verwendung für Algebra oder Chemie, aber sie besitzen tatsächlich ein wenig „logisches Denkvermögen". Die Fähigkeit zu denken und zu folgern ist ausgesprochen wichtig für Dressur und Lernen. Eine „denkende" Bartagame ist in der Lage, den Sinn eines Köders (der Mehlwurm als Anreiz), eines Geräusches, das Sie machen, und das Endresultat, nämlich dass sie den Mehlwurm zu fressen bekommt, zu verbinden. Nach dem Motto: „Aha! Wenn ich diesem Ding mit dem Mehlwurm darauf nachlaufe, krieg' ich das Vieh hinterher zum Fressen!" Natürlich denkt Ihre Agame nicht in diesen Worten, aber so könnte tatsächlich die Gedankenfolge sein.

Wussten Sie eigentlich...?
Sprechen Sie Ihre Bartagame jedesmal mit ihrem Namen an, wenn Sie sich nähern, sie streicheln oder von Hand füttern – so wird sie schnell lernen, ihn zu erkennen.

Die Fähigkeit, folgerichtig zu „denken", kommt auch ins Spiel, wenn die Bartagame allein umherläuft. Wenn sich ein Tier vorbereitet, auf einen Stamm im Terrarium zu springen, können Sie ihm beim „Denken" zuschauen. Während sie das Ziel anvisiert, balanciert die Agame den Körper aus, bringt die Füße in Position und zuckt mit dem Schwanz. Sprünge werden ohne vorangegangenes „Denken" nicht ausgeführt; so athletisch sind Bartagamen nicht. Stattdessen werden Sprünge sorgfältig durchdacht und geplant, und manchmal entscheidet sich die Agame dann, nicht zu springen. Sie können in diesem Fall beobachten, wie sie sich entspannt und abwendet. Offenbar war sie der Meinung, es sei zu weit, sie hätte es nicht schaffen können, oder vielleicht war es den Sprung einfach nicht wert.

Vernunftbegabung

Wie ködere ich mir ein paar dicke Fliegen?
a) **Köder auslegen,**
b) **Köder belauern und Fliegen schnappen**
Fotos: A. Hauschild

Wie Sie Ihre Bartagame zähmen

Bartagamen sind auch deshalb so beliebte Tiere, da sie im Terrarium sehr zahm werden. Und da man sie seit Generationen in menschlicher Obhut züchtet, werden sie sogar noch zutraulicher; manche Tiere wirken fast schon domestiziert! Zu dieser Zutraulichkeit kommt es aber nicht einfach so. Vielen Bartagamen-Babys muss erst beigebracht werden, dass der Umgang mit dem Menschen sicher und gefahrlos ist. Instinktiv fliehen die Kleinen vor Ihnen – sie sehen Sie als mögliche Gefahr. Auch erwachsene Bartagamen, die nicht regelmäßig berührt wurden, versuchen sich gegen das Fangen oder das Aufnehmen zu wehren.

Wird Ihre Bartagame immer noch etwas wild oder versucht jedes Mal zu fliehen, wenn Sie versuchen, sie anzufassen, werden Sie sie vor einer Dressur zunächst zähmen müssen. Ein Training funktioniert wirklich nur mit einem zahmen Tiere, das an Sie gewöhnt ist.

Ihre Bartagame zu zähmen, bedeutet häufige und kurze Berührungs-Lektionen, die für Ihr Tier gänzlich frei von Bedrohung sein müssen. Schließlich möchten Sie Ihrer Bartagame beibringen, dass Sie ihr keinen Schaden zufügen, sondern dass Sie für leckeres Futter und Streicheleinheiten zuständig sind.

Ziel der Zähmungsversuche ist, in Ihrem Tier ein Gefühl der ruhigen Gelassenheit zu erzeugen. So können Sie es berühren, aufheben und umhertragen, ohne dass es Angst empfindet. Eine ruhige, vertrauensvolle, angstfreie Bartagame ist das Resultat eines regelmäßigen, ruhigen und einfühlsamen Umgangs.

> **Bartagamen mögen's vertraut**
> Ihre Bartagame wird sehr schnell all die Leute erkennen, die sie umgeben, vor allem diejenigen, die für sie sorgen, sie streicheln und füttern. Sie werden feststellen, dass sie Fremde um das Terrarium als solche erkennt und anders auf diese reagiert als auf Sie.

Auch außerhalb des Terrariums ein ruhiges Tier

Einer der größten Fehler, die Besitzer von Bartagamen begehen, ist es, ihr Tier beim Einfangen durch das Terrarium zu jagen. Bedeutet eine Hand im Terrarium, dass die Agame gejagt wird, so wird die Hand zu einer unglaublich erschreckenden Sache! Nehmen Sie Ihre Bartagame gleich auf die Hand, wenn Sie hineingreifen – jedes Mal, wenn Sie hineingreifen. Packen Sie sie sicher um den Brustkorb, mit einem, zwei oder drei Fingern (je nach Größe der Agame) unter der Brust, zwischen den Vorderbeinen, und halten Sie sie so fest, dass sie nicht entkommen kann. Aber achten Sie darauf, Ihr nicht den Atem abzuschnüren oder sie zu verletzen. Um sie aus dem Terrarium zu heben, setzen Sie den Rest des Körpers auf

Ihre Hand bzw. je nach Größe auf den Unterarm. Ist Ihr Tier lang genug, klemmen Sie den Schwanz zwischen Ihren Arm und die Brust. Der Kopf sollte über Ihrer Hand sein, diese unter der Brust und zwischen den Vorderbeinen. Der Körper ruht auf Ihrem Unterarm, die Beine hängen links und rechts des Arms herab. Der Schwanz ist hinter Ihnen, zwischen Ihrem Arm und Ihrem Körper. In dieser Stellung können Sie das Tier sicher und fest halten; und Sie können sich keine Peitschenhiebe mit dem Schwanz einfangen.

Fühlt sich eine Bartagame unsicher – wenn sie z. B. Angst hat zu fallen – krallt sie sich fest. Die Klauen an diesen zerbrechlich wirkenden Fingern sehen vielleicht nicht aus wie Waffen, sie sind es aber, und sie können Ihnen ohne Weiteres blutende Wunden zufügen.

Haben Sie Ihre Bartagame außerhalb des Terrariums auf Ihrer Hand, setzen Sie sich und machen Sie es sich gemütlich. Nehmen Sie sich Zeit und berühren Sie sie sanft und vorsichtig. Die meisten Bartagamen mögen es, mit einem Finger an der Stirn gestreichelt zu werden. Viele genießen es auch, wenn man sie am Hals krault, vor allem hinter dem Bart. Oder Sie streichen vorsichtig über den Körper, besonders den Rücken und den Schwanz hinab. Bartagamen sind oft empfindlich an den Füßen, Sie sollten diese also nicht zu viel berühren. Das Motto heißt: Langsame, liebevolle und ruhige Berührungen, damit Ihre Agame lernt, Ihnen zu vertrauen und Sie nicht als etwas sieht, vor dem man Angst haben muss.

Wussten Sie eigentlich...?
In vielen Kulturen herrscht der Glaube, starke Stürme seien das Resultat der Flügelschläge legendärer Drachen.

Füttern von Hand

Sie sollten Ihrer Bartagame den einen oder anderen Leckerbissen von Hand füttern. Dies ist ein sicherer Weg, ihr beizubringen, dass Sie kein Feind sind, sondern jemand, der immer gute Sachen mitbringt. Ihr Tier wird Sie dann nicht ängstlich beäugen, sondern nach Snacks Ausschau halten! Das Füttern von Hand ist auch ein wichtiger Teil der Dressur, da Sie Leckereien als Lockmittel wie auch als Belohnung einsetzen werden.

Es ist nicht schwierig, Ihrer Bartagame beizubringen, aus Ihrer Hand zu fressen. Bieten Sie ihr eine Vielzahl unterschiedlicher Futtersorten an und beobachten Sie, was sie mag. Was frisst sie immer zuerst, wenn sie vor der Wahl steht? Wahrscheinlich wird sie sich sofort auf die Mehlwürmer stürzen, aber auch einige Früchte versuchen. Mag sie Erdbeeren wirklich? Trauben? Kirschtomaten? Kennen Sie erst einmal zwei oder drei Lieblings-Futtersorten Ihrer Agame, können Sie diese hauptsächlich verwenden, um sie von Hand zu füttern.

Schneiden Sie dieses Lieblingsfutter in kleine Happen. Bevor Sie es verfüttern – wenn Ihre Bartagame hungrig ist – nehmen Sie ein Stück davon und geben Sie es mit langsamen Bewegungen ins Terrarium. Lassen Sie die Echse daran riechen und halten Sie es ihr leicht seitlich vor die Nase. Denken Sie daran, Bartagamen haben eine Lücke im Gesichtsfeld direkt vor der Nase.

Kraulen Sie Ihr Tier mit einem Finger leicht an Bart oder Rücken, während es Ihnen aus der Hand frisst. Ist es fertig damit, geben Sie ihm ein weiteres Stück und kraulen es ruhig noch einmal. Wenn Ihre Bartagame im Terrarium von Ihrer Hand frisst, sollten Sie versuchen, sie außerhalb des Terrariums zu füttern.

Fühlt sich die Bartagame in Ihrer Hand wohl, wird sie dort auch Futter annehmen
Foto: M. Schmidt

Bei Fluchtversuchen…

Sollte Ihre Bartagame versuchen, aus ihrem Griff zu fliehen und um sich zu schlagen, Sie zu kratzen und mit dem Schwanz zu peitschen, dürfen sie nicht loslassen. Lernt Ihr Tier erst einmal, dass es funktioniert, sich gegen Sie aufzulehnen, wird es das immer wieder tun. Halten Sie die Agame stattdessen fest und versuchen Sie, sich vor Verletzungen zu schützen, bis Ihre Agame müde wird. Sie wird sehr schnell erschöpft sein; Bartagamen haben nicht gerade viel Kondition. Findet sich das Tier dann erschöpft in der gleichen Position wieder, wird es ihm dämmern, dass es nicht entkommen ist, all die Energie einfach verschwendet wurde und es vielleicht keine so gute Idee war, sich so aufzuregen!

Wenn Sie Ihre Bartagame richtig halten, mit der Hand unter dem Körper, die Finger zwischen den Vorderbeinen und den Körper Ihrer Agame auf Ihrem Unterarm, können Sie Ihr Tier gut unter Kontrolle behalten. Versuchen Sie, den Schwanz zwischen Arm und Körper zu halten, damit sie keine Schwanzschläge bekommen können. Ist Ihre Agame jedoch noch zu klein, um den Schwanz so fixieren zu können, halten Sie sie zwischen beiden Händen, so ruhig wie möglich. Lassen Sie die Finger zwischen den Vorderbeinen unter dem Brustkorb. Ihr Tier wird vielleicht versuchen, sich herauszuwinden, wenn Sie es aber weiterhin in dieser Position festhalten, können Ihnen die Krallen der Vorderbeine nicht viel anhaben.

Werden Sie nicht böse, wenn Ihre Agame gegen Sie kämpft. Dies ist nur Ausdruck des Kampf-und-Flucht-Instinkts, der Ihre Bartagame in freier Wildbahn vor Fressfeinden schützt. Wird Ihr Tier erst einmal zahmer, verschwindet auch das Bedürfnis, sich gewaltsam befreien zu müssen. Im Moment ist es Instinkt, der sie dazu bringt, das zu tun. Sie verletzt Sie nicht absichtlich, also seien Sie nicht verärgert; falls Sie dennoch böse werden, lassen Sie es nicht an Ihrer Agame aus. Wenn Sie ihr Angst machen, wird es nur noch schlimmer.

Ein fortwährender Prozess...

Das Zähmen Ihrer Bartagame ist ein fortwährender Prozess. Wenn Sie sie mehrere Wochen lang im Terrarium lassen und danach versuchen, sie herauszunehmen, ist sie wieder ein Wildtier, und Sie werden mit dem Zähmen ganz von vorne anfangen müssen. Am besten legen Sie sich ein festes Schema zurecht und holen Ihre Agame jeden Tag für ein paar Streicheleinheiten und Aufmerksamkeiten heraus; und wenn es nur ein paar Minuten sind.

Grundlagen der Dressur

Was das Training betrifft, müssen Sie mit Ihren Erwartungen realistisch sein. Ihre Bartagame wird keine Tricks vorführen und nicht auf Kommandos folgen wie Ihr Hund. Erwarten Sie nicht, dass sie durch einen Reifen springen, bis 10 zählen oder auf einem winzigen Fahrrad fahren kann. Aber Sie können ihr durchaus beibringen, stubenrein zu werden (in gewissen Grenzen!) und einem Stöckchen, dem so genannten Target, zu folgen. Wenn Sie erst einmal dem Target folgt, können Sie ihr auch andere Dinge beibringen. Und mit der cleversten Echse der Stadt können Sie Ihre Freunde zum Staunen bringen!

Ein Target

Der Einsatz von Lockmitteln ist eine einfache und effektive Möglichkeit, Ihre Bartagame zu dressieren, aber nur, wenn Ihr Arm auch lang genug ist, um den Köder dort zu platzieren, wo Sie Ihr Tier haben möchten. Was können Sie also tun, wenn Ihr Arm einfach nicht lang genug ist?

Ein Target funktioniert wie die Verlängerung Ihres Armes. Gehen Sie zum nächsten Baumarkt und besorgen Sie eine dünne Dübelstange, 1,5 cm Umfang ist genau richtig. 1 m lang ist normalerweise ausreichend. Dann nehmen Sie eine kleine Wäscheklammer (wie die für Puppenkleider) und befestigen sie mit starkem Klebeband so an einem Ende, dass der Clip nach außen zeigt. Jetzt können Sie in der Klammer einen Mehlwurm, oder was immer Sie als Lockmittel verwenden möchten, halten. Durch die zusätzliche Reichweite der Stange können Sie Ihre Bartagame auch an Stellen dirigieren, die Sie sonst nicht erreichen – in eine bestimmte Ecke des Terrariums oder auf einen Liegeast. Oder, wenn Ihr Tier bereits außer Reichweite ist, können Sie den Köder verwenden, um es dazu zu bewegen, herunter zu klettern.

Lockmittel und Belohnungen

Wenn Sie möchten, dass Ihre Bartagame irgendetwas tut – etwas, wofür sie sich bewegen muss – brauchen Sie ein Lockmittel. Dabei kann es sich um ein Stück Erdbeere, eine Kirschtomate oder eine Traube handeln – etwas auffällig Gefärbtes, das gut sichtbar ist und das Ihre Agame gerne frisst. Oder Sie nehmen einen Mehlwurm, der sich bewegt; Bewegungen ziehen oft die Aufmerksamkeit Ihrer Bartagame auf sich. Mit diesen Lockmitteln bringen Sie sie dazu, sich zu bewegen.

Wenn Sie z. B. möchten, dass Ihre Bartagame von ihrem Liegeplatz oder dem Stamm herunterklettert, können Sie ihr das Kommando „Komm runter!" beibringen. Wählen Sie einen Zeitpunkt, zu dem sie aufgewärmt und bereit für Aktivitäten ist. Halten Sie ihr den Leckerbissen vor die Nase und sprechen Sie in freundlichem Tonfall: „Dino, komm runter." Hat sie ein oder zwei Schritte auf den Köder zu getan, geben Sie ihr den Leckerbissen. Mit dem nächsten Köder locken Sie Ihre Agame die nächsten ein oder zwei Schritte vorwärts, bis sie dort ist, wo Sie sie haben wollen. Hat sie den Ruheplatz vollständig verlassen, geben Sie ihr noch einen besonderen Leckerbissen und kraulen Sie sie hinter dem Bart oder auf der Stirn.

Der zuckende Mehlwurm diente sowohl als Lockmittel, damit die Bartagame ihm folgte, als auch als Belohnung. Nachdem sie einige Schritte vorwärts ging, gaben Sie ihr den Mehlwurm – das ist die Belohnung. Nachdem sie getan hatte, was Sie ihr beibringen wollten (obwohl sie eigentlich nur dem Köder folgte), gaben Sie ihr noch einen Mehlwurm und kraulten sie auf der Stirn und lobten sie womöglich mit fröhlichem Tonfall. Kraulen und Lob sind auch Belohnungen – zumindest glauben wir Menschen das häufig. Es ist allerdings eher so eine Sache, ob Ihre Bartagame das auch so sieht... Wie dem auch sei: Es funktioniert.

Das Wichtigste bei Lockmitteln und Belohnungen ist, dass Ihre Agame diese auch wirklich mag. Es ergibt keinen Sinn, Ihre Bartagame mit einer Erdbeere als Köder und Belohnung zu trainieren, wenn sie keine Erdbeeren mag. Sie sollten hier ein wenig experimentieren und verschiedene Sachen versuchen. Finden Sie die Vorlieben Ihrer Bartagamen heraus und verwenden Sie diese als Belohnung und Köder.

Wenn Ihre Bartagame einen Fehler macht

Sollten Sie einen Hund zu Hause halten, wissen Sie, dass dieser sehr empfindlich auf Ihre Stimme reagiert. Nach einem scharfen „Böser Hund!" sind manche Hunde am Boden zerstört, schleichen sich weg und verstecken sich. Bartagamen scheinen dagegen immun gegen gesprochenes Schimpfen zu sein. Tatsächlich gibt es eigentlich nichts, was eine Bartagame sich schlecht fühlen lässt, und das fügt der Dressur eine ganz neue Dimension hinzu.

Die meisten Leute reagieren automatisch mit verbalen Äußerungen, wenn etwas passiert, das sie nicht mögen. Wenn sich Ihre Agame z. B. gerade erleichtert, während Sie sie auf dem Arm halten, werden Sie ihr wahrscheinlich zurufen: „Oh nein! Böse Echse! Ooooooh!" Und dennoch wird sie all dies nicht davon abhalten, es wieder zu tun. Gesprochene Sprache spielt einfach keine Rolle für Bartagamen.

Lenken Sie Ihr Tier ab

Mit das Schlimmste, was Sie einer Bartagame antun können, ist, mit ihr zu streiten. Wenn sie etwas tun möchte, versuchen Sie erst gar nicht, sie davon abzubringen. Setzen Sie sie einfach woanders hin oder stellen Sie sie einfach vor eine andere Situation; so vergisst Ihre Agame, was sie eigentlich gerade noch tun wollte. Wenn Sie z. B. gerade weglaufen möchte, geben Sie ihr einfach einen Mehlwurm nach dem anderen. So frisst sie die Insekten und vergisst völlig, dass sie gerade noch etwas völlig anderes vorhatte.

> **Auszeit!**
> Eine Auszeit ist eine gute Trainingsmaßnahme, wenn Ihre Bartagame überreizt oder aufgeregt ist. Wenn sie um sich schlägt, versucht, vor Ihnen zu fliehen, Sie zu beißen oder in sonstiger Weise unerwünscht reagiert, setzen Sie sie einfach ins Terrarium zurück.
> Die meisten Bartagamen genießen ihre Zeit außerhalb des Terrariums, daher wirkt dies wie eine „Auszeit". Sie sollten Ihre Agame aber nicht zurücksetzen, um sie dann anzuschreien – sie wird es sowieso nicht verstehen. Sie dürfen sie auf keinen Fall mit Futter- oder Wasserentzug strafen. Auch das wird sie nicht verstehen, leidet aber darunter. Das wäre glatte Tierquälerei! Setzen Sie die Bartagame einfach ab und lassen Sie sie für eine Weile in Ruhe. Hat sie sich beruhigt, können Sie sie später wieder herausnehmen.

Was Sie ihrem Tier beibringen können

Was Ihre Bartagame lernen soll, hängt von Ihnen, Ihrer Agame und dem Ausmaß Ihrer Geduld ab. Viele Halter von Bartagamen sind bereits zufrieden, wenn ihr Tier auf dem Arm entspannt. Andere wiederum wollen herausfinden, wie viel ihre Echse lernen kann.

Hier ein paar Vorschläge:

- Erkennen des Namens: Sprechen Sie fröhlich, in höherem Tonfall als normal, wenn Sie den Namen Ihrer Bartagame aussprechen; hinterher geben Sie ihr einen Leckerbissen.

Eine stubenreine Bartagame?

- dem Target und Köder folgen. Wenn sie das kann, bringen Sie ihr bei:
- aus dem Käfig zu kommen. Verwenden Sie einen Leckerbissen, um sie herauszuführen.
- herbeigelaufen zu kommen, wenn man sie ruft. Verwenden Sie das Target, um sie zu sich zu locken.

Eine stubenreine Bartagame?

Leute, die keine Bartagamen halten, sind immer völlig verblüfft, wenn sie erfahren, dass Bartagamen in gewisser Weise stubenrein werden können. Von Hunden und Katzen erwarten wir das, aber doch nicht von Reptilien. Tatsächlich sind Bartagamen größtenteils sehr sauber und suchen sich nur eine bestimmte Stelle aus, an der sie Kot absetzen. Diese natürliche Tendenz können Sie nutzen, um Ihre Agame stubenrein zu bekommen.

> **Können Sie ihr beibringen, nicht zu beißen?**
> Das Beißen ist eine der wenigen Möglichkeiten einer Bartagame, sich selbst zu verteidigen. Es wird also eher nicht gelingen, ihrem Tier zu beizubringen, nicht zu beißen, wenn es Angst hat. Die eigentliche Zähmung ist erfolgreicher. Ist Ihre Bartagame zahm, ruhig und vertraut Ihnen, gibt es auch keinen Grund, Sie zu beißen.

Die meisten Bartagamen gehen nur an eine bestimmte Stelle. Sie werden bald herausfinden, wo diese Stelle im Terrarium ist. Stellen Sie dorthin eine kleine, niedrige Kunststoffbox, gefüllt mit feinem Sand. Sollte Ihre Agame diese nicht als „Toilette" annehmen, stellen Sie die Box einfach für ein paar Tage wieder heraus. Geben Sie stattdessen Papiertücher dorthin und legen Sie immer saubere nach. Setzt Ihre Agame regelmäßig Kot darauf ab, schneiden Sie die Papiertücher auf die Größe der Box zu, aber belassen sie immer noch dort. Nach einigen Tagen streuen Sie etwas sauberen Sand auf die Tücher. Nicht viel – bedecken Sie die Tücher nicht vollständig – gerade genug, damit es Ihre Agame bemerkt. Wiederholen Sie das mehrere Tage lang.

Wenn dies mit Ihrer Bartagame funktioniert, entfernen Sie die Papiertücher, stellen die Box mit der Streu wieder dorthin und geben die Tücher hinein, wieder mit ein wenig Sand darüber. Auch das wiederholen Sie mehrere Tage. Benützt Ihre Agame die Box mit den Tüchern, geben Sie von Tag zu Tag mehr Sand darauf. Sind die Papiertücher schließlich vollständig mit Sand bedeckt und Ihr Tier benützt verlässlich diese „Toilette", verwenden Sie keine Tücher mehr.

Reinigen Sie die Box unmittelbar, nachdem Ihre Agame sie benutzt hat. Viele Bartagamen gehen nicht mehr hinein, wenn sie verschmutzt ist.

Möchten Sie den Standort der Box im Terrarium verändern, obwohl Ihre Agame sie schon benützt, rücken Sie sie Stück für Stück (immer nur wenige Zentimeter) in Richtung der neuen Stelle. Stellen Sie die „Toilette" nicht plötzlich woanders hin; Ihre Bartagame mag keine Veränderungen und wird sich eventuell weigern, die Box an einer neuen Stelle zu benutzen, wenn Sie den Standort zu schnell wechseln.

Entspannung!

Die meisten Bartagamen entspannen sich völlig, wenn sie an einer bestimmten Stelle gekrault werden. Mein „Gold Guy" ist dabei wie hypnotisiert. Er schließt dann die Augen, erschlafft und ist völlig entspannt. Sie können dieses Verhalten dazu verwenden, Ihrem Tier beizubringen, gemütlich in Ihren Armen zu liegen.

Halten Sie Ihre Agame dazu auf einem Arm in der richtigen Position, dann beginnen Sie, sie mit der anderen Hand zu kraulen. Streicheln Sie sie sanft an der Stelle oder den Stellen, die sie mag. Ist sie entspannt und lehnt sich nicht gegen Sie auf, lassen Sie sie ein wenig schlafen (wenn sie gerade schläft) oder geben Sie ihr einen beson-

Bartagamen werden in der Hand des Pflegers selten unruhig.
Foto: L. Barkam

Wasser wirkt Wunder

Manche Bartagamen setzen ihren Kot gerne im Wasser ab. Dummerweise ist das eine sehr schmutzige Angewohnheit, besonders, wenn es sich dabei um das Trinkwasser handelt. Aus Gründen der Gesundheit und Sauberkeit sollten Sie daher versuchen, Ihre Agame dazu zu bringen, die Toiletten-Box mit Sand zu verwenden.

Lässt sich Ihr Tier dennoch nicht davon abbringen, werden Sie über der Sache stehen und sich darum kümmern müssen, dass die Wasserschale sofort entleert und gründlich gereinigt wird, bevor Sie sie wieder mit Wasser füllen.

Sie können diese Vorliebe aber auch zu Ihrem Vorteil nutzen. Bevor Sie Ihre Bartagame nach draußen, zum Tierarzt oder zu einer Reptilien-Ausstellung mitnehmen, oder sie zu Hause aus dem Terrarium holen, setzen Sie sie in ein wenig warmes Wasser. Wahrscheinlich wird sie sich nach wenigen Minuten darin erleichtern. Wenn Sie sie dann mit nach draußen nehmen, wissen Sie wenigstens, dass bereits erledigt ist, was manchmal erledigt werden muss.

deren Leckerbissen. Setzen Sie sie dann wieder zurück ins Terrarium. Der Trick dabei ist, aufzuhören, bevor Ihr Tier wieder unruhig wird.

Ihre Bartagame soll nicht lernen, dass Sie sie freilassen, wenn sie hektisch um sich schlägt. Noch besser wäre, sie kämpft gar nicht erst gegen Sie an. Sie können die gesamte Situation also dadurch vermeiden, dass sie ihr beibringen, ruhig und entspannt zu sein, wenn Sie sie halten. Gehen Sie es langsam an und helfen Sie ihr zunächst dabei, jeweils nur ein oder zwei Minuten ruhig zu bleiben. Wächst das Vertrauen, können Sie versuchen, Ihr Tier längere Zeit ruhig zu halten.

Schließlich ist es Ihr Ziel, Ihre Agame ruhig und gelassen mit nach draußen oder zum Tierarzt nehmen zu können. Vielleicht denken Sie, das sei zu viel erwartet? Das ist es nicht; es ist sogar sehr realistisch. Aber es benötigt Training und Vertrauen, und manchmal auch Reife, denn ältere Echsen sind oft ruhiger und lassen sich leichter dressieren.

Zur falschen Zeit am falschen Ort...

Ich setze meine Bartagamen für ein Sonnenbad oft in ein teils beschattetes Außengehege. Eines Tages sah ich einen unserer Hunde, Kes, vor dem Gehege – sie starrte direkt hinein. Nun habe ich unseren Hunden beigebracht, die Echsen in Frieden zu lassen (und Kes ist ein sehr braver Hund), also konnte ich nicht feststellen, was los war. Als ich jedoch in das Gehege sah, war klar, was die Aufregung verursachte. Offensichtlich war ein kleiner Zaunleguan (eine in den USA einheimische Art der Gattung Sceloporus) in das Gehege geraten, und Gold Guy hatte ihn sich vorgenommen! Der Leguan hatte sich in eine Ecke des Käfigs gedrängt, während Gold Guy (der viel, viel größer ist!) kopfnickend und mit sehr dunklem Bart vor ihm stand. Als ich eingriff und den Eindringling herausfing, stürmte Gold Guy durch das ganze Gehege, auf der Suche nach seinem Gegner! Inzwischen machte sich der Zaunleguan aus dem Staub, sowie ich ihn ein Stück weit entfernt vom Bartagamen-Gehege freiließ. Gold Guy aber beruhigte sich erst, als ich ihn wieder mit ins Haus nahm.

Wenn Sie Ihre Bartagame mit nach draußen nehmen

Seien Sie sehr vorsichtig, wenn Sie Ihre Agame außerhalb ihres Freigeheges oder des sicher eingezäunten Gartens auf dem Arm haben. Viele Bartagamen fühlen sich dann bedroht und verletzbar, und so manche sonst zahme Agame ist völlig ausgeflippt und Ihrem Pfleger davongelaufen. Wenn Sie sie also mit ins Freie nehmen, tun Sie dies immer nur in einem sicheren Behälter. Versuchen Sie niemals, Ihre Bartagame anzuleinen. Halten Sie Ihr Tier auch nie einfach nur in der Hand oder auf dem Arm. Gerät es in Panik und versucht zu fliehen, haben Sie vermutlich keine Chance, es festzuhalten. Bringen Sie die Bartagame stattdessen in einem sicheren Transportbehälter nach draußen – eine Katzen-Transportbox funktioniert sehr gut – und lassen Sie sich nicht verleiten, die Tür draußen zu öffnen. Ihre Bartagame könnte noch im selben Augenblick weg sein.

Training braucht Geduld!

Die Dressur einer Bartagame fordert viel Geduld sowie vernünftige Erwartungen von Ihrer Seite. Ihre Agame ist lernfähig, besonders für Dinge, die wichtig für sie sind, und wenn Sie genug Geduld aufbringen, wird sie diese auch lernen. Aber Sie können sie nicht dazu zwingen oder sie bestrafen. Sie müssen ihr nur dabei helfen und dafür sorgen, dass es Ihrer Agame die Zeit wert ist.

Setzen Sie realistische Ziele. Ihre Bartagame wird niemals wie ein gut erzogener Hund folgen; das ist einfach nicht wichtig für sie. Stattdessen sollten Sie sich auf realistische Dinge konzentrieren. Bringen Sie ihr bei, auf ihren Namen zu hören, einem Target zu folgen und gemütlich auf ihrem Arm zu ruhen, ohne um sich zu schlagen. Das sind realistische Trainingsziele für Bartagamen.

Wussten Sie eigentlich...?
Sind Sie sehr beschäftigt, kann Ihre Echse natürlich völlig problemlos ohne Streicheleinheiten auskommen. Lassen Sie sie jedoch zu lange alleine, werden Sie mit dem Zähmen wieder ganz von vorne beginnen müssen.

Bartagamen lassen sich im Terrarium recht gut zur Vermehrung bingen.
Foto: Bill Love/Blue Chameleon Ventures

Kapitel 8

Pflegeroutine

In diesem Kapitel:
Kaufen Sie Ihrer Bartagame einen Kalender
Sauberkeit
Regelmäßige Pflege
Bringen Sie Routine hinein

Für Sie als Reptilien-Halter gehört es mit zum Wichtigsten, immer auf dem Laufenden über alles zu sein, was mit Ihrer Bartagame geschehen ist. Die beste Möglichkeit festzuhalten, wann sich Ihre Bartagame das letzte Mal häutete, wann sie sich eine Kralle abgebrochen hat und wie sie sich während der letzten Fortpflanzungszeit verhielt, ist ein Pflege-Heft oder eine Art Kalender zu führen. Diese Informationen könnten eines Tages sehr wichtig für ein langes und gesundes Leben Ihres Tiers im Terrarium sein.

Es wird Sie auch etwas Zeit kosten, die Umgebung Ihrer Bartagame sauber zu halten. Ein sauberes Terrarium ist selbstverständlich wesentlich gesünder für Ihr Tier als ein schmutziges (und riecht wesentlich besser!), außerdem ist es schöner für Sie.

Regelmäßige Beschäftigung mit der Bartagame zahlt sich aus. Foto: L. Barkam

Bartagamen sind eindrucksvolle Tiere
Foto: M. Schmidt

Kaufen Sie Ihrer Bartagame einen Kalender

Besorgen Sie einen kleinen, günstigen Tageskalender für jede Ihrer Bartagamen. Nein, Ihre Agame wird sich keine Notizen darin machen; vielmehr wird Ihnen dieser Kalender dabei helfen, alles aufzuzeichnen, was geschehen ist. Zunächst sollten Sie sich den Tag notieren, an dem Sie Ihre Bartagame bekamen und wie alt sie zu diesem Zeitpunkt war. Viele Haustierbesitzer blicken nach ein oder zwei Jahren zurück und können sich nicht erinnern, wie alt ihr Tier eigentlich ist. „Wann haben wir sie denn bekommen? War das vor oder nachdem wir das neue Auto gekauft haben?" „Nein, wir haben sie noch mit dem alten Auto nach Hause gebracht, aber war das, bevor wir Charlie ins Zeltlager brachten oder danach?" Schreiben Sie es auf und führen Sie einen Kalender, dann ersparen Sie sich solche Fragen.

Machen Sie sich Notizen, was mit Ihrer Bartagame geschieht, sogar über routinemäßige Ereignisse. Notieren Sie sich die erste und jede folgende Häutung ab dem Zeitpunkt, zu dem sie das Tier nach Hause gebracht haben. So können Sie feststellen, wie viel Zeit zwischen zwei Häutungen vergeht und ein Schema erstellen. Häutet sich Ihr Tier einmal nicht, wenn es Zeit dafür wäre, können Sie leichter sehen, ob ein Problem vorliegt oder nicht.

Machen Sie täglich Notizen, wie „Gold Guy fraß normal; hat seine Erdbeeren genossen und nach dem Bad Kot abgesetzt. Habe das Terrarium sauber gemacht." Sollte eines Tages ein Problem auftauchen, können Sie es schnell erkennen und beim Tierarzt durch den Kalender blättern, um ihm zu berichten, was mit Ihrer Bartagame geschah und warum Sie denken, es gebe ein Problem.

> **Wussten Sie eigentlich...?**
> Die Stacheln Ihrer Bartagame sind aus Keratin, der gleichen Substanz, aus der Ihre Fingernägel bestehen.

Wenn Sie Ihren Kalender anlegen, nehmen Sie folgende Informationen mit auf:
- Am einfachsten der Name Ihrer Bartagame, sonst irgendetwas, was die eindeutige Identifizierung ermöglicht
- Woher haben Sie Ihr Tier?
- Wie alt ist es?
- Welche individuellen Merkmale oder Färbungen liegen vor, anhand derer es sich von anderen Bartagamen unterscheiden lässt?
- Handelt es sich um ein Männchen oder ein Weibchen?
- Wie groß ist es? Notieren Sie Länge und Gewicht.

Kaufen Sie Ihrer Bartagame einen Kalender

- Fügen Sie noch ein oder zwei Fotos direkt nach dem Kauf hinzu.

Tägliche Einträge im Kalender sollten Informationen enthalten über:
- Fressgewohnheiten; was wurde gefressen und was nicht? Fraß Ihre Bartagame gut, oder lehnte sie ihr Futter ab?
- Wie setzt sie normalerweise ihren Kot ab?
- Aktivitäten
- Baden
- Häutung

Nicht tägliche Routineeinträge sollten Informationen über die Pflege Ihrer Bartagame enthalten. Wann durfte sie in einem Freiluftterrarium draußen in der Sonne liegen? Verpaarten Sie Ihr Männchen während der letzten Fortpflanzungssaison, oder hielten Sie es fern von den Weibchen? Wie ist es mit der Urlaubsvertretung gelaufen? Ihre Notizen dienen nicht nur dazu, über Gesundheit und Verhalten Ihrer Agame auf dem Laufenden zu bleiben; sie können Sie auch daran erinnern, bestimmte Dinge zu tun. Wenn Ihr Tier schon seit einer Woche keine Sonne mehr gesehen hat, wird Sie ein kurzer Blick auf den Kalender daran erinnern.

Aber auch andere Dinge lassen sich verfolgen. Wann haben Sie das letzte Mal die UV-B-Leuchtstoffröhre im Terrarium ausgewechselt? Die Röhren sollten alle sechs Monate ersetzt werden, ist es also Zeit, eine neue zu besorgen?

Etwa alle drei Monate sollten Sie sich die Zeit nehmen, Ihre Bartagame zu messen und zu wiegen. Notieren Sie die Werte im Kalender, zusammen mit allen Neuigkeiten und Auffälligkeiten zu dieser Zeit. Vielleicht hat sie eine kleine Beule oder eine krumme Kralle, die sie beobachten sollten. Solche Bemerkungen können später einmal sehr wichtig sein.

Ich selbst besitze für jedes meiner Reptilien einen kleinen, preiswerten Kalender, den ich in einer Kunststoff-Schutzhülle für Dokumente beim Terrarium aufbewahre. Wenn ich mich dann um meine Tiere kümmere, ist er griffbereit, und ich kann leicht meine Notizen über die Tiere und Pflegemaßnahmen machen. Bevor Sie jetzt mit den Schultern zucken und sich sagen: „Das ist viel Arbeit", lassen Sie sich versichern: Das ist es wirklich nicht. Es kostet Sie nur ein paar Sekunden, sich einige kurze Notizen zu machen und den Kalender wieder zurück in die Schutzhülle zu stecken. Und es wird sich auszahlen, wenn Sie etwas bezüglich Pflege oder Gesundheit Ihrer Bartagame nachschlagen müssen.

Foto: M. Schmidt

Außerdem macht es Spaß, in den alten Notizen zu blättern. Einige meiner alten Aufzeichnungen über Gold Guy lauten z. B.:

> 15.08.98: *Habe ein neues Männchen (hoffentlich!) mitgebracht. Seine Eltern waren „sandfire gold"- und „sandfire pastel"-Tiere, ich hoffe also, er wird ein farbenprächtiger Kerl. Gab ihm den Namen Gold Guy.*
>
> 17.08.98: *Hat sich schon recht gut eingelebt, frisst einfach alles, was ich ihm vorsetze, und setzt normalen Kot ab.*
>
> 18.08.98: *Mehlwürmer mag er wirklich, WIRKLICH gerne!!!*
>
> Einige Notizen etwas später:
> 15.02.99: *Hat das neue Weibchen gut angenommen; hat es am ganzen Körper beleckt, während es sich auf den Boden drückte, um sich „unsichtbar" zu machen. Er war aber nicht gemein zu ihr, nur neugierig.*
>
> 17.02.99: *Gold Guy häutet sich, am Rücken zuerst – wie immer – und streift riesige Hautfetzen ab. Muss dennoch auf seine Zehen achten; die Haut scheint recht fest zu sein.*
>
> 18.02.99: *Häutungsreste an den Zehen haben sich gelöst. Keine Probleme.*

Sie sehen, Einträge wie diese zeichnen ein Bild von Gold Guy. Ich kann zurückblicken und sehen, was er tat, wie er reagierte und wie alles war. Dies gibt mir nicht nur die Möglichkeit, mich daran zu erinnern, sondern auch Pflegemaßnahmen und Gesundheitsdaten aufzuzeichnen. Für jede dieser Notizen brauchte es nur wenige Sekunden, und da ich mich sowieso gerade um ihn kümmerte, war es auch nicht schwer, sie niederzuschreiben.

Sauberkeit

Bartagamen putzen sich nicht, um sich sauber zu halten, wie Katzen es tun; ihre Schuppen sind aber auch nicht sehr anfällig für Verschmutzung. Ihre Fähigkeit, sich so oft zu häuten, hilft auch dabei; nichts davon reicht jedoch aus, Ihre Agame sauber zu halten. Sie wird Ihre Hilfe brauchen.

Ein regelmäßiges Bad

Die meisten Bartagamen mögen Wasser nicht besonders. Schließlich stammen sie aus dürren, trockenen Gebieten, in denen zu viel Wasser plötzliche Überschwemmungen und ertrunkene Bartagamen bedeuten kann; Sie sehen also, warum stehendes Wasser eher unangenehm ist. Dennoch lernen viele Bartagamen, ein warmes Bad (einmal die Woche ist genau richtig) sogar richtig zu genießen.

Setzen Sie eine mittelgroße Kunststoffschüssel in die Badewanne. Die Wände sollten gerade hoch genug sein, um ein Herausklettern zu verhindern. Füllen Sie so viel Wasser ein, dass Ihre Bartagame auf dem Grund stehen und ohne Schwierigkeiten atmen kann. Aber nicht so hoch, dass sie schwimmen muss; obwohl sie dazu in der Lage ist, könnte sie leicht ermüden und ertrinken. Ein Waschlappen auf dem Grund der Wanne hilft Ihrer Agame, Halt zu finden, während sie sich entspannt.

Baden Sie nie mehr als ein Tier gleichzeitig in derselben Wanne. Klettert ein Tier auf das andere, könnte das untere ertrinken.

> **Bartagamen putzen** sich nicht, um sich sauber zu halten, wie Katzen es tun; ihre Schuppen scheinen jedoch viel Schmutz abzuhalten.

Das Bad sollte handwarm sein, 27 °C sind genau richtig. Mag Ihre Agame üblicherweise ihr Bad, beginnt aber, sich zu wehren, wenn Sie sie einsetzen, überprüfen Sie nochmals die Temperatur. Ist das Wasser zu heiß, könnte Ihre Bartagame sich verbrennen oder überhitzen. Bei zu niedrigen Temperaturen könnte sie unterkühlen und zu träge werden, um sich selbst über Wasser zu halten.

Lassen Sie Ihre Bartagame für eine Weile im Wasser sitzen. Vielleicht schwimmt sie ein wenig, wahrscheinlich wird sie sich jedoch einfach entspannen und genießen. Benetzen Sie ruhig mit etwas Wasser ihren Kopf und die Schultern, damit der ganze Körper nass ist.

Manche Tiere setzen im Wasser Kot ab, vor allem in einem warmen Bad. Sollte Ihre Agame dies tun, schütten Sie natürlich das Wasser weg, waschen die Wanne aus und füllen sie wieder.

Nachdem Ihre Agame eine Weile lang „einweichte", gießen Sie das Wasser aus und lassen sie in der Wanne sitzen. Dies ist eine gute Möglichkeit, angetrocknetes Futter um die Kiefer gründlich zu entfernen. Setzen Sie das Tier anschließend in das Terrarium zurück, am besten auf den Liegeast unter den Heizstrahler. Achten Sie darauf, dass sie nach dem Bad nicht kalt wird.

Nach dem Bad

Nachdem Sie Ihre Bartagame gebadet und ins Terrarium zurückgesetzt haben, sollten Sie die Kunststoffwanne mit Desinfektionslösung oder antibakteriellem Reiniger behandeln. Wischen Sie auch die Stelle, an der der Behälter mit der Agame in der Wanne gestanden hatte. Das Risiko, dass Sie selbst oder ein anderes Familienmitglied über Spritzwasser mit Salmonellen oder irgendetwas anderem von Ihrer Bartagame in Kontakt kommen, ist zwar gering, mit sorgfältiger Hygiene jedoch wird es vernachlässigbar.

Terrarienreinigung

Sie können die Zeit, wenn Ihre Bartagame badet, nutzen, kleinere Reinigungsarbeiten am Terrarium vorzunehmen. Wenn Sie das Tier dann ins Terrarium zurücksetzen, sind beide gleichermaßen sauber.

Hin und wieder ist auch einmal eine Generalreinigung fällig. Auch die lässt sich am besten vornehmen, wenn die Bartagame gerade badet oder im Freiluftterrarium Sonne tankt.

Benutzen Sie bei Reinigungsarbeiten niemals das Spülbecken in der Küche, um Gegenstände Ihrer Bartagame zu säubern, genauso wenig wie z. B. einen Schwamm

Wo viel gefressen wird, fällt auch viel Abfall an: Reinigen Sie das Terrarium regelmäßig.
Foto: M. Schmidt

aus dem normalen Haushalts-Gebrauch. Nehmen Sie stattdessen den Gartenschlauch oder einen tiefen Abfluss im Keller oder der Garage. Sie sollten auch ein eigenes Reinigungs-Set anschaffen, das ausschließlich für Ihr Reptilienzubehör und die Terrarien eingesetzt wird. Setzen Sie Wasser, gelegentlich auch Seife (zur Reinigung) und Desinfektionslösung (um Mikroorganismen abzutöten) für alles ein, was mit Ihrer Bartagame in Berührung kommt.

Bei einer Generalreinigung sollten die Liegeäste Ihrer Agame mit Seifenlauge geschrubbt, mit verdünnter Desinfektionslösung behandelt und mit Wasser sorgfältig nachgespült werden. Anschließend lassen Sie diese an der Luft trocknen. Ist dies nicht möglich, spülen Sie die Desinfektionslösung ab, bevor Sie sie trocknen. Stellen Sie die Äste nicht zurück, bevor der Rest des Terrariums ebenfalls gereinigt und getrocknet ist.

Achten Sie beim Schrubben des Terrariums und der Einrichtungsgegenstände darauf, alle Nahrungsreste, Kot und abgestoßene Hautstücke aus den Ritzen und Spalten zu bekommen. Die Ritzen und Spalten mit einer guten Desinfektionslösung zu spülen, hilft, diese bakterien- und milbenfrei zu halten.

Nachdem Sie das Substrat entfernt haben, sollte der Terrarienboden geputzt werden. Verwenden Sie Zeitungspapier oder Papiertücher, ist das einfach: Zusammenfalten und wegwerfen. Etwas mehr Arbeit haben Sie mit Alfalfa oder Sand, denn diese müssen entfernt und wieder aufgefüllt werden. Schrubben Sie den Terrarienboden mit verdünnter Desinfektionslösung, nachdem das Substrat entfernt wurde. Bevor Sie nachwischen, schrubben Sie auch die Seitenwände. Nachdem das gesamte Terrarium gereinigt ist, wischen Sie es ab, lassen es trocknen und geben sauberes Substrat und die Liegeäste hinein.

Säubern Sie die Stelle, an der Ihre Agame Kot absetzt

Die Toiletten-Box muss täglich gereinigt werden. Bartagamen fressen viel Futter – sowohl Insekten als auch Pflanzen – und setzen großen, stinkenden Kot ab. Ein Terrarium, aus dem nicht täglich der Kot entfernt wird, beginnt schnell, furchtbar zu stinken.

Viele Bartagamen benutzen die Box nicht, wenn sie verschmutzt ist. Lassen Sie diese in schmutzigem Zustand, entschließt sich Ihre Agame vielleicht, doch nicht mehr stubenrein zu sein, und das wäre eine Schande. Sollte sie dennoch die verschmutzte „Toilette" benutzen, tritt sie vielleicht in ihre eigenen Fäkalien und verteilt sie überall. Uuuäääärg! Halten Sie die Box sauber!

Reinigen Sie auch um die Box herum. Fegen Sie daneben gegangenen Kot und alles andere, das auf dem Terrarienboden landete, zusammen. Wenn Sie regelmäßig aufräumen, verteilt sich nicht alles.

Dummerweise stinkt Bartagamenkot, und nichts ist unangenehmer als ein stinkendes Reptilienterrarium. Es riecht buchstäblich schmutzig und ungesund.

Säubern Sie den Futterplatz

Sie sollten die Stelle, an der Sie Ihre Agame füttern, täglich reinigen. Entfernen Sie mit den verschmutzten Schalen auch übriges und verteiltes Futter sowie verschmutztes Bodensubstrat. Es macht nichts, wenn Sie dabei Alfalfa-Pellets oder Sand mit entfernen – diese können ersetzt werden. Futter- und Wasserschalen sollten ebenfalls täglich herausgenommen und gespült werden. Viele Halter besitzen gleich zwei Sets an Schalen; so kann man eines reinigen, während das andere in Gebrauch ist.

Häutung

Bartagamen häuten sich regelmäßig. Während dieses Vorgangs, den Wissenschaftler Ekdysis nennen, wird die alte Haut abgestoßen und gibt die darunter liegende neue Haut frei. Sehr junge, rasch heranwachsende Bartagamen häuten sich öfter als voll ausgewachsene.

Häuten sich Babys ungefähr alle sechs Wochen, tun dies Adulte nur zwei- bis dreimal pro Jahr.

Ungefähr ein bis zwei Wochen vor der Häutung nimmt unter Umständen der Appetit zu; während der Häutungsphase dagegen geht er stark zurück. Viele Agamen werden während der Häutung ein wenig gereizt – vielleicht stört sie das Jucken der alten Haut? Andere bleiben dagegen völlig gelassen und werden nur ein bisschen gereizt, wenn sie den Kopf häuten. Auch hier gilt wieder: Es ist wichtig herauszufinden, was normal für Ihre Bartagame ist, um mitzubekommen, wenn etwas nicht in Ordnung ist.

Schlangen häuten sich meist in einem Stück, am Kopf zuerst bis zur Schwanzspitze. Bartagamen sind nicht annähernd so ordentlich. Sie häuten sich in Stücken und Fetzen, scheinbar ohne jegliches Prinzip. Manche Agamen häuten sich zuerst am Kopf, dann die Seiten, den Schwanz, Bauch und zuletzt an den Beinen.

> **Bartagamen häuten** sich regelmäßig. Während dieses Vorgangs, den Wissenschaftler Ekdysis nennen, wird die alte Haut abgestoßen und gibt die darunter liegende neue Haut frei.

Andere wiederum verlieren die Haut zunächst am Rumpf und anschließend an den anderen Körperteilen.

Da es eben kein einheitliches Häutungsmuster für Bartagamen gibt, ist es wichtig, sie zu beobachten und die Abfolge ihrer Häutung kennen zu lernen. Dies kann bedeutsam sein, da sich die Haut manchmal nicht vollständig löst, an der darunter liegenden kleben bleibt und Probleme verursacht. Bleibt alte Haut z. B. an den Zehen zurück, wird sie unter Umständen zu eng, schnürt den Blutfluss ab und verursacht so den Verlust der Zehe. Wenn Sie Ihr Tier also beobachten, können Sie den Beginn der Häutung erkennen und den Verlauf verfolgen.

Baden Sie Ihre Agame wöchentlich, werden Sie feststellen, dass sich die alte Haut lockert. Kommt sie in die Häutungsphase, doch alte Haut bleibt kleben, können Sie sie noch einmal baden oder sie mittels Sprühflasche mit warmem Wasser befeuchten. Stellen Sie sicher, dass Ihre Agame nach dem Besprühen keiner kalten Luft ausgesetzt ist.

Für die Häutung benötigen Agamen etwas Raues, an dem sie sich reiben können. Die Tiere reiben und reiben und reiben sich vorwärts und rückwärts an der rauen Oberfläche großer Steine oder Rindenstämme.

Sollte es doch einmal zu Häutungsproblemen kommen, ist dies normalerweise ein Zeichen für eine zu trockene Haltung. Achten Sie für die Zukunft darauf, dass an mindestens einer Stelle das Bodensubstrat immer etwas feucht ist, und sprühen Sie häufiger im Terrarium oder gönnen Sie dem Tier, wie oben beschrieben, gelegentlich ein Bad. Nicht mitgehäutete Hautstücke können Sie mit entsprechenden Präparaten aus dem Zoohandel oder einfach ein oder zwei Tropfen Baby- oder Mineralöl einweichen. Wenn Sie nun sanft mit den Fingern massieren, sollte sich die Haut lösen. Zu den Problemzonen, die sich manchmal nicht gut häuten, gehören die Stacheln, die Schwanzspitze, die Zehen und jede Hautstelle, die verletzt wurde, wie z. B. Narben. Überprüfen Sie diese Stellen nach jeder Häutung, um sicher zu gehen, dass die alte Haut komplett entfernt ist.

> **Die Stacheln**
> Die Stacheln am Bart und an den Seiten Ihrer Agame sind, wie schon erwähnt, aus Keratin – der gleichen Substanz, aus der auch Ihre Fingernägel bestehen. Die äußere Schicht schält sich jedesmal mit, wenn ihr Tier sich häutet. Junge Bartagamen häuten diese Stacheln üblicherweise problemlos, bei älteren Tiere ist jedoch der eine oder andere beschädigt – speziell bei Männchen, die von Kämpfen mit anderen Männchen Bissnarben davongetragen haben. Diese beschädigten Stacheln können bei der Häutung Probleme bereiten (oder sich gar nicht häuten). Die zurückbleibende alte Haut unterbindet dann das Wachstum der darunter liegenden neuen.
> Auch hier können sie nachhelfen, indem Sie ein wenig Baby- oder Mineralöl in die Stacheln einmassieren. Nach ein oder zwei Tagen mit dieser Behandlung sollten sie weich genug sein, um die Haut zu lösen.

Was benötigt Ihre Bartagame sonst noch?

Welche Pflegemaßnahmen benötigt Ihre Bartagame sonst noch? Nicht viel. Das ist auch ein Grund, warum so viele Leute Bartagamen als Haustiere mögen. Sie sind relativ anspruchslos. Ihre Agame wird sich über ein wenig Aufmerksamkeit und natürlich über etwas Zeit außerhalb des Terrariums freuen. Wenn Sie es sich auf dem Sofa gemütlich gemacht haben, Hund und Katze in einem anderen Raum eingesperrt sind, lassen Sie sie doch auf dem Sofa herumklettern. Sie wird alles erforschen, mit der Zunge interessante Gerüche untersuchen und nach entwichenen Grillen suchen.

Außerdem wird Ihre Bartagame Sonne im Freien genießen. Ein paar Stunden Sonnenbad tut ihrem physischen und psychischen Wohlbefinden gut. Achten Sie nur darauf, dass sie in einem sicheren, gut verschlossenen und teilweise beschatteten Gehege untergebracht ist, wenn Sie sie mit ins Freie nehmen. Lassen Sie Ihre Agame niemals ohne Schatten in der Sonne zurück. Überhitzt sie, wird sie schnell sterben.

Bringen Sie Routine hinein

Legen Sie sich ein Pflegeschema zurecht. Es ist dann viel leichter, Dinge zu tun, wenn sie auch getan werden müssen. Statt etwas dann zu erledigen, wenn es Ihnen einfällt (und zögern Sie dann nicht!), werden Aufgaben regelmäßig erledigt, wenn Sie sich eine Routine zurecht gelegt haben.

Ihre Bartagame braucht Schlaf

Sie wissen, Sie sind gesünder und besser gelaunt, wenn Sie genug Schlaf bekommen haben; das Gleiche gilt für Ihre Bartagame. Und obwohl Sie es vielleicht nicht wahrnehmen, beeinflussen Ihre Aktivitäten, wie viel Schlaf Ihre Agame bekommt.

Ihre Bartagame ist tagsüber aktiv und schläft nachts. Beim Menschen verhält es sich eigentlich von Natur aus genauso, die Einführung künstlichen Lichts erlaubte uns jedoch, auch später nachts noch aktiv zu sein, anstatt bei Sonnenuntergang schlafen zu gehen (und bei Sonnenaufgang wieder aufzustehen!), wie die meisten tagaktiven Lebewesen. Steht Ihr Bartagamenterrarium im Wohnzimmer, wird Ihre Agame, solange Licht brennt und noch jemand im Zimmer ist, keinen tiefen Schlaf finden können. Sehen Sie sich also Ihren Tagesablauf und den Ihrer Familie an und achten Sie darauf, dass Ihr Tier nachts acht bis zehn Stunden Schlaf am Stück erhält.

Täglich sollten Sie erledigen:
- Füttern Sie Ihre Bartagame!
- Nach der Fütterung: Entfernen und säubern Sie die Schalen!
- Nach der Fütterung: Reinigen Sie den Fressplatz!
- Entfernen Sie Kot und säubern Sie die entsprechende Stelle!
- Betrachten Sie Ihre Agame gründlich; halten Sie Ausschau nach Hautresten, die sich nicht gelöst haben, oder anderen Problemen!

- Wenn Sie eine zahme Agame wollen: Schenken Sie Ihr täglich etwas Aufmerksamkeit und nehmen Sie sie auch gelegentlich für einige Zeit aus dem Terrarium!
- Sofern es das Wetter erlaubt, ermöglichen Sie der Agame ein Sonnenbad im Freien!

Wöchentlich:
- Baden Sie Ihre Agame!
- Überprüfen Sie Heizelemente, Heizstrahler, Kabel und andere elektrische Geräte auf ihre Funktion!

Gelegentlich:
- Reinigen Sie das Terrarium gründlich von innen und außen, entfernen und reinigen Sie alle Sitzmöglichkeiten und Liegeäste!

Jährlich:
- Vereinbaren Sie einen Termin mit Ihrem Tierarzt für eine Routineuntersuchung. Geben Sie eine Kotprobe für parasitäre Untersuchungen ab.

Gönnen Sie Ihren Tieren auch mal eine Abwechslung. Foto: M. Schmidt

Nachzucht

Kapitel 9

Nachzucht

**In diesem Kapitel:
Sollten Sie Ihre Tiere nachzüchten?
Werbungsverhalten und Zucht
Pflege der Babys**

Die Nachzucht von Reptilien ist ein arbeitsintensives, manchmal teures und oft frustrierendes Unterfangen. Ist sie jedoch erfolgreich, ist es wundervoll und aufregend. Die ersten Eier der Pantherschildkröten, Leopardgeckos, Bartagamen oder Spornschildkröten im Frühling bringen immer Aufregung in unser Haus.

Die Vermehrung von Reptilien ist jedoch nicht einfach.

> **Eine Nachzucht** Ihrer Bartagamen kann eine sehr schöne Erfahrung sein, sie ist jedoch auch teuer, zeitaufwändig und arbeitsintensiv.

Die Sandfire Dragon Ranch von Bub Mailloux „produziert" große Mengen Bartagamen für den Zoohandel. Foto: Bill Love/Blue Chameleon Ventures

141

Obwohl Bartagamen nun schon seit mehreren Generationen in menschlicher Obhut gezüchtet werden und die Haltungsbedingungen für unsere Agamen im Terrarium vielleicht sogar besser sind als in freier Natur (z. B. kein Hunger, keine Fressfeinde), ist es dennoch keine natürliche Situation. Wir können die Lebensbedingungen einer Bartagame genauso wenig exakt kopieren, wie ihr Futterangebot im Biotop. Verhaltensweisen, die in der Wildnis gezeigt werden – wie z. B. bei Männchen, die um ein Territorium oder das Paarungsvorrecht kämpfen – kommen in Gefangenschaft so nicht vor. Auch können wir einer weiblichen Bartagame nicht den Platz geben, weit umherzustreifen, um sich ihre eigene Stelle zur Eiablage zu suchen. Sollten Sie sich dennoch dazu entschließen und in der Lage sein, alles Benötigte bereitzustellen, können Sie Ihre Bartagamen nachzüchten; es ist wirklich toll und die Mühe wert.

Sollten Sie Ihre Bartagamen züchten?

Lassen Sie es uns zunächst einmal von einer anderen Seite betrachten. Sollten Sie Ihre Bartagamen überhaupt nachzüchten? Ihre Agame wird nicht die ganze Arbeit erledigen, bis hin zur Inkubation der Eier und der Aufzucht der Babys; statt dessen wird sie die Eier einfach ablegen, und dann liegt es an Ihnen. Sie müssen einen Inkubator haben. Sie benötigen zusätzliche Zeit, um die Inkubation der Eier zu gewährleisten und die Jungtiere großzuziehen. Außerdem besteht das erste Gelege einer weiblichen Bartagame vielleicht aus nur 20 Eiern, nachfolgende Gelege dagegen können 30–40 Eier enthalten. Stellen Sie sich nur vor, wie viele Bartagamenbabys Sie bekommen könnten! Was machen Sie dann mit all diesen Jungen? Wo bringen Sie sie nach dem Schlupf unter? Haben Sie den Platz und die Ausrüstung, sie zu pflegen, ausreichend Licht und die entsprechenden Temperaturen bereitzustellen und sie zu füttern? Sie werden sich mindestens ein oder zwei Monate um sie kümmern müssen, um sicher zu gehen, dass sie gut fressen und gedeihen, bevor Sie die Kleinen in neue Hände geben. Wenn wir gerade bei neuen Besitzern sind: Wo finden Sie diese? Vertrauen Sie nicht darauf, dass Ihre Freunde die Kleinen kaufen oder bei sich aufnehmen. Sogar wenn sie dies zusagten, werden viele einen Rückzieher machen, wenn es soweit ist. Was machen Sie dann? Sie könnten eine Anzeige in der Zeitung oder einer Reptilienzeitschrift aufgeben und versuchen, sie darüber zu verkaufen. Oder gibt es vielleicht ein oder zwei Zoogeschäfte in der Nähe, die bereit wären, Ihnen die Babys abzukaufen? Würden Sie sich wohlfühlen, Ihre Kleinen an ein Zoogeschäft abzugeben? Glauben Sie mir, diese kleinen grauen, braunen und goldenen Babys werden Ihnen wirklich ans Herz wachsen! Gehen Sie eine Zucht nicht mit dem Gedanken an, sich von dem Erlös zur Ruhe zu setzen. Obwohl es durchaus Bedarf an nachgezüchteten Bartagamen-Babys gibt, ist dieser nicht hoch genug, um einen vernünftigen Preis zu verlangen, es sei denn, Sie züchten Agamen unterschiedlicher, einzigartiger oder attraktiver Färbung. Gehen Sie dieses Projekt also nicht mit dem Ziel an, viel Geld zu verdienen, das wird nicht funktionieren. Tatsächlich werden Sie wahrscheinlich eher draufzahlen müssen, wenn Sie die angefallenen Kosten einschließlich Strom und Futter summieren.

Bevor Sie sich dazu entschließen, Ihre Bartagamen nachzuzüchten, sollten Sie dieses Kapitel gründlich durchlesen und eine wohlüberlegte Entscheidung treffen.

Sterilisation und Kastration

Sollten Sie zum Schluss kommen, dass eine Zucht Ihrer Bartagamen des Guten zu viel für Sie wäre, lassen Sie Ihre Tiere sterilisieren oder kastrieren. Dies wird nicht nur den Fortpflanzungstrieb reduzieren (vor allem bei den Männchen), sondern verhindert auch, dass das Weibchen Eier produziert. Ein gesundes Bartagamenweibchen erzeugt sogar Eier, wenn es nicht mit einem Männchen zusammen gehalten wurde, und dies ist eine ständige Belastung für den Organismus. Zur Eiproduktion werden große Mengen an Kalzium und Eiweiß benötigt; werden keine Eier erzeugt, kann das Tier diese Stoffe verwenden, um gesund zu bleiben. Zusätzlich läuft die Agame sonst Gefahr, in Legenot zu geraten (die Eier verbleiben im Körper, ohne abgelegt zu werden). Eine Sterilisation (Hysterektomie) verhindert die Produktion von Eiern.

Die Kastration Ihrer Bartagame ist eine Operation, die in die Hände eines erfahrenen Tierarztes gehört, der auf Reptilien spezialisiert ist. Achten Sie bitte darauf, zu einem Spezialisten zu gehen.

> **Bartagamen gelten nicht als gefährdet**
> Viele Reptilienbesitzer züchten ihre Tiere, da die entsprechende Art in freier Wildbahn gefährdet oder vom Aussterben bedroht ist. Obwohl sie ihre Nachzuchttiere nicht in die Wildnis entlassen können, gibt es auf diese Weise zumindest gezüchtete Populationen in menschlicher Obhut.
> Einige Teile des Lebensraums der Bartagame sind durch Habitatzerstörungen zwar bedroht, im Großen und Ganzen halten sich die Bartagamenpopulationen in Australien dennoch recht gut. Gelegentlich auftretende Buschbrände oder Stürme töten zwar einige Agamen, die Populationen erholen sich von diesen natürlichen Katastrophen jedoch recht schnell. Eine artenschützerische Notwendigkeit besteht also nicht, Bartagamen nachzuzüchten.

Vor der Zucht

Die erfolgreiche Zucht von Reptilien – Bartagamen eingeschlossen – erfordert einige Planung; dies ist kein Projekt, das man in der letzten Minute angehen sollte. Es gibt einige Dinge, um die Sie sich kümmern müssen, bevor Sie Ihr Männchen/Weibchen mit dem Partner verpaaren.

Männchen oder Weibchen?

Selbstverständlich benötigen Sie ein Männchen und ein Weibchen, um erfolgreich befruchtete Eier zu erhalten. Weibchen legen zwar auch ohne die Gegenwart eines Männchens Eier, diese sind jedoch unbefruchtet. Sind Sie sicher, dass Sie sowohl ein Männchen als auch ein Weibchen besitzen?

> **Obwohl beide Geschlechter** in bestimmten Situationen mit dem Kopf nicken, zeigen Männchen dieses Verhalten doch häufiger und aus mehreren Gründen.

Da die Geschlechtsorgane im Inneren des Körpers sitzen, ist es unmöglich, das Geschlecht eines Babys oder einer jungen Bartagame mit Sicherheit festzustellen. Bartagamen weisen einen Sexualdimorphismus auf. Das bedeutet, es gibt sichtbare Unterschiede zwischen den Geschlechtern. Unglücklicherweise sind diese Unterschiede jedoch nicht vor Erreichen der Geschlechtsreife sichtbar. Kaufen Sie also zwei Bartagamen-Babys in der Hoffnung, ein Männchen und ein Weibchen zu erhalten, können Sie genauso gut eine Münze werfen, welches Tier welches Geschlecht hat.

Dennoch gibt es einige wenige Geschlechtsmerkmale, die Ihnen dabei helfen, Männchen und Weibchen sicher zu unterscheiden. Dies ist jedoch erst nach Erreichen der Geschlechtsreife möglich – im Alter von mindestens zwei Jahren bei guter Pflege und Ernährung. Männchen bilden vergrößerte Femoralporen an der Unterseite beider Oberschenkel aus. Diese Drüsenreihe ist bei den jungen Tieren als Reihe kleiner Beulen sichtbar, wird jedoch mit zunehmender Größe, höherem Alter und größerer Reife immer auffälliger. Während der Fortpflanzungszeit geben diese Poren bei älteren dominanten Männchen eine wachsartige, weißliche Substanz ab, die Pheromone (Geschlechtsduftstoffe) des Männchens enthalten, wie bereits erwähnt.

Männchen besitzen außerdem einen breiteren Kopf, einen größeren Bart und kräftigere Farben. Halten Sie auch nach weiteren Merkmalen Ausschau: Männchen sind für gewöhnlich größer als gleichaltrige Weibchen, obwohl diese, vor allem reife Weibchen, einen größeren, schwereren Körperbau haben als die Männchen. Auch die Schwanzbasis erscheint breiter (am Übergang zum Becken) als die der Weibchen.

Legen Sie Ihre Bartagame auf einen flachen Tisch – der Kopf zeigt von Ihnen weg – und heben Sie vorsichtig den Schwanz an. Biegen Sie ihn nicht zu weit nach oben, oder Sie riskieren, ihn zu brechen! Heben Sie ihn nur so weit an, dass Sie die Kloakenöffnung (hier tritt der Kot aus) sehen. Bei Männchen befinden sich hinter dieser an der Schwanzwurzel (Ihnen zugewandt) zwei Beulen – eine auf jeder Seite (aber immer noch auf der Unterseite) des Schwanzes. Sie zeigen die Lage der Hemipenes im Inneren der Kloake an. Weibchen fehlen diese zwei Beulen.

Männchen zeigen auch einige Verhaltensweisen, die ihre Geschlechtszugehörigkeit verraten. Obwohl beide Geschlechter in bestimmten Situationen mit dem Kopf nicken, zeigen Männchen dieses Verhalten doch häufiger und aus mehreren Gründen. Männchen präsentieren sich auch viel mehr als Weibchen. Diese bauen sich zwar auch vor anderen Echsen auf, um ihre Dominanz zu zeigen, weniger jedoch aus sexuellen Gründen. Das Aufstellen und Abdunkeln des Bartes ist auch eher typisch für Männchen. Ein sehr dunkler, schwarzer Bart ist ein sicheres Anzeichen dafür, dass es sich um ein Männchen handelt. Weibchen dagegen zeigen öfter das Armwinken.

> **Wussten Sie eigentlich...?**
> Eine weibliche Bartagame, die im ersten Jahr ihrer Geschlechtsreife mit einem Männchen verpaart wurde, legt nur wenige Eier, die befruchtet oder nicht befruchtet sein können. Ein ausgewachsenes Weibchen dagegen wird bis zu 40 größtenteils befruchtete Eier legen.

Bartagamen kann man auch paarweise halten.
Foto: M. Schmidt

Wie viele Weibchen? Wie viele Männchen?

Bartagamen sind zwar von Natur aus Einzelgänger, bis zu einem gewissem Grad können sie aber auch gesellig sein; ein Männchen kann mit drei Weibchen zusammen gehalten werden, wenn das Terrarium groß genug für vier Tiere ist. Da sich Männchen untereinander bekämpfen, sollten Sie nie mehr als ein Männchen einsetzen; die Weibchen kommen dagegen miteinander aus. Außerdem verteilt sich so die Aufmerksamkeit des Männchens auf drei Weibchen. Wird nur eines zusammen mit dem Männchen gehalten, treibt dieses seine Partnerin unter Umständen in den Wahnsinn und hält sie manchmal vom Fressen und vom Schlafen ab. Es könnte sie sogar verletzen, indem es sich zu häufig mit ihr paart.

Gesundheitszustand

Alle Tiere sollten in guter Verfassung sein, sonst könnte die Zucht einen zu schweren Tribut fordern. Lassen Sie eventuell Kotproben auf Parasiten untersuchen. Eine Bartagame mit Parasitenbefall erscheint unter Umständen gesund, und Sie wissen noch nicht einmal von dem Problem. Dennoch können diese Parasiten die Gesundheit Ihrer Agame so sehr beeinflussen, dass ihre Reproduktionsfähigkeit davon betroffen ist.

Ist das Männchen nicht bei guter Gesundheit, ist unter Umständen die Spermienzahl zu gering, was sich in weniger lebensfähigen Jungtieren oder weniger befruchteten Eiern äußert. Handelt es sich gar um deformierte Spermien, kann dies zu Behinderungen oder geringer Fruchtbarkeit führen.

Mindestens genauso wichtig ist aber, dass das Weibchen in exzellentem gesundheitlichen Zustand ist. Schließlich muss das Weibchen die Eier produzieren und bis zur Ablage ernähren. Bei 20–40 Eiern pro Gelege verschlingt dies einen beachtlichen Teil der Reserven des Tiers. Es sollte frei von

---

Anatomie einer männlichen Bartagame

Männliche Bartagamen haben zwei Penes, die so genannten Hemipenes. Diese sitzen im Inneren zweier kleiner Taschen an der Unterseite des Schwanzes, unmittelbar am Hinterbeinansatz und direkt innerhalb und rückseitig der Kloake.

Ein auf Reptilien spezialisierter Tierarzt kann die Hemipenes des Männchens manuell herausmassieren; dies ist eine Möglichkeit, das Geschlecht ausgewachsener Bartagamen zu ermitteln. Diese Prozedur sollte jedoch nur von darin geübten Personen angewandt werden, da bei falscher Durchführung großer Schaden angerichtet werden kann.

Während der Kopulation werden die Hemipenes durch den ansteigenden Blutdruck aufgestellt und kommen aus ihrer Tasche. Bei Säugetieren werden die Spermien über einen Leiter von den Hoden (Testes) – die in der Nähe des Penis liegen – durch den Penis transportiert und ausgestoßen. Bei Bartagamen dagegen liegen die Hoden im Inneren des Körpers, ungefähr an der gleichen Stelle, an der sich bei den Weibchen die Eierstöcke (Ovarien) befinden. Die Hemipenes selbst besitzen keinen inneren Leiter für Sperma, sondern eine äußere Furche. Über diese gelangen die Spermien zum Weibchen.

Parasiten, wohlgenährt und gesund sein sowie ein angemessenes Gewicht aufweisen.

Zuchtvorbereitung

Weder Männchen noch Weibchen benötigen eine spezielle Ernährung vor der Zucht, wenn Sie bereits eine nahrhafte Diät verfüttern. Dennoch ist eine gute, ausgewogene Ernährung, bestehend aus verschiedenen Futtersorten, essenziell wichtig für eine erfolgreiche Nachzucht. Achten Sie darauf, dass das Weibchen viel grünes Gemüse und kalziumreiches Futter erhält. Geben Sie ihm hin und wieder Mäuse-Babys („Pinkys") – eine gute Kalzium-Quelle – und reichern Sie das Futter mit Kalzium an.

Achten Sie auch darauf, dass das Licht jetzt 14 Stunden täglich brennt und dass die Tiere ausreichend UV-Bestrahlung erhalten (evtl. Auswechseln der Röhre, Bestrahlung mit UV-Strahler).

Werbungsverhalten und Paarung

Ihre Bartagamen sind gesund und frei von Parasiten; sie sind wohlgenährt, die Haltung ist gut, die Tiere erhalten das richtige Licht und die richtige Photoperiode und sind geschlechtsreif. Was nun?

Fortpflanzungszeit

In Australien liegt die Fortpflanzungszeit der Bartagamen im Frühling und Frühsommer; normalerweise von September bis Februar oder März. Auf der Nordhalbkugel dagegen haben sich die meisten Bartagamen an ein Leben in der Nordhemisphäre angepasst und pflanzen sich meist vom Frühjahr bis Anfang Sommer fort. Werden Bartagamen unter künstlichem Licht und einer entsprechend manipulierten Beleuchtungsdauer gehalten, können sie auch schon früher im Frühling, während des Winters oder im Spätsommer für Nachwuchs sorgen.

Sie sehen es Ihrem Männchen an Art und Auftreten an, wenn es in Fortpflanzungsstimmung kommt. Er verhält sich dann wie ein Macho, stellt sich hoch auf Füße und Zehen und

> **Anatomie einer weiblichen Bartagame**
> Eine acht bis neun Monate alte weibliche Bartagame ist normalerweise fortpflanzungsfähig. Trotzdem ist es keine gute Idee, sie in diesem Alter zu verpaaren. Geben Sie ihr Zeit, auszuwachsen und zu reifen. Dennoch kann man mit einem Weibchen diesen Alters und einem Männchen zusammen im gleichen Terrarium sehr gut züchten.
> Weibliche Bartagamen besitzen (wie Säugetiere auch) Eierstöcke (Ovarien). Das Ei gelangt zum Eileiter (Ovidukt), wo es nach erfolgter Paarung befruchtet wird. Dann wandert es den Ovidukt hinunter und verbleibt dort zusammen mit den anderen Eiern, bis das Weibchen bereit zu Eiablage ist.
> Vor der Ablage erzeugt eine spezielle Drüse die hauptsächlich aus Kalzium bestehende, ledrige Eischale; daher der große Kalziumbedarf sich fortpflanzender Weibchen.

versucht, größer zu erscheinen. Sie werden mehr Kopfnicken beobachten, oft wegen jeder Kleinigkeit oder ohne Grund. Vielleicht beginnt das Tier damit, Sie herauszufordern, reißt das Maul weit auf, wenn Sie sich ihm nähern, oder sogar, wenn Sie Futter bringen.

Abhängig von der Grundfärbung werden die Farben satter und kräftiger. Gold Guy besitzt eine sehr schöne goldene Zeichnung, im Frühling jedoch wird er noch goldener mit Orangetönen.

Stellen Sie die beiden Geschlechter einander vor

Halten Sie das Männchen und die Weibchen zusammen in einem Terrarium, können Sie diesen Abschnitt überspringen; sie kennen sich bereits. Manche halten die beiden Geschlechter jedoch getrennt – in der Natur leben sie auch als Einzelgänger, und das Männchen belästigt auf diese Weise nicht ununterbrochen die Weibchen.

Leben Männchen und Weibchen sonst getrennt, ist es eine gute Idee, sie für gewisse Zeit in zwar getrennte, aber nahe beieinander stehende Terrarien zu setzen. Bartagamen können sehr territorial sein, lassen Sie daher die Tiere sich erst aneinander gewöhnen, sonst gehen sie eventuell aufeinander los. Erkennen Sie dann anhand der Körpersprache des Männchens, dass die Fortpflanzungszeit begonnen hat, setzen Sie alle in ein neutrales Terrarium – eines, dass keinem der Tiere gehört. Achten Sie darauf, dass auch dieses Zuchtterrarium in allen Punkten den Bedürfnissen der Tiere entspricht.

Stellen Sie sich auf viel Kopfnicken und Imponierverhalten ein. Vielleicht versucht das Weibchen zu fliehen und sich vor dem Männchen zu verstecken. Verhindern Sie dies nicht – es ist vielleicht noch nicht soweit, sich zu paaren. Schreiten Sie nicht ein, erlauben Sie den beiden, sich kennen zu lernen. Nach einer Weile setzen Sie die beiden wieder in ihr jeweiliges Terrarium und versuchen es am nächsten Tag noch einmal. Kommen Sie der Fortpflanzungszeit näher, wird sich das Verhalten von Interesse zu Werbung wandeln.

Werbungsverhalten

Kommt das Weibchen in Paarungsstimmung, flieht es nicht mehr vor dem Männchen und beginnt, stillzustehen, wenn „er" sich nähert. Er beleckt sie dann am ganzen Körper, vor allem um den Kopf und den Hals. Außerdem nickt er viel mit dem Kopf; so häufig, dass man meint, er müsse Kopfschmerzen davon bekommen!

Das Männchen zeigt nun viel Imponiergehabe, baut sich groß auf, spreizt den Bart, verdunkelt ihn und zeigt so dem Weibchen, welch große, gut aussehende Bartagame er ist.

Dieses Werben kann zwei bis drei Wochen vor der eigentlichen Paarung andauern. Zu dieser Zeit zeigen die Weibchen, besonders aber das Männchen einen verminderten Appetit. Alles dreht sich so sehr um das Weibchen, dass das Männchen einfach nicht frisst! Achten Sie darauf, dass immer Wasser bereitsteht; Ihr Männchen darf nicht austrocknen. Zusätzlich können Sie ihm ein wenig Elektrolytlösung oder Gatorade mittels Pipette oder Spritze anbieten. Geben Sie ihm weiterhin Futter, auch wenn er nicht viel frisst.

Paarung

Obwohl das Männchen für die Werbung zuständig ist, kann es ohne Kooperation der Partnerin natürlich zu keiner Paarung kommen. Sie wählt das Männchen, und um das Überleben der Art sicherzustellen, nimmt sie das größte, gesündeste und überlebenstüchtigste. Es ist also möglich, dass Ihre Dame das Männchen nicht akzeptiert, obwohl Sie ihr nur dieses anbieten, ungeachtet dessen, wie stark er um sie wirbt. Normalerweise nimmt sie das vorhandene Männchen im Terrarium aber an – manche Weibchen sind jedoch der Meinung, das Männchen sei einfach inakzeptabel, warum auch immer.

Ist das Weibchen paarungsbereit, hält es still (oder läuft zumindest nicht mehr so viel weg), und das Männchen versucht, es am Nacken zu packen. Es kommt vor, dass das Männchen dabei recht grob ist – bis hin zu Verletzungen –, besonders dann, wenn das Weibchen nicht sehr kooperativ ist. Glücklicherweise sind die meisten Männchen jedoch nicht so rabiat und versuchen, den Nacken ihrer Partnerin gerade so fest zu packen, dass sie still hält. Hat es sie erst einmal zu fassen bekommen und hebt sie den Schwanz an, versucht es, ihre Hüften leicht anzuheben. Sowie sie ihren Schwanz anhebt und das Männchen das Becken leicht zu einer Seite dreht, ist es in der Lage, einen seiner Hemipenes in ihre Kloake einzuführen.

Nach der Paarung lässt es ihren Nacken los, und sie läuft, üblicherweise sehr schnell, vor ihm davon.

> **Obwohl das Männchen** für die Werbung zuständig ist, kann es ohne Kooperation der Partnerin natürlich zu keiner Paarung kommen. Sie wählt das Männchen, und um das Überleben der Art sicherzustellen, nimmt sie das größte, gesündeste und überlebenstüchtigste.

Wenn Sie es zulassen, wird dieses Paarungsspiel zwei- oder dreimal pro Tag für ein bis zwei Wochen fortgesetzt. Es kann ratsam sein, die Bartagamen manchmal für einige Stunden tagsüber zu trennen, um dem Weibchen etwas zu Zeit zu gönnen, sich zu entspannen, zu fressen und auszuruhen. Die Männchen können während dieser Zeit sehr, sehr aufdringlich sein und machen überhaupt keine Pause, wenn die Gelegenheit es so ergibt. Interessanterweise besitzen Bartagamen die Fähigkeit der so genannten Spermienspeicherung. Die Spermien bleiben im Körperinneren eine Weile am Leben, sodass eine Paarung zu mehreren Gelegen mit befruchteten Eiern führen kann.

Liebeswunden

Während der Fortpflanzungszeit verfolgen männliche Bartagamen ihre Partnerinnen oft sehr ausdauernd, verletzen die Weibchen dabei aber nur selten. Dennoch sollten Sie sicherstellen, dass es keine Probleme gibt, und das Weibchen nach jeder romantischen Begegnung sorgfältig untersuchen. Bisse treten meist um den Bart und den Hals des Weibchens herum auf. Handelt es sich um kleine Wunden, reinigen Sie diese und geben etwas antibiotische Salbe darauf. Bei schlimmeren Verletzungen wenden Sie sich an Ihren Tierarzt.

Trächtigkeit

Die Trächtigkeit ist die Zeit, in der sich die befruchteten Eier im Weibchen entwickeln. Während dieser Zeit benötigt es eine qualitativ hochwertige, abwechslungsreiche Diät mit viel grünem, kalziumreichem Gemüse. Ein Kalzium-Ergänzungsmittel sollte dem Futter nun dreimal die Woche zugefügt werden. Auch Mäuse sind eine gute Kalziumquelle.

Mit Zunahme seines Körperumfanges wird das Weibchen weniger fressen. Es ist fast so, als sei kein Platz mehr für Futter. Bieten Sie dem Tier dennoch weiterhin sein Lieblingsfutter an und achten Sie darauf, dass immer Wasser vorhanden ist. Neben Wasser können Sie auch Elektrolytlösung oder Gatorade über Pipette oder Spritze anbieten. Achten Sie nur darauf, dass das Weibchen nicht dehydriert.

Sorgen Sie dafür, dass das Weibchen leichten Zugang zu einem beheizten Liegeast hat (bis 40 °C ist genau richtig). Es benötigt jetzt während der Eientwicklung mehr Wärme, also geben Sie ihm die Möglichkeit, sich so viel zu sonnen, wie es möchte. Selbstverständlich ist der Temperaturgradient immer noch wichtig, also beheizen Sie nicht das gesamte Terrarium.

Seien Sie während der Trächtigkeit sehr vorsichtig beim Herausnehmen und im Umgang mit dem Weibchen. Die Eier stellen einen großen Teil seines Körpervolumens. Greifen Sie zum Aufheben unter die Schulter und Hüfte, aber niemals am Bauch. Mit fortschreitender Trächtigkeit vergrößert sich dieser, und es erscheinen Beulen. Daran können Sie die Form der sich entwickelnden Eier im Bauch erkennen.

Nestbau

Mit zunehmendem Körperumfang des Weibchens können Sie die Eier in ihrem Bauch erkennen. Jetzt ist es an der Zeit, eine Box als Nest bereitzustellen, in der es die Eier ablegen kann. Verwenden Sie z. B. einen großen Vorratsbehälter aus Kunststoff mit Deckel. Er muss groß genug sein, dass sich das Weibchen darin bewegen und es sich gemütlich machen kann. Schneiden Sie ein Loch in eine Seite, groß genug, damit das Tier hineinklettern kann, und umkleben Sie die Kanten mit mehreren Lagen stabilem Klebeband. So ritzt sich das Weibchen nicht den Bauch an den Schnittkanten, wenn es hinein- oder herausklettert. Aber Achtung, dass das Band so gut verklebt ist, dass kein Tier sich darin verfangen oder festkleben kann.

In die Box geben Sie ein Gemisch aus Vermiculit und Sand, das Sie so stark anfeuchten, bis es klumpt. Gräbt das Weibchen darin sein Nest, sollte das Bodenmaterial zusammenhalten, um zu verhindern, dass es beim Graben zurückrutscht und das Loch wieder verschließt. Kontrollieren Sie das Gemisch täglich und feuchten Sie bei Bedarf nach.

Platzieren Sie die Box so im Terrarium, dass Ihr Weibchen Zugang dazu hat. Ist die Box nicht erreichbar, legt das Tier

Das Bartagamenweibchen gräbt sich in einer Freilandanlage ein Loch für die Eiablage. Es ist ein heißer Julitag.
Fotos (diese und die beiden folgenden Seiten: Lubomir)

Eine Stunde später ragt nur noch die Schwanzspitze aus dem Loch.

Die Bartagame hat sich einmal um ihre Längsachse gedreht und legt ihre Eier ab.

seine Eier unter Umständen woanders ab – sogar auf dem Terrarienboden –, oder behält sie bei fehlender Eiablagemöglichkeit schlimmstenfalls im Körper zurück, was eine Legenot nach sich ziehen kann.

Lassen Größe und Form des Terrariums keine Nest-Box zu, können Sie das Vermiculit-Sand-Gemisch auch einfach in einer Ecke des Terrariums aufhäufen.

> **Mit zunehmendem Körperumfang** des Weibchens können Sie die Eier in ihrem Bauch erkennen. Jetzt ist es an der Zeit, eine Box als Nest bereitzustellen, in der es die Eier ablegen kann.

Haben Sie das Sandgemisch entweder in der Box oder als Haufen eingebracht, klopfen Sie es gut fest und legen mit dem Finger einen Tunnel an. Manchmal ist dieser gerade richtig, das Weibchen davon zu überzeugen, ihn als Ablagestelle zu verwenden. Es setzt dann den Tunnel fort, den Sie begonnen haben, und gräbt tief genug, um vollständig darin zu verschwinden, sich darin umzudrehen und nur so weit wieder hervorzukommen, dass die Nase herausschaut. Dann legt es die Eier und verscharrt sie mit den Hinterbeinen. Eventuell bringt es die Röhre nach dem Verlassen zum Einsturz, dies tun jedoch nicht alle Weibchen.

Das Loch verläuft nicht senkrecht in den Boden, sondern in einem 120°-Winkel nach rechts

Machen Sie sich Aufzeichnungen

Sind Sie sich erst einmal sicher, dass die Paarung erfolgreich war, sollten Sie damit beginnen, Aufzeichnungen zu machen. Aufzeichnungen zur Zucht sind ein wichtiger Beitrag zum Wissensstand von Reptilienhaltern in der ganzen Welt. Ihre Beobachtungen, kombiniert mit denen anderer Bartagamenzüchter, können eine unglaubliche Fülle an Informationen darstellen. Außerdem lernen Sie so auf die Dauer Ihre Tiere besser kennen, können Probleme besser einschätzen – und interessant ist es auch noch.

Auch die Gelegeaufzeichnungen sollten den Namen oder die Möglichkeit der Identifikation des Männchens, des Weibchens, sowie Ihren Namen enthalten. Wenn Sie sie beobachten konnten, haben Sie sich auch Bemerkungen zum Zeitpunkt einzelner Kopulationen in den Kalendern oder Aufzeichnungen des entsprechenden

Eier und Inkubation/Eiablage

Tiers gemacht. Übertragen Sie diese Daten in die Gelegeaufzeichnungen.

Nach der Eiablage und der Überführung in den Inkubator versehen Sie jedes Ei mit weichem Bleistift mit einer eindeutigen Nummer, um es zu identifizieren. Wiegen Sie jedes Ei, bevor Sie es in das Vermiculit legen, und notieren Sie sich das Gewicht. Beim Schlupf machen Sie sich Notizen darüber, in welcher Reihenfolge aus welchen Eiern Jungtiere schlüpften und welche Eier unbefruchtet waren. Außerdem sollten Sie alles Ungewöhnliche notieren, das sich während der Paarung, Eiablage, Inkubation oder dem Schlupf ereignet hat.

Eier und Inkubation

Obwohl das Weibchen die Eier legt, hat es nichts mit der Inkubation zu tun. Genauso wenig möchte es etwas mit den Babys zu tun haben. Also raten Sie mal, wer babysittet?

Eiablage

Die Ablage der Eier (Oviposition) erfolgt dann, wenn das Weibchen bereit dazu und zufrieden mit der Umgebung und der Ablagebox ist. Versuchen Sie, das häusliche Leben zu dieser Zeit ruhig zu gestalten. Sind die Dinge um die Echse herum zu hektisch, wird sie sich eventuell nicht genug entspannen, um die Eier zu legen.

Vorder- und Hinterbeine schieben den Aushub wieder zurück.

Mit seitlich wischenden Schwanzbewegungen glättet das Weibchen die Grabstelle.

Nun sieht es wieder so aus, als hätte nie eine Grabtätigkeit stattgefunden.

Eiablage

Zur Eiablage gräbt das Weibchen einen Tunnel oder ein Loch. Was oder wie tief es gräbt, scheint individuell verschieden zu sein. Manche Weibchen graben einen recht ausgefeilten Tunnel, in dem sie vollständig Platz finden, und legen die Eier an der tiefsten Stelle ab. Andere wiederum graben ein viel einfacheres Loch, mit den Hinterbeinen geradewegs nach unten.

Werden sie beim Graben gestört, verlassen viele Weibchen das teilweise ausgehobene Loch und beginnen nach der Störung ein neues. Seien Sie also vorsichtig.

Jedes Bartagamenweibchen legt seine Eier gemäß der eigenen inneren Uhr. Manche bringen in relativ kurzer Zeit viele Eier hervor, während andere sehr langsam und methodisch vorgehen. Solange die Eier abgelegt werden und das Tier weder blockiert noch abgelenkt scheint, lassen Sie es einfach alleine und den Dingen ihren natürlichen Lauf.

Das erste Gelege einer jungen Bartagame besteht vielleicht nur aus sechs bis zehn Eiern, obwohl der Durchschnitt für wohlgenährte, gesunde Weibchen bei 20 zu liegen scheint. Ein großes, gesundes, ausgewachsenes und reifes Weibchen legt dagegen 30–40 Eier.

Stellt Ihr Tier plötzlich die Ablage ein, scheint jedoch noch Eier zu tragen, suchen Sie sofort Ihren Tierarzt auf. Eventuell handelt es sich um ein Ei, das nicht durch den Eileiter passt, oder das Weibchen ist vielleicht zu schwach, um fortzufahren. Ihr Tierarzt wird vermutlich eine Röntgenaufnahme machen, um festzustellen, ob sich noch Eier im Körper befinden, und wenn dem so ist, in welchem Zustand sie sich befinden. Eventuell wird er eine Operation empfehlen, um das festsitzende Ei zu entfernen, oder er gibt Oxytocin, um das Weibchen zum Ablegen anzuregen.

Überwachen Sie die Eiablage, aber versuchen Sie, das Weibchen dabei nicht zu stören. Sofern es die Eier nicht an einer ungeeigneten Stelle ablegt, lassen Sie Ihr Weibchen einfach alleine. Sie können zurückkommen und die Eier bergen, wenn es fertig ist. Wurden sie in ein Loch oder eine Röhre in der Ablagebox gelegt, gibt es kein Problem, später an sie heranzukommen. Sie wissen ja, wo sie sind.

Ist es fertig, bedeckt das Weibchen die Eier mit Erde, die es mit den Hinterbeinen darüber schiebt. Dann graben Sie die Eier aus. Nachdem es alle Eier gelegt hat,

> **Über Legenot** haben wir oben schon gesprochen (S. XX). Setzt das Weibchen auch bei vorhandener Eiablagebox keine Eier ab, benötigen Sie die Hilfe eines Tierarztes. Ein Weibchen mit Legenot kann sterben. Selbst wenn der Tierarzt sie retten kann, wird er für solche legenotanfälligen Weibchen oft die Sterilisation empfehlen.

> **Wussten Sie eigentlich...?**
> Wenn Sie das richtige Tier auswählen möchten, kaufen Sie nicht das erste, das Sie sehen. Achten Sie darauf, dass die Echse gesund und ohne Verletzungen ist sowie klare Augen besitzt.

wirkt der Bauch des Weibchens, als habe man die Luft herausgelassen, wie ein leerer Ballon. Es wird hungrig und müde sein. Sorgen Sie für ausreichend Wasser und mehrere kleine Fütterungen jeden Tag, es sollte sich relativ schnell wieder erholen.

Überführung der Eier

Um die Eier zu entnehmen, graben Sie die Erde mit den Händen von der Ablagestelle. Gehen Sie sehr vorsichtig vor, wenn Sie tiefer kommen. Die Eier sind leicht zu beschädigen. Aus Erfahrung kann ich Ihnen erzählen, Sie fühlen sich schrecklich, wenn Sie eines beim Ausgraben beschädigen.

Wie bereits erwähnt, können die Eier ungefähr 24 Stunden nach der Ablage gefahrlos geborgen werden, meist wird jedoch empfohlen, sie selbst unmittelbar nach der Ablage in der gleichen Orientierung (ohne sie zu drehen) zu belassen. Sind die Eier ausgegraben, füllen Sie das Loch wieder, und überführen Sie die Eier in den Inkubator.

Inkubation der Eier

Nehmen Sie den Inkubator bereits in Betrieb, bevor die Eier gelegt werden, die Temperatur im Inneren ist dann bereits stabil. Das Letzte, was Sie möchten, ist, dass die Eier zu heiß oder zu kalt werden, während Sie versuchen, die Inkubationstemperatur einzuregeln. Eier, die zu heiß oder zu kalt werden, sterben ab.

Ich verwende einen käuflichen Reptilien-Inkubator. Zunächst hatte ich ein Tischgerät mit zwei herausziehbaren Schubladen, musste nach zwei Jahren jedoch auf ein Standgerät mit acht Schubladen umsteigen. Der Vorteil käuflicher Geräte liegt darin, dass bereits alles fertig ist. Alles, was ich noch tun muss, ist, ihn einzustecken und die Temperatur einzuregeln. Solche Brüter sind jedoch nicht billig.

Sie können sich auch Ihren eigenen Inkubator bauen, und in der Tat wurden unsere ersten Reptilieneier in solch einem selbst gebauten Gerät ausgebrütet. Es gibt verschiedene Möglichkeiten, einen Inkubator zu bauen, und manche haben sich besser bewährt als andere. Da ich nicht all diese verschiedenen Typen testete, werde ich Ihnen ein Model vorstellen, das bei uns funktionierte.

> **Bartagameneier**
> Eier von Bartagamen sind ledrig, nicht hart wie die von Hühnern. Sie unterscheiden sich auch auf andere wichtige Weise voneinander: Der Dotter in Vogeleiern ist in der Mitte des Eis aufgehängt, das Eiweiß umgibt ihn. Das Küken entwickelt sich in der Eimitte, und die Vogeleltern bewegen das Ei regelmäßig. Bei Reptilieneiern dagegen ist der Dotter fixiert – normalerweise unten im Ei; wird das Ei gedreht, können kleine Blutgefäße reißen, was zum Tod des sich entwickelnden Reptils führt.
> Ist das Ei einmal gelegt, können Sie es noch ungefähr 24 Stunden lang sicher bewegen. Dies gibt Ihnen die Zeit, es in einen Inkubator zu überführen. Nach diesen ersten 24 Stunden sollte das Ei keinesfalls mehr gedreht werden. Reduzieren Sie Störungen auf ein Minimum.

Bauen Sie Ihren eigenen Reptilien-Inkubator

Sie benötigen:
- Eine mittelgroße bis große Picknick-Kühlbox
- Einen Heizstab für Aquarien
- Ein wasserfestes Thermometer
- Zwei Ziegelsteine
- Ein Metallgestell, das in die Kühlbox passt
- 1–3 Kunststoffdosen (z. B. Heimchendosen), je nach Anzahl der Eier
- Vermiculit

Schneiden oder bohren Sie drei bis vier Löcher in den Deckel der Kühlbox, ungefähr 1,5 cm im Durchmesser. So verlieren Sie nicht zu viel Wärme, sorgen aber für Frischluft.

Fixieren Sie den Aquarien-Heizstab mit den (üblicherweise mitgelieferten) Saugfüßen am Boden der Kühlbox. Füllen Sie ca. 10 cm Wasser ein und schalten Sie den Heizer an. Dann regeln Sie ihn so ein, dass die Wassertemperatur 29 °C beträgt. Bauen Sie aus den Ziegelsteinen und dem Metallgestell ein Podest über der Wasseroberfläche. Die Kunststoffdosen mit den Eiern werden darauf platziert. Feuchten Sie das Vermiculit so weit an, bis es in ihrer Hand klumpt. (Man verwendet Vermiculit, da es sauber und günstig ist, ein gutes Wasserrückhaltevermögen hat und weder für die Eier noch für die Schlüpflinge gefährlich ist.) Das feuchte Vermiculit gibt den Eiern Halt und hilft dabei, Temperatur und Feuchtigkeit in der Box aufrecht zu halten. Füllen Sie einige Zentimeter davon in jede Kunststoffdose und platzieren Sie diese auf dem Metallgestell. Stecken Sie das Thermometer in das Vermiculit. Nun schneiden oder stoßen Sie noch einige Löcher für den Luftaustausch in die Deckel und legen diese auf die Dosen. Schließen Sie den Deckel der Kühlbox; der Inkubator wird sich nun aufheizen. Nach einigen Stunden überprüfen Sie ihn. Das Vermiculit in den Dosen sollte eine Temperatur von ca. 27–29 °C aufweisen. Stellen Sie den Heizstab entsprechend ein. Erreichen Sie die genannte Temperatur, schließen Sie den Inkubator und halten ihn geschlossen. Durch Routineüberprüfungen sollten

Wussten Sie eigentlich...?
Sie sollten bei einem Züchter genügend Fragen stellen, um zu entscheiden, ob er anständig und verlässlich ist. Wird er in einem Jahr für Sie da sein, wenn Sie Probleme mit Ihrer Echse haben?

Sie sicherstellen, dass der Heizstab immer mit Wasser bedeckt ist und das Vermiculit in den Dosen feucht bleibt

Platzieren Sie die Eier so im Vermiculit, dass sie halb bedeckt sind – Sie graben dazu mit dem Finger ein kleines Loch für jedes einzelne. Drücken Sie die Eier nicht in das Substrat, legen Sie sie nur hinein. Das Ei sollte zur Hälfte in Vermiculit gebettet sein, die andere Hälfte bleibt an der Luft. Sind alle Eier in den Dosen, legen Sie die Deckel auf und schließen die Kühlbox.

Überprüfen Sie den Inkubator täglich: Funktioniert der Heizstab und ist genügend Wasser in der Box? Zwei- bis dreimal die Woche öffnen Sie die Kunststoffdosen und feuchten die Eier und das Vermiculit leicht mit warmem Wasser an.

Befruchtete Eier sind oval, weiß, ungefähr 26 mm lang und fühlen sich fest an. In den ersten beiden Monaten nehmen sie noch an Umfang zu, da sie Wasser und Feuchtigkeit vom Vermiculit und aus der Luft aufnehmen.

Nicht befruchtete Eier sind normalerweise kleiner als befruchtete, nicht so weiß wie diese oder wirken kreidig. Sie sind manchmal ganz anders gefärbt, gelb, bräunlich, rosa, oder sehen einfach schlecht aus und können schimmlig werden. Oft fühlen sie sich weich an. Schlechte Eier sollten baldmöglichst entfernt und entsorgt werden.

Neben der Kontrolle der Eier sowie dem Besprühen und dem Nachfüllen von Wasser in den Vermiculit-Dosen sollten die Eier so wenig wie möglich gestört werden.

> **Wie Sie den gekauften Inkubator in Betrieb nehmen**
>
> Einem gekauften Inkubator liegt die Gebrauchsanweisung bei, und Sie können darin nachlesen, wie Sie ihn in Betrieb nehmen und aufheizen. Genau wie beim selbst gebauten sollten Sie ihn bereits vor der Eiablage vorbereitet und die richtige Temperatur eingestellt haben. Auch bei einem gekauften Inkubator benötigen Sie Kunststoffdosen und Vermiculit, um die Eier aufzunehmen. Schneiden Sie zur Luftzirkulation Löcher in die Deckel und geben Sie die verschlossenen, mit feuchtem Vermiculit gefüllten Dosen in den Inkubator, um sie auf die entsprechende Temperatur (s. o.) zu bringen.

Der Schlupf

Die Eier benötigen bis zum Schlupf normalerweise etwa 55–75 Tage. Einige Wochen vor dem Schlupf können sie etwas kleiner werden. Von nun an sollten Sie sie täglich kontrollieren. Nach ca. 50 Tagen bereiten Sie eine weitere Kunststoffdose mit feuchtem Vermiculit vor und geben sie in den Inkubator, damit sie die richtige Temperatur hat. Schneiden oder stoßen Sie wieder einige Luftlöcher in den Deckel, mit dem sie dann die Dose verschließen, bevor sie diese in den Inkubator stellen.

Der Schlupf

Kurz vor dem Schlupf schrumpeln die Eier ein wenig oder scheinen sogar einzufallen. Geraten Sie nicht in Panik, das ist normal. Der Schlüpfling öffnet zunächst das Ei, um mit der Atmung zu beginnen. Nach einem oder zwei Atemzügen wird er sich zunächst von dieser Anstrengung erholen. Befreien Sie ihn nicht aus dem Ei – er absorbiert gerade den Rest des Dottersacks –, und er wird das Ei verlassen, wenn er soweit ist. Auch die Lungen schließen ihre Entwicklung ab und gewöhnen sich daran, Luft zu atmen. Manche Schlüpflinge lassen sich zwölf Stunden Zeit, ihre Schale zu verlassen.

Benötigt das Kleine eine Weile und scheint auszutrocknen, können Sie es beim Befeuchten der Eier und des Vermiculits vorsichtig mit warmem Wasser besprühen, vor allem an den Rändern des geöffneten Eis. Aber achten Sie darauf, die kleine Agame nicht mit dem Sprüher zu ertränken.

> **Wenn aus den Eiern nichts schlüpft**
> Leider gibt es viele Ursachen dafür, dass Eier sich nicht richtig entwickeln, wie z. B.:
> • Das Weibchen ist unfruchtbar, aus welchem Grund auch immer
> • Der Gesundheitszustand des Weibchens ließ eine Produktion von überlebensfähigen Eiern nicht zu. Dazu gehören schlechte Ernährung und/oder Befall von Parasiten
> • Die Bruttemperatur lag nicht im richtigen Bereich
> • Das Brutsubstrat war zu trocken oder zu nass
> • Die Eier wurden gestört und/oder während der Inkubation gedreht

Bei manchen frisch geschlüpften Tieren bleibt ein Stück Dottersack am Bauch zurück, wenn sie die Schale verlassen. Sollte dies bei einer ihrer Agamen der Fall sein, nehmen Sie sie vorsichtig auf und setzen sie in die neue, frisch vorbereitete Dose. Sie sollte noch immer feuchtes, warmes Vermiculite enthalten und bereits auf der richtigen Temperatur sein. Lassen Sie das frisch geschlüpfte Tier für ein bis zwei Tage darin, bis der Dotter vollständig resorbiert ist.

Versuchen Sie niemals, den Dottersack zu entfernen; lassen Sie ihn einfach in Ruhe. Er wird von selbst absorbiert, was übrig bleibt, vertrocknet und fällt ab. Manchmal reißt der Dottersack beim Verlassen des Eis durch die Kanten der Eischale ein. In diesem Fall können Sie etwas antibiotische Salbe auf die eingerissene Stelle auftragen. Wiederholen Sie diese Behandlung zweimal täglich, bis der Dotter komplett aufgenommen ist.

Bei Eiern ein- und desselben Geleges kann sich der Schlupf über ein oder zwei – manchmal sogar drei – Tage hinziehen. Geraten Sie nicht in Panik, wenn nicht alle Tiere gleichzeitig schlüpfen. Solange Ihnen ein Ei in Ordnung erscheint, lassen Sie es am besten in Ruhe. Das Baby schlüpft schon, wenn es soweit ist. Öffnen Sie das Ei – in der Hoffnung zu helfen – vorher, stirbt das Kleine unter Umständen.

Pflege der Babys

Ist der Dotter vollständig resorbiert, sollten die frisch geschlüpften Babys in die Kinderstube umziehen. Als Aufzucht-Terrarium kann ein großer, länglicher Kunststoff-Vorratsbehälter dienen. Gut bewährt haben sich schwere, undurchsichtige Kunststoffbehälter mit einer Länge von ca. 90 cm, 20 cm breit und ungefähr 30 cm hoch. Ich ziehe diese den Glasbecken vor, da die meisten Agamen-Babys gegen die Glasscheiben laufen – sie verstehen „Glas" einfach nicht – und sich dadurch verletzen können. In einem Terrarium mit undurchsichtigen Wänden – wie den Kunststoffbehältern – sind die kleinen Bartagamen etwas ruhiger.

Abhängig von der Anzahl der Eier, die Sie erfolgreich bebrüten, müssen Sie eventuell mehrere Aufzucht-Terrarien bereitstellen. Teilen Sie die Agamen in Gruppen mit größeren, mittelgroßen und kleineren Schlüpflingen. Auf diese Weise fühlen sich die kleineren, schwächeren Tiere von den größeren nicht so eingeschüchtert. Außerdem verringern Sie so die Gefahr, dass sich die Jungen gegenseitig anknabbern und Zehen oder Schwänze ihrer Geschwister abbeißen.

> **Neben dem Futter** (s. u.) sind die wichtigsten Dinge für eine erfolgreiche Aufzucht von Bartagamen-Babys die Verhinderung von Stress und eine sichere Umgebung mit richtigem Licht und richtiger Heizung. Damit sollten die Kleinen ohne Probleme aufwachsen.

Als Bodengrund verwenden Sie Zeitungspapier oder Papiertücher. Zur Reinigung der Terrarien nehmen Sie einfach so viele Lagen Papier auf, wie nötig. Sauberkeit ist sehr wichtig, und die Kleinen helfen Ihnen nicht gerade. Während sie herumlaufen, treten sie wirklich in alles und jedes.

Eine Stelle im Terrarium bringen Sie mittels eines Strahlers auf 40 °C, es müssen aber unbedingt auch kühleren Stellen vorhanden sein! Innerhalb des Strahlerbereiches sollten mehrere Stellen und Äste zum Sonnenbaden liegen, so viele, dass alle Schlüpflinge sich dort problemlos aufwärmen können. Die Agamen-Babys benötigen die hohen Temperaturen, also überprüfen Sie diese mit einem Thermometer. Schätzen Sie hier nicht!

UV-A- und UV-B-Leuchtstoffröhren lassen sich gut für diese Terrarien verwenden. Achten Sie darauf, dass der Abstand nicht größer als 30 cm ist. Neben dem Futter (s. u.) sind die wichtigsten Dinge für eine erfolgreiche Aufzucht von Bartagamen-Babys die Verhinderung von Stress und eine sichere Umgebung mit richtigem Licht und richtiger Heizung. Damit sollten die Kleinen ohne Probleme aufwachsen.

So füttern Sie die Babys

Stellen Sie Wasser in einer niedrigen Schale bereit. Achten Sie darauf, dass selbst das kleinste und schwächste Baby problemlos aus der Schüssel klettern kann. Das Wasser muss oft gewechselt werden, da die Kleinen hindurchlaufen und Kot darin absetzen.

Frisch geschlüpfte Bartagamen fressen oft in den ersten Tagen nach dem Schlupf noch nicht, also seien Sie darauf vorbereitet und geraten Sie nicht in Panik. Wenn sie schließlich Futter annehmen, können Sie das Gleiche anbieten, was auch größere Bartagamen fressen, eben nur kleiner. Denken Sie daran: Es sind Babys, das Futter muss also klein genug sein, um ihnen das Fressen zu ermöglichen, ohne dass sie die Brocken hinunterwürgen müssen.

Die richtige Futterzusammenstellung für Bartagamen-Babys finden Sie in Kapitel 3 besprochen.

Wichtig ist, die Ernährung abwechslungsreich zu gestalten. Reichen Sie also unterschiedlichstes Futter. Achten Sie darauf, dass die Babys *immer* Futter vorfinden; die

> **Beutegröße für frisch geschlüpfte Echsen**
> Verfüttern Sie Ihren Agamenbabys keine zu großen Grillen oder Mehlwürmer! Der Verdauungstrakt eines Schlüpflings könnte durch eine große Grille leicht blockiert werden. Auch die gezackten Beine und andere feste Außenteile der Grille könnten den Darm beschädigen.
> Wahrscheinlicher ist es jedoch, dass die große Grille Druck auf die Nerven in der unteren Körperhälfte ausübt und so Lähmungen hervorruft. Diese können wieder vergehen, es sind jedoch auch Fälle bekannt, in denen sie anhielten. Verfüttern Sie nur kleine Grillenlarven. Sowohl Zoogeschäfte als auch Versandhändler verkaufen stecknadelkopfgroße und zweiwöchige Grillen. Fragen Sie einfach danach.

Die Größe der Beutetiere sollte auf die Ihrer Bartagamen abgestimmt sein. Foto: M. Schmidt

kleinen Echsen scheinen ständig hungrig zu sein, und ist kein Futter in der Nähe, fressen sie sich gegenseitig an.

Ergänzen Sie das Futter mindestens drei- bis viermal die Woche mit einem Vitamin-Mineralstoff-Gemisch und Kalzium-Zusatz. Eine gute Diät sollte zwar alles enthalten, was ihre Agamen-Babys benötigen, auf diese Weise haben Sie jedoch extra vorgesorgt.

Wie Sie für die Kleinen ein neues Heim finden

Stellen Sie sich darauf ein, die frisch geschlüpften Bartagamen für mindestens ein bis zwei Monate zu pflegen. Schließlich möchten Sie sicherstellen, dass sie gesund sind, gut fressen und wachsen, bevor Sie sie abgeben.

Als Sie sich entschlossen, zu züchten, kamen Ihnen einige Ideen, was Sie hinterher mit den Babys tun könnten, und

Bartagamen machen ihren Pflegern viel Freude. Foto: M. Schmidt

jetzt ist es an der Zeit, diesen nachzugehen. Haben Sie ein paar Leute an der Hand, die ernsthaft eine nachgezüchtete, aufgezogene Bartagame halten möchten? Oder verkaufen Sie die Kleinen an ein Zoogeschäft? Können Sie damit umgehen, dass Sie dann nicht wissen, wo sie einmal landen werden?

Sie können es auch mit einer Kleinanzeige in der Tageszeitung oder besser in einer Terraristik-Zeitschrift wie der REPTILIA versuchen und die Anrufer anschließend gut aussortieren. Haben diese schon einmal Bartagamen gehalten? Was geschah mit ihr (oder ihnen)? Sind sie darauf vorbereitet, dieser kleinen Agame alles zukommen zu lassen, was sie für ein langes und gutes Leben benötigt?

Sie haben dabei geholfen, diese Babys in die Welt zu setzen, nun liegt es auch in Ihrer Verantwortung, dafür zu sorgen, dass sie ein gutes Leben bekommen. Seien Sie vorsichtig!

Kapitel 10
Eine Bartagame – oder zwei – in der Familie

In diesem Kapitel:
Nehmen Sie sich ein wenig Zeit
Familie und Bartagamen
Urlaubszeit

Wenn es Ihnen wie den meisten Haltern von Bartagamen geht, werden Sie vermutlich überrascht sein, wie schnell Ihr Tier ein Mitglied Ihrer Familie wird. Diese Echsen haben wirklich eine solch ausgeprägte Persönlichkeit, dass sie sich bald in Ihr Herz geschlichen haben werden. Dennoch erfordert es etwas Anstrengung, dafür zu sorgen, dass sie alles, was sie benötigen – Zeit eingeschlossen – von Ihnen und Ihrer Familie bekommen.

Avancieren leicht zu Familienmitgliedern: Bartagamen (Pogona vitticeps) Foto: M. Schmidt

Nehmen Sie sich ein wenig Zeit

Zeit ist sehr kostbar. Die Menschen sind heutzutage so beschäftigt, dass es scheint, als müssten wir eine Minute hier herausschlagen, um dies zu tun, und ein paar weitere dort für etwas anderes. Ihre Tiere brauchen jedoch auch ein wenig Zeit von Ihnen; wenn Sie sich also für ein oder zwei Haustiere entscheiden, müssen Sie sich auch die Zeit für sie nehmen.

Obwohl Bartagamen schon fast von Natur aus zahme Echsen sind, verlieren sie diese Eigenschaft teilweise, wenn sie keinen regelmäßigen Umgang mit Menschen haben. Ohne diesen beginnen sie wieder sich zu sträuben, wenn man sie aufnimmt oder hält.

Sie werden sich auch etwas Zeit für die Pflege Ihrer Agame nehmen müssen. Aber wie viel? Dann wollen wir mal sehen...

Zeit für Pflegemaßnahmen

Wie viel Zeit Sie zu investieren haben, hängt von verschiedenen Faktoren ab; besitzen Sie z. B. ein oder mehrere Tiere, haben Sie ein oder mehrere Terrarien zu reinigen, und wie organisiert sind Sie? Sie können jedoch den ungefähren Zeitbedarf veranschlagen.

> **Wussten Sie eigentlich...?**
> Der ehemalige U.S.-Präsident Theodore Roosevelt hielt während seiner Zeit im Weißen Haus mehrere Haustiere, darunter eine Echse mit dem Namen Josiah und Emily, eine Strumpfbandnatter.

- **Agamenfütterung:** Besitzen Sie einen eigenen Behälter, um Grillen und Mehlwürmer vor dem Verfüttern noch reichhaltig zu ernähren, benötigen Sie für die Fütterung Ihrer Echsen wirklich nicht viel Zeit. Es liegt auf der Hand, dass der Gang zum Zoogeschäft, um Insekten zu kaufen, Zeit kostet. Ein separates Terrarium für Futtertiere ist daher oft eine gute Idee.
Die Vorbereitung und das Schneiden von Gemüse sowie das Einweichen von käuflichem Bartagamenfutter in Wasser dauert nicht länger als höchstens zehn Minuten – sogar, wenn Sie das Futter und die Schalen vorher noch waschen müssen.

- **Reinigen des Futterplatzes:** Sie werden die Stelle, an der Sie Ihre Bartagame täglich füttern, auch reinigen müssen. Viele Tiere schaufeln ihr Futter auseinander, wenn sie sich aussuchen, was sie fressen wollen und was nicht; dieses vertrocknete Futter ist unappetitlich und Nährboden für Bakterien, wenn es nicht entfernt wird. Es wird Sie nicht mehr als ein paar

Minuten kosten, dieses alte Futter und ein wenig Bodensubstrat darunter herauszuschaufeln.

- **Reinigen der „Toiletten"-Ecke:** Die meisten Bartagamen erleichtern sich nur an einer Stelle im Terrarium und sind sehr gut darin, auch wirklich nur diese einzige Stelle zu verwenden. Halten Sie mehr als eine Agame, werden Sie vermutlich bereits festgestellt haben, dass sie tatsächlich alle diese eine Stelle benützen. Säubern Sie diese Stelle täglich, da sie sehr schnell beginnt, streng zu riechen. Stülpen Sie z. B. eine Kunststofftüte über Ihre Hand, mit der Sie den verschmutzten Bodengrund oder Sand und Kot aufnehmen. Ziehen Sie die Tüte anschließend wieder über ihre Hand und werfen Sie sie weg. Noch besser ist natürlich die Verwendung der oben beschriebenen Toilettenbox.

Bis jetzt hat die Pflege Ihrer Bartagame ungefähr 10–15 min Zeit in Anspruch genommen, eine eventuelle Fahrt zum Zoogeschäft, um Grillen zu besorgen, nicht eingerechnet. Die Zeit, die Sie benötigen, um einen Behälter zum Anfüttern Ihrer Insekten einzurichten, ist auch nicht berücksichtigt. Dies werden Sie jedoch auch nicht so oft tun müssen. Einige der anderen Arbeiten müssen nicht jeden Tag verrichtet werden. Sehen wir uns dennoch an, wie viel Zeit sie eventuell benötigen.

- **Reinigen des Terrariums:** Wie oft Sie dies tun müssen, hängt ganz davon ab. Benützt Ihre Bartagame immer dieselbe Stelle, um Kot abzusetzen, oder gar eine eigens dazu in das Terrarium gebrachte „Toilettenbox", und verteilt sie den Kot nicht über das ganze Terrarium, wird es länger sauber bleiben. Auch durch das tägliche Entfernen von Kot und nicht gefressenem Futter verschmutzt es nicht so schnell. Zumindest Häutungsreste und Kot sollten Sie wirklich täglich entfernen, sowie andere grundlegende „Hausarbeiten" im Terrarium erledigen. Gleichzeitig können Sie auch Substrat und Sand, der mit entfernt wurde, ersetzen. Je nach Verschmutzungsgrad müssen das Terrarium gelegentlich gereinigt, das Substrat ausgetauscht, die Glasscheiben geputzt sowie alle anderen Reinigungsarbeiten durchgeführt werden, wie in Kapitel 8 beschrieben. Wie lange dies dauert, hängt davon ab, um welches Terrarium es sich handelt und wie groß es ist. Grundsätzlich sollte die Terrarienreinigung nicht länger als 30–45 min – höchstens eine Stunde – dauern.

- **Außengehege:** Auch ein eventuell vorhandenes Außengehege sollten Sie gelegentlich reinigen, wenn es in Benutzung ist. Normalerweise macht das weniger Arbeit, da es im Freien ist und Sie den Gartenschlauch verwenden können, um es abzuspritzen. Abhängig von Größe und Einrichtung sollte die Reinigung nicht länger als 15 min beanspruchen.
- **Körperpflege:** Über das Bad für die Bartagamen habe ich ja bereits gesprochen. Es ist gut für Ihr Tier, unterstützt die Häutung und hält es sauber – vor allem die Kloakenregion. Es benötigt jedoch auch etwas Zeit. Planen Sie hier einige Minuten ein, um das Wasser zu wärmen, Ihre Bartagame hineinzusetzen und sie später zurück in das Terrarium zu setzen.

Verbringen Sie Zeit mit Ihrer Bartagame

Einen Teil Ihrer Zeit werden Sie auch für Zähmung und den regelmäßigen Umgang mit Ihrer Agame opfern müssen, diese Zeit ist jedoch gut investiert, wenn Sie eine zutrauliche Bartagame wünschen. Seien Sie hierbei nicht knickrig. Im Gegensatz zur Reinigung des Terrariums verbringen Sie diese Zeit damit, ihre Agame zu berühren und zu halten. Dies ist die „Spaßzeit". Der Zeitaufwand, den Sie zum Zähmen Ihrer Agame benötigen, fällt normalerweise gleich an, nachdem sie zu Ihnen kam. Hat sie erst einmal die Scheu verloren und bleibt bei Berührungen entspannt, müssen Sie dies nur noch fortsetzen, damit sie auch zahm bleibt. Sind Sie jedoch mit anderen Dingen zu beschäftigt, und Ihre Agame bekommt nicht mehr viel Aufmerksamkeit, werden Sie die Zähmung eventuell wiederholen müssen.

> **Sie sehen** also, der Zeitbedarf für Ihre Agame kann von Tag zu Tag oder Woche zu Woche stark variieren.

Damit Ihre Agame zutraulich wird, müssen Sie Verschiedenes tun; und alles benötigt ein wenig Zeit.
- **Füttern von Hand:** Haben Sie das Futter hergerichtet, sollten Sie sich einige Minuten nehmen und die ersten Happen von Hand füttern.
- **Im Terrarium und außerhalb:** Sie möchten bestimmt, dass Sie Ihre Agame aus dem Terrarium nehmen können, ohne dass sie versucht zu fliehen, Sie zu kratzen oder Sie mit den Stacheln zu pieksen. Lesen Sie mehr hierzu in Kapitel 7. Sie werden jedes Mal ca. 10 min dafür brauchen. Bleibt Ihre Bartagame schließlich entspannter, benötigt dies weniger Zeit.

> • **Liebevoller Umgang:** Während Sie Ihre Agame zähmen, sollten Sie sich zumindest einmal täglich (wenn nicht zwei- oder dreimal) Zeit für sie nehmen. Idealerweise setzen Sie sich dazu auf das Sofa und verbringen 5 min täglich mit Ihrem Tier auf dem Arm.

Sie sehen also, der Zeitbedarf für Ihre Agame kann von Tag zu Tag oder Woche zu Woche stark variieren. Glücklicherweise ist Ihre Bartagame überhaupt nicht nachtragend. Hatten Sie einen harten Tag oder eine geschäftige Woche, sorgen Sie einfach dafür, dass die grundlegenden Bedürfnisse befriedigt werden, der Rest kann ein oder zwei Tage warten. Ein weiterer Grund, warum Bartagamen so tolle Haustiere sind.

Übungen für Ihre Bartagame

Sie können auch einiges unternehmen, um den Bartagamen-Alltag nicht zu öde werden zu lassen. Klar, sie kann nicht mit Ihnen joggen gehen! Aber Bewegung und Beschäftigung ist dennoch eine gute Sache. Welche Übungen können Sie also mit Ihrer Bartagame durchführen? Lassen Sie Ihre Fantasie spielen. Ein Beispiel: Gestalten Sie das Terrarium und die Pflege reichhaltiger. Viele Zoos gestalten die Gehege und die Haltung ihrer Tiere interessanter, um Nachzuchttiere bei guter physischer und geistiger Gesundheit zu erhalten („Enrichment-Strategie"). Lieblingsfutter wird z. B. an verschiedenen Stellen der Gehege versteckt, die Tiere müssen somit umherstreifen, jagen oder schnuppern, um es zu finden. Das Gleiche können Sie für Ihre Bartagame tun. Nehmen Sie spezielles Futter – z. B. Mehlwürmer – und verstecken Sie es überall im Agamenterrarium. Lassen Sie sich dabei beobachten, wie Sie die ersten zwei oder drei hineinlegen, damit Ihre Bartagame versteht, was Sie gerade tun. Vielleicht benötigt sie am Anfang etwas Hilfe, sie zu finden, also verstecken Sie das Futter an Stellen, die leicht zugänglich sind. Später, wenn sie schon besser darin ist, können Sie sie an schwierigeren Stellen verstecken.

Die Idee dieser Maßnahme ist nicht, ihrer Agame ein paar Extra-Happen zukommen zu lassen, sondern sie zu beschäftigen.

Bartagamen mögen Abwechslung.
Foto: M. Schmidt

Ihre Bartagame und Ihre Familie

Bartagamen erkennen üblicherweise diejenigen Menschen, die regelmäßig bei ihnen sind und sie füttern. Gibt es eine Person, die mehr Zeit mit dem Tier verbringt, wird sie diese Person natürlich besser kennen und auf sie reagieren. Auf einen Fremden reagiert sie dagegen häufig nur mit schneller Flucht.

Von einem guten Haustier erwartet man jedoch, dass es jedes Familienmitglied erkennt und positiv reagiert. Selbstverständlich braucht es dazu Zeit, Arbeit und die Zusammenarbeit mit anderen Familienmitgliedern.

Ihre Kinder und die Bartagame

Kinder, die mit der Bartagame zusammenleben oder regelmäßig zu Besuch sind, sollten in ihrer Nähe streng beaufsichtigt werden. Achten Sie darauf, dass sie nicht um das Terrarium laufen und schreien, im Terrarium wild nach der Agame greifen, oder ihr Ungeeignetes füttern.

Nun ist es für Kinder jedoch auch langweilig, wenn sie nichts anderes dürfen, als die Bartagame beim Sonnenbad zu beobachten. So lange sie beaufsichtigt werden, können sie mit den Tieren etwas unternehmen. Was können sie tun?

- bestimmte Leckerbissen von Hand füttern
- Rosenblüten im Hinterhof für die Agame pflücken und verfüttern
- auf die Bartagame aufpassen oder sie halten, während Sie das Terrarium reinigen
- das Target benutzen

Vergewissern Sie sich, dass das Kind richtig mit der Echse umgehen kann, bevor Sie es jemals mit ihr außerhalb des Terrariums alleine lassen. Er oder sie sollte wissen, was zu tun ist, wenn die Agame um sich tritt oder zu fliehen versucht.

Sie sollten ein paar Regeln aufstellen, was den Umgang mit der Bartagame betrifft. Wer darf sie aus dem Terrarium nehmen? Dürfen die Kinder sie herausnehmen, wenn Freunde dabei sind? Dürfen die Freunde die Bartagame auch berühren? Wohin darf sie mitgenommen werden? Darf die Agame in die Küche, das Wohnzimmer, das Kinderzimmer?

Ihren Kindern muss klar sein, dass sie sich, nachdem sie die Bartagame berührt haben, die Hände waschen müssen. Achten Sie darauf! Sind Freunde mit dabei, müssen diese sich auch die Hände waschen.

Die Bartagamen und Ihr Partner (oder Mitbewohner/in)

Hoffentlich gibt es durch Ihre Bartagame keine Probleme zwischen Ihnen und Ihrem Partner oder Mitbewohner. War er oder sie an der Entscheidung, eine Bartagame zu halten, beteiligt, sollte es eigentlich alles in Ordnung gehen. Halten Sie das Tier dagegen schon seit langem oder war ihr Partner an der Entscheidung nicht beteiligt, kommt vielleicht doch ein Problem auf Sie zu. Oder Ihr Partner hat zwar ursprünglich zugestimmt, musste jedoch feststellen, dass eine Bartagame als Haustier doch mehr Arbeit und Störung bedeutet, als er (oder sie) ursprünglich annahm. Mehr als ein Ehepartner soll schon gesagt haben: „Ich oder die Echse!"

Da eine Bartagame (oder zwei) ein großes Terrarium benötigt, bei dem es doch eine ziemliche Geschmackssache ist, ob es gut zur Einrichtung der Wohnung passt, kann dies auch zum Problempunkt werden. Es gibt verschiedenen Hersteller, die wirklich attraktive Terrarien bauen (zumindest denke ich das!), oder Sie könnten jemand damit beauftragen, ein Terrarium nach Maß anzufertigen, das den Anforderungen Ihres Partners genügt. Terrarien können auch im Keller, draußen im Gewächshaus oder einem Nebengebäude aufgestellt werden (passendes Klima vorausgesetzt). Auch die Einrichtung des Beckens macht viel aus. Ein naturnah gestaltetes Wüstenterrarium kann durchaus ein attraktiver Blickfang sein.

> **Die beste** Möglichkeit, dafür zu sorgen, dass Ihr/e Mitbewohner/in ihre Bartagame akzeptiert, ist, sie an diesem aufregenden Abenteuer teilhaben zu lassen.

Bartagamen sorgen manchmal ganz schön für Unordnung. Durch verstreutes Substrat, fallen gelassenes Futter und ein oder zwei Häutungsreste kann es um das Terrarium schmutzig werden. Tun Sie Ihrem Partner einen Gefallen: Ein oder zwei günstige Teppiche unter und um das Terrarium helfen, die Stelle sauber halten, und bewahren den Hausfrieden. Außerdem erleichtern sie die Hausarbeit.

Manchmal reagiert ein Ehepartner eifersüchtig auf die Zeit, die Sie mit der Agame verbringen. Achten Sie darauf, dass Ihre bessere Hälfte sich nicht fühlt, als sei er (oder sie) durch eine Echse ersetzt worden. Das klingt vielleicht absurd, doch es kommt vor, besonders, wenn Sie gerade ein aufregendes neues Tier nach Hause brachten und viel Zeit mit ihm verbringen.

Die beste Möglichkeit, dafür zu sorgen, dass Ihr/e Mitbewohner/in ihre Bartagame akzeptiert, ist, sie an diesem aufregenden Abenteuer teilhaben zu lassen. Zeigen Sie ihnen, wie man Ihre Agame von Hand füttert und was Sie tun, um Ihr neues Haustier zu zähmen. Sie werden Unterstützung viel wahrscheinlicher bekommen, wenn Ihr Tier auch gemocht wird. Ansonsten besteht die Gefahr, dass es Verstimmungen geben wird.

Die Bartagame und Ihre anderen Haustiere

Obgleich Ihre Bartagame durchaus zubeißen kann, ist ihr Biss nicht fest genug, um sich gegen andere Haustiere, vor allem gegen Hunde, Katzen oder Frettchen zur Wehr zu setzen. Bedenken Sie, dass diese von Natur aus Jäger sind. Die Jagd nach kleiner, sich bewegender Beute steckt ihnen im Blut. Der Jagdinstinkt – sogar bei domestizierten Haustieren – ist viel stärker als alles andere. Springt Ihre Agame von Ihrem Arm auf den Boden und rennt los, werden die anderen Tiere in Sekundenschnelle hinter ihr her sein. Haben sie sie erst einmal zugeschnappt, ist sie entweder tot oder schwer verletzt.

Viele Halter von Bartagamen haben mir erzählt, ihre Tiere kämen alle gut miteinander aus. Der Hund oder die Katze würden die Agamen im Terrarium beobachten, aber nie Anzeichen machen, die Echsen zu jagen. Was diese Halter allem Anschein nach nicht verstehen, ist, dass die Beobachtung einer möglichen Beute grundlegend zur Jagd gehört. Die Katze, die außen vor dem Terrarium sitzt und die Echsen darin beobachtet, sieht nicht einfach nur zu; sie studiert die Bartagamen. Sie verfolgt jede ihrer Bewegungen, und wenn ihre Zeit gekommen ist, wird sie die Echsen jagen.

Wussten Sie eigentlich...?
Wenn Sie sich ein neues Tier nach Hause holen, sorgen Sie dafür, dass jeder weiß, wie man richtig damit umgeht.

Sie werden die Bartagame vor Ihren anderen Haustieren schützen und dafür sorgen müssen, dass sie nicht zu ihr gelangen. Ist Ihre Agame bei Ihnen außerhalb des Terrariums, achten Sie darauf, dass andere Haustiere im Freien oder einem anderen Raum eingeschlossen sind. Ist sie im Terrarium, muss die Tür oder der Deckel sicher verriegelt sein. Sie lieben bestimmt alle Ihre Tiere, wie ich die meinen, aber vergessen Sie niemals: Ein Jäger bleibt ein Jäger.

Halten Sie auch niemals Ihre Bartagame mit anderen Reptilienarten zusammen. Kleinere Echsen würden so leicht zu einer Mahlzeit, und größere Reptilien könnten Ihre Bartagame verspeisen. Außerdem könnten Parasiten und Krankheiten zwischen den Reptilien übertragen werden. Richten Sie also jeder Art ein eigenes Terrarium ein.

Ist Ihr Zuhause sicher für Ihre Bartagame?

Wer sich mit Statistiken beschäftigt, weiß seit vielen Jahren, dass sich die meisten Unfälle zu Hause ereignen. Wir lassen etwas fallen, und es zerbricht, die Leiter stürzt um, oder wir schneiden uns mit dem Küchenmesser in den Finger. Zu Hause kann es wirklich gefährlich sein.

Genauso gefährlich ist es auch für Ihre Bartagame. Ihr Agamenterrarium ist bestimmt der sicherste Ort für sie; dennoch sollten Sie einen zweiten Blick darauf werfen, ob das auch wirklich der Fall ist. Kann sie die Strahler erreichen? Wenn ja, könnte sie sich daran verbrennen. Achten Sie auf genügend Abstand zum höchsten Sitzplatz; sie darf sie nicht erreichen können. Oder sorgen Sie für ein Drahtgitter zwischen Ihrem Tier und der Heizquelle.

> **Veränderungen der normalen Routine**
> Ihre Bartagame ist von vielen Ereignissen im Haus abgeschirmt, da ihr Terrarium eigentlich immer gleich bleibt. Vermutlich haben Sie schon einmal festgestellt, dass sie nach dem Reinigen des Terrariums alles erkundet, am neuen Substrat riecht und nachsieht, was sich geändert hat, umgestellt wurde oder neu ist.

Sind die Stromleitungen für Heizfelsen, Heizstrahler oder Beleuchtung so verlegt, dass Ihre Agame nicht daran klettern, mit einer Klaue hängen bleiben und einen Stromschlag bekommen kann? Sind die Drahtgitter am Terrarium sicher? Sind alle Enden abgeschnitten oder eingefasst, damit die Agame sich nicht daran stechen kann?

Ist die Wasserschale niedrig genug, um nicht darin zu ertrinken? Gibt es irgendwelche Gefahren im Terrarium? Etwas Instabiles? Was kann noch geändert oder umgestellt werden, um es sicherer zu machen?

Sehen Sie sich auch die Umgebung des Terrariums an. Kann der Spotstrahler auf das Terrarium fallen und ein Feuer verursachen? Kann Wasser in die Verkabelung geraten, wenn Ihre Bartagame die Schale umwirft?

Feiertage

Wenn Sie Feiertage mögen – welchen auch immer – lassen Sie Ihre Bartagame nicht daran teilhaben. Es wird ihr nicht gefallen, wenn an Weihnachten, Sylvester oder Geburtstag Dekorationsgegenstände in ihrem Terrarium hängen. O.k., vielleicht probiert sie einen Bissen, aber sie wird nicht glücklich darüber sein. Weihnachstgirlanden und Osterlamm haben im Terrarium nichts verloren.

Wenn Sie Ihre Agame aus dem Terrarium nehmen, während Ihre Wohnung dekoriert ist, geben Sie besonders Acht. Eine große, schwere Bartagame kann einen geschmückten Weihnachstbaum verwüsten. Tatsächlich habe ich von einem Weihnachtsbaum gehört, der – voll dekoriert – umfiel, als die hauseigene Bartagame daran hochkletterte.

Außerdem könnte Ihre Agame von den Dekorationen oder Feierlichkeiten geängstigt werden und versuchen, vor Ihnen zu fliehen. Flatternde Fahnen motivieren sie genauso zur Flucht wie Feuerwerkskörper und Kracher zu Silvester. Versuchen Sie, die Dinge aus den Augen Ihrer Bartagame zu sehen. Sorgen Sie dafür, dass sie sich sicher fühlt.

Gäste

Wie bereits erwähnt, erkennt Ihre Bartagame diejenigen, die sie üblicherweise halten und für sie sorgen. Ihre Gäste sind Fremde. Sollten diese versuchen, Ihre Agame in die Hand zu nehmen, gerät sie leicht in Panik.

Erlauben Sie Ihren Gästen nicht, Ihre Agame aus dem Terrarium zu nehmen. Sie könnte nicht nur völlig durchdrehen, sondern es könnte durch die Angst und das Umherjagen im Terrarium auch Ihre monatelange Zähmungsarbeit zunichte gemacht werden.

Ist Ihre Bartagame normalerweise recht ruhig, möchten Sie sie vielleicht aus dem Terrarium nehmen und sie einem Gast auf den Arm setzen. Geben Sie Anweisungen, wie sie zu halten ist, und beobachten Sie sie dabei. Gerät Ihr Tier in Panik, nehmen Sie es wieder zu sich und beruhigen Sie es. Einige Bartagamen fühlen sich bei jedem wohl. Andere wiederum lassen sich nur von Menschen berühren, die sie auch kennen.

Achten Sie darauf, dass Ihre Gäste sanft mit Ihrer Agame umgehen, wenn sie sie halten. Erlauben Sie nicht, dass sie gereizt oder dass grob mit ihr umgegangen wird. Manche Leute denken vielleicht, nur weil Ihre Echse wie ein Dinosaurier aussieht, könne man auch ruppig mit ihr umgehen.

Zur Urlaubszeit

Hey, Sie haben also frei und möchten eine Reise machen oder in den Bergen zelten. Prima! Aber was machen Sie mit Ihrer Bartagame? Reiseveranstalter werden eine Echse als Haustier kaum akzeptieren, und ich wage sehr zu bezweifeln, dass Ihre Wärme liebende Echse die Höhenlage in den Bergen genießen wird.

Ihre Bartagame muss also zu Hause bleiben. Reptilien sind einfach nicht gut im Reisen. Sie benötigen Ihre Heizung, Licht und die richtige Umgebung, damit es ihnen gut geht, und – anders als Säugetiere – sie passen sich nicht gut an veränderte Umweltbedingungen an. Außerdem wird das Restaurant oder Café vor Ort bestimmt keine lebenden Grillen oder Mehlwürmer auf der Speisekarte haben. Es kann sehr schwierig sein, Ihrer Bartagame das normale Futter zu bieten, während Sie auf Reisen sind.

Zur Urlaubszeit

Wenn Ihre Bartagame mit auf Reisen muss

Muss Ihre Bartagame mit Ihnen reisen, z. B. wenn Sie umziehen, sollten Sie rechtzeitig einige Vorkehrungen treffen. Besorgen Sie einen Kunststoff-Transportbehälter für Katzen, der lang genug für Ihre Agame ist. (Der Schwanz kann ruhig etwas gebogen sein.) Haben Sie den Platz im Terrarium, sollte der Transportbehälter bereits vorher im Terrarium stehen, um Ihre Agame daran zu gewöhnen.

Vor Ihrer Abreise besuchen Sie den Tierarzt und lassen sich die Gesundheit Ihrer Bartagame bescheinigen. Manche Staaten fordern dies ein, wenn man über die Grenze möchte.

Sollten Sie bei kühlem Wetter unterwegs sein, halten Sie am besten kurz bei einem Camping-Geschäft und kaufen einige Taschenwärmer – die Art, die Sie in die Tasche stecken können, um Ihre Hände zu wärmen. In ein Handtuch gewickelt, helfen sie, Ihre Echse bei kaltem Wetter zu wärmen. Nehmen Sie zusätzliche Handtücher mit, um die Kiste damit zu umwickeln; dies hält die Wärme zurück.

Packen Sie etwas Wasser, Gatorade oder Elektrolytlösung sowie ein paar Spritzen ohne Nadeln ein. Falls Ihre Bartagame während der Reise nicht fressen möchte (und das wird sie vermutlich auch nicht), können Sie ihr immerhin etwas Flüssigkeit zuführen, um zu verhindern, dass sie dehydriert. Geben Sie ihr etwas Flüssigkeit ins Maul, immer nur ein paar Tropfen auf einmal.

Wenn wir reisen, lassen mein Mann und ich unsere Reptilien zu Hause. Sue, eine professionelle Tiersitterin, kommt zu uns nach Hause und kümmert sich um unsere Tiere, während wir unterwegs sind. Außerdem leert sie auch den Briefkasten, holt die Zeitung und gießt die Pflanzen. Wenn wir dann wieder nach Hause kommen, ist alles bestens. Dies nimmt uns viel Stress ab, und wir verbringen unseren Urlaub nicht damit, uns Sorgen um Zuhause zu machen. Auch für unsere Reptilien ist dies weniger stressig, denn sie sind zu Hause in ihrem normalen Terrarium, in gewohnter Umgebung und unter den richtigen Haltungsbedingungen.

Sue weiß, was im Notfall zu tun ist, und wenn ich sie darum bitte, zweimal täglich zu kommen, dann tut sie auch genau das. Sie ist Mitglied einer Agentur, die hauptberufliche Tiersitter vermittelt.

Bevor wir unseren Urlaub planen, rufe ich immer zuerst Sue an, um sicherzustellen, dass sie an den Terminen frei ist, wenn ich fahren möchte. Vor unserer Abreise fertigen wir eine Liste für Sue an, in der wir jedes Terrarium, Pflegeanweisungen für das entsprechende Tier mit Angaben zu Futter und Wasser sowie den Standort der Terrarien aufführen. Außerdem hinterlege ich eine Liste, wo sich das Zubehör – z. B. Spotstrahler – befindet; nur für den Fall, dass eine Birne durchbrennt, während wir unterwegs sind.

Aber natürlich muss es kein professioneller Tiersitter sein, sondern auch befreundete Terrarianer oder wohlwollende Nachbarn oder Verwandte können gebeten werden, die Agamen in Ihrer Abwesenheit zu versorgen.

Wer auch immer Ihr Tiersitter wird: Wenn er oder sie das noch nie gemacht hat, fragen Sie auf jeden Fall, ob er oder sie auch wirklich Bartagamen pflegen möchte. Ist die Antwort „nein", sollten Sie zur nächsten Person auf Ihrer Liste übergehen. Haben Sie schließlich jemanden gefunden, der Reptilien mag, laden Sie ihn (oder sie) am besten ein, vorbeizukommen und die Tiere zu treffen.

Zeigen Sie der Tiersitterin Ihre Agame und weisen Sie sie darauf hin, wo alles zu finden ist. Bevor Sie verreisen, hinterlegen Sie einige Anweisungen zur Pflege Ihrer Tiere. Lassen Sie kein Detail aus; es ist besser, zu viel hinzuzufügen als zu wenig.

> Folgende Punkte sollten Sie aufführen:
> - Telefonnummer und Adresse Ihres Tierarztes
> - Eine Erlaubnis für den Tierarzt, Ihr Haustier behandeln zu dürfen
> - Die Obergrenze der Behandlungskosten für den Tierarzt, ohne das Rückfragen mit Ihnen geklärt werden müssen
> - Was Ihr Tier frisst, wo Sie das Futter aufbewahren und wie es vorbereitet werden soll
> - Wo schmutzige Futter- und Wasserschalen gereinigt werden
> - Wie oft das Wasser gewechselt werden sollte
> - Wie Kot und verschmutztes Substrat entfernt und wohin diese entsorgt werden sollen
> - Wie hoch die Terrarientemperatur sein sollte und wie sie aufrecht erhalten wird
> - Wo extra Zubehör (wie Spotstrahler) aufbewahrt wird

Vergessen Sie nicht, eine Telefonnummer zu hinterlegen, damit sie bei irgendwelchen Problemen gefragt werden können.

Kurz bevor Sie losfahren, rufen Sie den Tiersitter noch einmal an, um ihn daran zu erinnern, dass Sie abreisen. Dieser letzte Anruf wird Sie beruhigen – der Sitter hat die Schlüssel und Anweisungen –, und Sie werden einen sorgenfreien Urlaub genießen.

> **Ihre Bartagame in der Tierpension**
> Sollten Sie niemanden finden können, der sich um Ihre Tiere kümmert, sollten Sie vielleicht bei einer Tierpension vorbeischauen. Die meisten sind für Hunde und Katzen eingerichtet, einige pflegen jedoch auch Reptilien, vor allem, wenn das Terrarium mitgebracht wird. Auch manche auf Reptilien spezialisierte Zoogeschäfte bieten diesen Service.

Ist Ihre Bartagame zahm, wird sie einer Urlaubsvertretung weniger Probleme bereiten.
Foto: M. Schmidt

Kapitel 11

Wenn Ihre Bartagame alt wird

In diesem Kapitel:
Wie alt werden Bartagamen?
Was auf Sie zukommt, wenn Ihre Bartagame altert
Wenn es Zeit wird, Abschied zu nehmen

So gehalten können Bartagamen alt werden. Foto: M. Schmidt

Das Bücherregal über meinem Schreibtisch ist voll mit Büchern über Reptilien und Amphibien. Ich kann hier fast alles über geografische Herkunft, Körperbau und Färbung sowie Informationen darüber finden, wie man sie als Haustiere hält und züchtet. Nur sehr wenige Bücher enthalten jedoch Angaben darüber, was passiert, wenn die Tiere in ein hohes Alter kommen. Tatsächlich wollen die meisten Bücher nicht einmal wahrhaben, dass sich ein Reptil oder Amphib im Alter auch verändern könnte. Warum ist das so?

Wenn Ihre Bartagame alt wird

Erst seit kurzem wissen wir Reptilienhalter genug über die Haltungs- und Ernährungsansprüche unserer Haustiere, die dadurch erst in der Lage waren, so lange zu leben, dass man sie als alt bezeichnen kann. Bis wir dieses Wissen zusammengetragen hatten, lebten Reptilien im Terrarium ein kurzes und manchmal schreckliches Leben.

Heutzutage sehen wir jedoch eine neue Seite der Reptilienhaltung. Wir sehen, wie viele Reptilien, auch Bartagamen, älter werden, als wir es jemals für möglich gehalten hätten, und obgleich dies in einer Hinsicht wundervoll ist, bringt es auch Probleme mit sich. Tierärzte raufen sich darum, herauszufinden, wie man alternde Bartagamen behandelt. Medikamente oder Behandlungsmethoden, die sich für Hunde oder Katzen gut eignen, könnten auch für Bartagamen effektiv sein, oder sie sind es eben nicht. Besitzer von Bartagamen müssen Verschiedenes ausprobieren, um das Terrarium und die Unterkunft für Bartagamen mit Arthritis anzupassen und leiden vielleicht unter dem Verlust eines Haustiers, das seit zwölf oder 15 Jahren Teil der Familie war.

Niemand hat behauptet, die Haltung einer Bartagame sei leicht – im Alter kann eine Agame recht schwierig sein. Dennoch hat das Leben mit einem alten Kameraden seinen besonderen Reiz. Sie kennen diese Bartagamen bereits seit Jahren. Sie wissen, dass sie gelbe Hibiskusblüten wirklich liebt und eine bestimmte Sorte käuflichen Bartagamenfutters einfach nicht frisst. Sie kennen ihre Launen und die Reaktionen auf verschiedenste Dinge. Sie wissen, wo sie am liebsten gekrault und gekratzt werden möchte und kennen die Stellen, an denen sie Schwierigkeiten hat, alte Haut abzustreifen. Ein altes Haustier ist wirklich etwas ganz Besonderes. Außerdem ist die Tatsache, dass dieses Tier so alt wurde, ein Klaps auf Ihre Schulter. Wenn sie sich in menschlicher Obhut so gut entwickelte und ein hohes Alter erreichte, haben Sie alles richtig gemacht. Prima!

Porträt einer alten Bartagame
Foto: M. Schmidt

Wie alt können Bartagamen werden?

Zum jetzigen Zeitpunkt scheint die durchschnittliche Lebenserwartung für Bartagamen bei zehn Jahren zu liegen, das eine oder andere Tier erreicht jedoch schon einmal 15 Jahre. Die meisten Experten sind der Meinung, dass wir mehr und mehr Bartagamen zu Gesicht bekommen werden, die bis 15 Jahre alt werden. Schließlich ist unser Wissen über ihre Pflege und Ernährung in den letzten paar Jahren sprunghaft angestiegen, und dies wird mit Sicherheit einen positiven Effekt auf die Langlebigkeit von Bartagamen haben.

> **Unser Wissen** über Pflege und Ernährung von Bartagamen ist in den letzten paar Jahren sprunghaft angestiegen, und dies wird mit Sicherheit einen positiven Effekt auf die Langlebigkeit von Bartagamen haben.

Was wir über das Altern wissen

Das Altern von Tieren – Säugetiere und Reptilien – scheint einiges an Gemeinsamkeiten zu haben. Es sieht so aus, als gäbe es so etwas wie eine festgesetzte Lebenserwartung für alle Tiere. Domestizierte Kurzhaarkatzen z. B., die sterilisiert oder kastriert und in der Wohnung gehalten werden, erreichen normalerweise ein Alter von 15–17 Jahren. Dies scheint die durchschnittliche Lebenserwartung für diese Katzen zu sein.

Es gibt einige Dinge, die diese Lebenserwartung beeinflussen, sie entweder verlängern oder auch verkürzen. Selbstverständlich spielt gute Ernährung eine große Rolle für ein gesundes Leben, genauso wie Schutz vor Gefahr. Verletzungen, Krankheit und Stress haben auch Einfluss auf die Langlebigkeit. Obgleich wir bis jetzt noch nicht wissen, als wie hoch sich die Lebenserwartung von Bartagamen schließlich herausstellen wird, sind wir dennoch sicher, dass sie sich mit zunehmender Lebensqualität verlängert.

In freier Wildbahn werden alternde Tiere langsamer. Sie können einfach nicht so schnell rennen, um einem Fressfeind zu entfliehen oder ihre Beute zu fangen. Auf der anderen Seite haben die vielen Jahre des Überlebens ältere Tiere auch erfahrener gemacht. Immerhin sind sie so alt geworden, und in der Wildnis schaffen das nicht viele!

> **Wann ist eine Bartagame alt?**
> Es gibt kein festgelegtes Alter, ab dem Sie Ihre Agame als „alt" bezeichnen können. Das Altern bei Bartagamen ist üblicherweise ein gradueller Vorgang. Tatsächlich bemerken Sie wahrscheinlich noch nicht einmal einen großen Unterschied, bis Sie eines Tages feststellen, dass sich Ihr Tier direkt vor Ihren Augen verändert hat. Bartagamenhalter, mit denen ich mich unterhielt, erzählten mir, sie hätten Ihr Tier ab einem Alter von zehn Jahren als „alt" eingestuft.

Was erwartet Sie, wenn Ihre Bartagame alt ist

Wenn Tiere altern, verändern sich bestimmte Dinge, sowohl im Verhalten als auch in den Funktionen des Körpers. Obwohl es individuelle Unterschiede gibt, scheint manches doch auf viele verschiedene Tiere zuzutreffen. Die meisten Bartagamen werden im Alter ruhiger. Vielleicht wird Ihre Agame zu einem „Klotz am Stamm" und bleibt für Stunden auf einer Stelle. Das Fortpflanzungsverhalten könnte auch nachlassen, oder das ältere Männchen gibt seine Vorrangstellung an ein jüngeres ab.

Nachdem sie nun nicht mehr mit Lichtgeschwindigkeit wächst – wie damals, als sie jünger war – wird sie sich auch weniger oft häuten. Manche große, alte Bartagamen tun dies nur noch ein- oder zweimal im Jahr.

Der Appetit Ihrer Bartagame wird auch abnehmen. Sie wird schon mal ein oder zwei Tage lang nichts fressen. Seien Sie nicht zu besorgt deswegen; sorgen Sie einfach für Wärme und frisches Wasser. Sollte Ihr Tier länger als vier Tage nicht fressen, sprechen Sie mit Ihrem Tierarzt.

Sie werden unter Umständen auch feststellen, dass Ihre Bartagame schwerer wird; trotz abnehmenden Appetits. Fettleibigkeit ist bei älteren Tiere sehr verbreitet, auch bei Reptilien. Bewegt sich Ihre Agame weniger, verbraucht sie auch weniger Kalorien und nimmt zu. Ein schwerer Körper ist bei alten Bartagamen normal, besonders bei Männchen. Verwechseln Sie jedoch nicht einen breiten, stämmigen Körper – dies ist normal – mit einem fettleibigen. Fettleibigkeit ist nicht gesund.

> **Machen Sie es Ihrer Bartagame behaglich**
> Wird Ihre Bartagame älter, wird es nicht mehr so bequem haben in ihrem Terrarium. Sie möchten vielleicht ein paar Veränderungen im Terrarium vornehmen, um ihr zu helfen. Liebte sie es früher, als sie noch jünger war, auf einem Ast unter dem Heizstrahler zu liegen, können Sie es leichter für sie machen, indem Sie die Lampe tiefer hängen und den Ast entfernen.

Altersbedingte Gebrechen

Arthritis tritt bei älteren Tieren sehr häufig auf. Üblicherweise zeigt sie sich zunächst als Versteifung. Ihre Bartagame könnte vielleicht Schwierigkeiten beim Springen oder Klettern haben. Vielleicht klettert sie gar nicht mehr. Oder sie hat Schwierigkeiten, auf den bestrahlten Ast zu gelangen. Sie werden einige Veränderungen in ihrer Umgebung vornehmen müssen, um es ihr gemütlich zu machen. Beispielsweise sorgt eine Rampe zum beschienenen Liegeast (oder Plateau) dafür, dass sie weiterhin dorthin gelangen kann, um sich zu wärmen. Achten Sie auch darauf, dass sich Ihre Bartagame jeden Tag ein wenig umherbewegt; es wird ihr besser gehen, wenn die Gelenke in Bewegung bleiben.

Diabetes tritt auf, wenn die Körperzellen aufgrund Insulinmangels nicht mehr in der Lage sind, Zucker aus dem Blut zu verstoffwechseln. Obgleich man Diabetes bei älteren Bartagamen nicht als üblich ansieht, trifft man diese Krankheit doch bei älteren Individuen vieler verschiedener Arten an. Zu den ersten Symptomen gehören üblicherweise die erhöhte Aufnahme von Wasser, Dehydrierung und Gewichtsverlust. Ein Bluttest kann diesen Zustand bestätigen.

> **Es scheint**, dass so ziemlich jedes Tier auf dieser Erde – möglicherweise außer Haien – Krebs bekommen kann; dies schließt Bartagamen mit ein.

Es scheint, dass so ziemlich jedes Tier auf dieser Erde – möglicherweise außer Haien – Krebs bekommen kann; dies schließt Bartagamen mit ein. Ich kannte mehrere Bartagamen, die 12 oder 13 Jahre alt wurden und dann an Krebs starben, kurz nachdem er diagnostiziert worden war. Unglücklicherweise führt eine Krebsbehandlung bei Bartagamen nicht oft zu einer Heilung.

Leider werden auch Bartagamen im Alter gebrechlich.
Foto: M. Schmidt

Leber- und Nierenleiden sind auch gängige Krankheiten in hohem Alter. Die Symptome können dabei ähnlich ausfallen wie die von Diabetes, mit gestiegenem Durst und Dehydrierung. Wie bei Diabetes auch, lässt sich das Problem mittels eines Bluttests feststellen. Viele Bartagamen lebten nach einer Diagnose von Nieren- oder Leberproblemen noch ein oder zwei Jahre, obgleich beide normalerweise fatal enden. Medikamente und eine Futterumstellung können oft helfen.

Wie Sie mit Ihrem Tierarzt zusammenarbeiten

Mit zunehmendem Alter Ihrer Agame werden Sie froh darüber sein, sich die Zeit genommen und den Pflegekalender regelmäßig geführt zu haben. Machen Sie sich Notizen, wann sich Ihre Bartagame das letzte Mal häutete, wie ihr Appetit war und über alles, was Ihnen an ihren Körperfunktionen, der Aktivität und dem Verhalten ungewöhnlich erschien.

Verwenden Sie Ihre Fähigkeiten als erfahrener Beobachter und Halter und die medizinischen Fertigkeiten Ihres Tierarztes, um Ihre Bartagame länger gesund zu halten. Arbeiten Sie mit Ihrem Tierarzt zusammen. Eine offene und ehrliche Kommunikation mit Ihrem Tierarzt wird Ihnen nicht nur dabei helfen, für Ihre Bartagame zu sorgen; sie hilft Ihnen auch dabei, die richtigen Pflege- und Behandlungsmaßnahmen zu wählen, oder zu entscheiden, wann es genug ist. Denken Sie auch daran, wenn Sie mit Ihrem Tierarzt sprechen, dass Altern normal ist. Obwohl viele wild lebende Tiere nicht lange genug leben, um alt zu werden, ist das Altern dennoch ein normaler Teil des Lebens. Wenn der Kreis mit Geburt und dem Aufwachsen beginnt, schließen ihn das hohe Alter und der Tod.

Die Zusammenarbeit mit Ihrem Tierarzt wird auch anderen Bartagamen helfen. Jede Agame, die ein hohes Alter erreicht und regelmäßig beim Tierarzt ist, hilft dabei, tierärztliches Wissen über diese Art zu sammeln.

Wenn es Zeit wird, Abschied zu nehmen

Ich meine, wirklich, Bartagamen und Menschen sind so unterschiedlich! Doch die Bindung vieler Menschen zu ihrem Tier ist sehr emotional. Niemand besorgt sich ein Heimtier und denkt dabei: „O.k., ich werde dieses Tier jetzt für 13 Jahre halten und dann schrecklich darunter leiden, dass es an Altersschwäche stirbt." Niemand hielte sich Heimtiere, wenn wir so dächten. Leider gehört jedoch zur Haltung und Bindung an Haustiere, dass wir an einem bestimmten Punkt damit fertig werden müssen, dass wir sie verlieren. Und wenn Ihnen Ihre Tiere am Herzen liegen, ist das nie leicht.

Wenn Sie Glück haben, wachen Sie eines Morgens auf, sehen nach Ihrer Bartagame und müssen feststellen, dass sie friedlich im Schlaf gestorben ist. Sicher, dies wäre ein Schock für Sie, für Ihre Agame wäre es jedoch das Beste – und es nimmt die Entscheidung von Ihnen, sie einschläfern zu lassen. Leider ist es nur selten so einfach.

Euthanasie

Euthanasie ist z. B. die Gabe einer Überdosis eines Medikaments, das die Körperfunktionen stoppt. Manche Besitzer von Haustieren sind strikt gegen jegliche Art der Euthanasie. Der Großteil der Haustierhalter aber würde ihrem Haustier jegliche Leiden ersparen und sich für die Euthanasie entscheiden, wenn die Zeit dafür gekommen ist. Die Entscheidung darüber ist der schwierigste Teil. Die meisten Besitzer von Haustieren beziehen sich auf die „Lebensqualität". Genießt das Tier noch immer das Leben, sogar ein ruhiges Leben in hohem Alter, dann ist immer noch alles in Ordnung. Ist dieser Funke jedoch erloschen und das Leben nur noch eine Last, ist es Zeit, Abschied zu nehmen.

> Woran erkennen Sie nun, dass das Bartagamen-Leben zur Last geworden ist?
> - Ihre Bartagame frisst nicht mehr
> - Sie trinkt nicht mehr
> - Sie leidet an einer unheilbaren Krankheit
> - Sie kann sich nur noch unter Schmerzen bewegen
> - Sie schnappt nach Luft und ist offensichtlich in schlechter Verfassung
> - Ihr Darmtrakt funktioniert nicht mehr
> - Sie ist nicht mehr bei Bewusstsein

Zögern Sie nicht, mit Ihrem Tierarzt über Euthanasie zu sprechen, aber erwarten Sie nicht, dass er die Entscheidung für Sie trifft. Er wird vielleicht in der Lage sein, Ihnen mitzuteilen, dass Ihre Bartagame unter einem Nierenschaden oder unter Schmerzen leidet, er kann Ihnen jedoch nicht vorschreiben, Ihre Agame einschläfern zu lassen. Nur Sie können diese Entscheidung treffen.

Wussten Sie eigentlich...?
Wir haben keine Ahnung, wie groß die maximale Lebenserwartung für Reptilien als Haustiere ist. Je mehr wir über sie lernen (und wir tun das auch weiterhin), desto älter werden sie durch die verbesserte Pflege.

Jeder Tierarzt geht bei der Euthanasie nach seiner oder ihrer eigenen Methode vor. Manche kommen zu Ihnen nach Hause, andere wieder bitten Sie darum, Ihr Tier in die Klinik zu bringen. Zögern Sie nicht, Ihren Tierarzt im Vorhinein zu fragen, wie alles abläuft; so wissen Sie, was Sie erwartet.

Wenn es Ihnen möglich ist, sollten Sie während der Einschläferung bei Ihrer Bartagame bleiben. Sie wird auf Ihrem Arm ruhiger sein, und Sie möchten bestimmt, dass sie ihre letzten Augenblicke ruhig und friedlich erlebt.

Tod durch Unfall

Unglücklicherweise können auch junge Bartagamen sterben. In all den vorangegangen Kapiteln habe ich beschrieben, wie Sie Ihre Agame bis ins hohe Alter pflegen; doch manchmal ereignen sich Unfälle. Die Bartagame eines Freundes z. B. sprang vom Sofa, als eines der Kinder beim Vorbeirennen auf sie trat. Es war ein Unfall, und das Kind fühlte sich schrecklich – dennoch: es war nur ein Unfall. Bartagamen können überraschend empfindliche Lebewesen sein.

> Einige tödliche Gefahren, die sie bedrohen, sind:
> - Vergiftungen mit Substanzen aus Beruf, Haushalt oder Autozubehör
> - Vergiftungen mit Substanzen aus dem Garten
> - Verletzungen im Haushalt, wie Brüche
> - Sturz
> - Fressen ungeeigneter Dinge, die zu Vergiftungen oder Verstopfungen führen
> - Im Haushalt wird auf sie getreten, oder man setzt sich auf sie
> - Angriff anderer Haustiere

Bei einem älteren Tier wissen Sie, dass es bald sterben wird. Vielleicht gestehen Sie es sich nicht ein, aber der Gedanke ist da irgendwo. Bei einem jungen Tier haben Sie diesen Gedanken nicht. Stirbt also ein junges durch eine Unfallverletzung, ist der Verlust noch schlimmer, denn Sie sind emotional nicht darauf vorbereitet.

Wer mag beim Anblick seiner Lieblinge schon daran denken, dass man sie durch Unfall- oder Alterstod verlieren könnte? Foto: M. Schmidt

Nach der Euthanasie

Was geschieht hinterher? Wenn Sie es emotional und finanziell ertragen, könnten Sie von Ihrem Tierarzt eine Nekropsie (eine Tier-Autopsie) vornehmen lassen. Das klingt vielleicht kalt und herzlos, das erworbene Wissen jedoch könnte anderen Bartagamen in Zukunft helfen, vor allem, wenn Sie selbst noch weitere Tiere halten.

Wenn Sie sich gegen eine Nekropsie entschieden haben oder die Nekropsie abgeschlossen ist, kann sich Ihr Tierarzt um die Entsorgung Ihres Tiers kümmern; oder Sie vergraben Ihre Agame im Garten. Die Beerdigung von Tieren bis zu einer bestimmten Größe im Garten ist in Deutschland gesetzlich erlaubt, darunter fallen auch Bartagamen.

Für viele Menschen ist eine Zeremonie bei der Beerdigung irgendwie wichtig. Sie können dann mit dem ganzen Geschehen abschließen. Welche Art der Zeremonie Sie vornehmen möchten, liegt ganz bei Ihnen. Vielleicht entschließen Sie sich dazu, ein oder zwei Freunde oder Familienmitglieder einzuladen, die Ihre Trauer verstehen, oder Sie möchten einfach alleine sein. Lassen Sie es sich nicht von Leuten, die keine Tiere halten oder Sie auslachen, ausreden, wenn Sie für sich ein solches Abschiedsritual brauchen.

Ich lasse bei uns gestorbene Tiere in einem Tierkrematorium einäschern. Mein Mann und ich besitzen einen großen Rosengarten, in dem wir die Asche dann verstreuen. Dies ist unsere Zeremonie – unser Abschluss. Die Rosen benennen wir dann nach den verstorbenen Tieren. Im Frühling kann ich ihm dann berichten „>Care Bear's< Rose blühte heute morgen" oder „Ursas Rosenbusch steht in voller Blüte!" Wir glauben, dies ist eine wundervolle, schöne Art, sich an unsere Tiere zu erinnern.

Was sich Aborigines erzählen...
Die australischen Ureinwohner erzählen sich viele Legenden über Bartagamen. Eine handelt davon, dass mehrere alte, weise Männer ihres Stammes nach ihrem Tod als Bartagamen wiederkamen. Sie werden so lange als Bartagamen wiedergeboren, bis die jungen Leute wieder lernen, auf die alten Weisheiten zu hören. Die große Zahl an Bartagamen kommt daher, dass die jungen Leute diese alten Bräuche vergessen und ignorieren. Die alten, weisen Männer werden so lange nicht von ihrem Dasein als Bartagamen erlöst, bis die jungen den Sitten der australischen Neuankömmlinge den Rücken kehren und sich wieder den überlieferten Weisheiten zuwenden.

Kummer

Wenn Sie sehr an Ihrem Haustier hingen, werden Sie darum trauern, und diese Trauer ist nur natürlich. Obgleich viele Leute, die keine Tiere haben (oder lieben) vielleicht einen hartherzigen Kommentar abgeben – „Was? Du trau-

Hält man mehrere Bartagamen, kann man sich über den Tod eines Tieres leichter hinwegtrösen. Foto: M. Schmidt

erst um eine Echse?!" –, sollten Sie sich nicht um deren fehlendes Feingefühl kümmern. Offensichtlich haben sie keine spezielle Bindung zu einem Reptil als Haustier aufgebaut.

Eine neue Bartagame?

Sollten Sie sich eine neue Bartagame anschaffen? Diese Entscheidung hängt ganz von Ihnen ab. Manche Tierbesitzer warten lieber ein wenig, um Ihre Trauer zu überwinden und ihr Herz ein wenig zur Ruhe kommen zu lassen, bevor sie sich auf ein neues Tier einlassen. Andere brauchen einfach ein Haustier um sich und besorgen sich sofort ein neues. Es gibt in dieser Situation kein „richtig" oder „falsch". Vielleicht ist es eine gute Idee, sich ein anderes Tier anzuschaffen als Ihr vorheriges. Dies würde auch sicherstellen, dass Sie von Ihrem neuen Tier nicht erwarten, es sei genauso wie Ihr früheres.

Sollten Sie es jedoch einfach nicht ertragen, am leeren Terrarium vorbeizulaufen, und Sie müssen einfach eine neue Bartagame halten, dann tun Sie das. Legen Sie los und besorgen Sie sich eine neue. Sie können den ganzen Prozess von vorne beginnen.

Kapitel 12

Die Zukunft von Bartagamen und anderen Reptilien

In diesem Kapitel:
Heutige Bedrohungen für Reptilien und Amphibien
Anti-Reptilien-Gesetzgebung
Gestalten wir eine freundlichere Zukunft

Wenn auch glücklicherweise nicht gerade Bartagamen, so sind doch weltweit viele Amphibien- und Reptilienarten vor allem durch die Zerstörung ihrer Lebensräume gefährdet.

Es wurden aber bereits einige Schritte unternommen, diese und viele andere Tiere gezielt zu schützen. Und es kann noch mehr getan werden. Um ihre Zukunft zu sichern, müssen wir von den heutigen Wünschen und Bedürfnissen aufsehen und nach morgen blicken. Was können wir tun, um diese wunderbaren Lebewesen zu bewahren?

> **Wenn** auch glücklicherweise nicht gerade Bartagamen, so sind doch weltweit viele Amphibien- und Reptilienarten vor allem durch die Zerstörung ihrer Lebensräume gefährdet.

Heutige Bedrohungen der Reptilien- und Amphibienfauna

Wir haben zwar viel aus den Fehlern der Vergangenheit gelernt, dennoch sind Reptilien und Amphibien auch heute noch gefährdet. Manche dieser Gefahren resultieren aus den gleichen Fehlern, die wir schon vor Jahren begingen, während jeden Tag neue in vorderster Reihe auftauchen. Lassen Sie uns einen Blick auf die größten Probleme werfen, die Reptilien und Amphibien heutzutage bedrohen.

Tierhandel

Nordamerikanische Dosenschildkröten wurden zu Hunderten und Tausenden für den Export des Tierhandels nach Europa eingesammelt. Von den Behörden während des Transports abgefangene und geöffnete Kisten zeigten Hunderte von Schildkröten in eine Kiste gepfercht; sie waren so eng hineingestopft worden, dass sie sich nicht bewegen konnten. Kein Futter. Kein Wasser. Es muss wohl nicht erwähnt werden, dass der größte Teil dieser Schildkröten während des Transports oder kurz darauf starb. Es wurden so viele von ihnen gefangen, dass es in Gebieten, wo sie früher häufig anzutreffen waren, heutzutage unmöglich ist, auch nur eine einzige zu finden. Dosenschildkröten sind heute in vielen Regionen geschützt, in der Hoffnung, die übrig gebliebenen würden sich vermehren und die Art vielleicht vor dem Aussterben retten.

Das Gleiche passiert überall auf der Welt. Madagassische Schnabelbrustschildkröten, Haitianische Nashornleguane und viele andere Reptilien unterliegen heute einem Schutzstatus aufgrund der verheerenden Effekte der zu großen Entnahmen für den Tierhandel.

Habitatzerstörung

Kürzlich besuchten mein Mann und ich den San Diego Zoological Society´s Wild Animal Park, ein wunderschönes, offenes Gelände, in dem viele verschiedene Tierarten so unbehelligt wie möglich, aber dennoch in Menschenobhut leben können. Wir hörten dem Führer genau zu, und bei der Beschreibung der verschiedenen Arten fiel uns ein Satz immer wieder auf: „In freier Wildbahn gefährdet (oder vom Aussterben bedroht) aufgrund Habitatzerstörung."

Bislang ist das Habitat der Bartagamen noch weitgehend intakt. Foto: V. Franz

Habitatzerstörung bezieht sich auf all das, was geschieht, wenn sich Menschen in einem Gebiet niederlassen, das Land roden, Häuser, Farmen oder Firmen bauen und somit die ursprünglichen natürlichen Gegebenheiten der Region verändern. Manche Tiere, wie Hirsche oder Kojoten, ziehen dann oft einfach ein Stück weiter oder passen sich der neuen Umgebung an. Sie sind in der Lage, sich selbst neben menschlichen Ballungszentren prächtig zu entwickeln. Andere jedoch, darunter auch viele Reptilien und Amphibien, können dies nicht. Sie sterben unter den Rädern der Autos oder durch Baggerschaufeln. Sie verdursten, wenn Wasserquellen verlegt werden oder versiegen. Sie verhungern, wenn Futterquellen verschwinden und können sich nicht fortpflanzen, wenn andere Angehörige ihrer Art verschwunden sind.

Habitatzerstörung ereignet sich auf der ganzen Welt, von der Arktis über Nordamerika bis nach Südamerika; von Europa über Afrika bis nach Asien. Mit der Ausbreitung des Menschen über die Erdoberfläche verschwinden täglich Habitate für Tiere in alarmierender Rate.

Was die menschliche Besiedlung betrifft, ist noch so viel von Australien unerschlossen. Daher war diese nie ein großes Problem für Bartagamen. Tatsächlich scheinen kleine Populationen von Bartagamen sich in der Nähe des Menschen prächtig zu entwickeln; sie sitzen auf Zaunpfählen rund um einen Garten oder eine kleine Weide. Oft fallen diese Tiere jedoch verwilderten Hauskatzen und Hunden zum Opfer.

> **Ausfuhrgesetze Australiens**
>
> So wie Australien die Einfuhr kontrolliert, um seine Bürger, Pflanzen und Tiere vor Krankheiten zu schützen, überwacht es auch Exporte, um sie vor der Ausbeutung zu bewahren. Das Gesetz zum Schutz wild lebender (Pflanzen- und Tier-)Arten von 1982 ist die legislative Grundlage für Überprüfungen des Exports der Tier- und Pflanzenwelt sowie von Produkten daraus im Hinblick auf den Naturschutz. Diese gesetzlichen Bedingungen gelten für jedermann, inklusive Zoos, Museen, Handelsgesellschaften und sogar die einheimischen Bürger und Touristen. Wenn Sie mehr Informationen hierüber möchten, gehen Sie im Internet auf:
> www.biodiversity.environment.gov.au/plants/wildlife/intro.

Anti-Reptilien-Gesetzgebung

In den USA beschneiden mehr und mehr Städte, Landkreise und Regionen das bürgerliche Recht, bestimmte Haustiere zu halten. Gesetze, die die Haltung bestimmter Hunderassen verbieten oder behindern, sind inzwischen so verbreitet, dass der American Kennel Club bereits in mehrere Gerichtsverfahren verwickelt wurde. Katzen, die lange Zeit über dem Gesetz zu stehen schienen, müssen in verschiedenen Gemeinden nun an der Leine oder im Haus gehalten werden. Und andere gesetzgebende Organisationen haben Reptilien und Amphibien generell und einige Arten im Speziellen für die Haltung geächtet oder das wenigstens versucht. Alles, was es dafür braucht, ist ein einziger Fall von Salmonellen, der durch ein Reptil, einen Reptilienbiss oder ein entkommenes Reptil ausgelöst wurde und durch die Medien ging, und schon wird eine Gesetzesvorlage zur Beschränkung oder zum Verbot der Haltung von Reptilien eingereicht. Leider wird daraus auch oft ein Gesetz. So wurde am 29. Juni 1999 die Haltung von Reptilien in New York City für illegal erklärt. Das Gesetz benennt Reptilien nicht speziell, sondern bezieht sich auf alle Arten „exotischer" Tiere. Im Grunde klassifiziert es jedes Tier, das kein Hund oder keine Katze ist, als exotisch. Es gibt auch keine Klausel zum Schutz derjenigen, die diese Tiere bereits hielten, und so wurden plötzliche alle Halter von Schlangen, Bartagamen, Leguanen und Fröschen zu Gesetzesbrechern! Ich brauche wohl nicht zu sagen, dass die Gerichtsverfahren noch andauern.

... aber nicht alles sind schlechte Nachrichten

Viele Menschen sahen, was den Reptilien und Amphibien in der Vergangenheit angetan wurde und unternahmen große Schritte, diesen Schaden wieder gutzumachen. Diese und zukünftige Bemühungen könnten wirklich viele Arten und Gebiete für die Tiere erhalten.

Nachzucht

Programme zur Zucht in menschlicher Obhut waren in vielerlei Hinsicht sehr erfolgreich. Manche Programme – private, geschäftliche und in zoologischen Gärten – züchteten bereits erfolgreich gefährdete und von der Ausrottung bedrohte Arten und hielten sie so bisher am Leben. Im Gegensatz zu dem inzwischen sehr bekannten Zuchtprogramm, das den Kalifornischen Kondor vor dem sicheren Aussterben bewahrte, erregen nur wenige Zuchtprogramme für Reptilien Lob oder Aufmerksamkeit, sind aber dennoch erfolgreich.

Zuchtprogramme verhindern auch zum Teil das Absammeln der Tiere in ihrer natürlichen Umgebung. Seit Bartagamen nicht mehr legal aus Australien ausgeführt werden können, wurden alle, die als Haustiere gehalten werden, in menschlicher Obhut nachgezüchtet. Ist es nicht wundervoll, dass für den Tierhandel keine

> **Australiens Quarantänegesetze**
> Australien ist relativ frei von vielen Schädlingen und Krankheiten dieser Welt, und das Ziel seines Quarantäneprogramms war es, diesen Zustand auf dem Inselkontinent auch aufrecht zu erhalten. Das Quarantänegesetz von 1908 überwacht die Einfuhr von Gütern, Tieren und Pflanzen. Auf Flughäfen, Postzentralen und Häfen werden Menschen und Ladung inspiziert; entweder physikalisch durch Röntgenstrahlung oder sogar mit Spürhunden.

Bartagame mehr aus ihrer angestammten Heimat gefangen wird! Ähnliche Erfolge gibt es auch bei anderen Arten, wie Leopardgeckos, Spornschildkröten und vielen anderen beliebten Haustierarten.

Neben dem ökologischen Gesichtspunkt sind nachgezüchtete Reptilien auch bereits an die Haltung in menschlicher Obhut gewöhnt und kennen nichts anderes; daher sind sie als Heimtiere besser geeignet. Wildfänge sind oft gestresst; dies belastet ihre Abwehrkräfte gegenüber Krankheiten, Parasiten und anderen gesundheitlichen Bedrohungen. Zusätzlich gewöhnen sich Wildfänge häufig nie an die Beschränkungen der Gefangenschaft.

Gestalten wir eine freundlichere Zukunft

Viele Nachrichten, die Reptilien betreffen, scheinen sehr entmutigend; doch das muss nicht so bleiben. Wir machen durchaus Fortschritte in die richtige Richtung.

Leguan- oder Krokodilfarmen, die für den Bedarf des Tierhandels, als Einnahmequelle für die einheimische Bevölkerung und zum Wiederaussetzen in die Wildnis züchten, sind wundervoll und ein riesiger Schritt in die richtige Richtung. Nachzuchtprogramme, die gesunde und gut angepasste Reptilien für den Handel bereitstellen, sind ebenfalls eine enorme Verbesserung gegenüber der Entnahme der Tiere aus freier Wildbahn. Dennoch liegt noch ein langer Weg vor uns, und die Besitzer und Pfleger von Reptilien sind es, die dafür sorgen müssen, dass es weiter vorwärts geht.

Öffentliche Bildung

Da so viele Menschen Reptilien (zu denen natürlich Bartagamen gehören) und Amphibien in ein schlechtes oder zumindest weniger positives Licht rücken, ist öffentliche Bildung unglaublich wichtig, um sicherzugehen, dass wir diese Tiere in freier Natur schützen. Sie kann auch dazu beitragen, dass wir unsere Rechte als Reptilienbesitzer in Zukunft noch genießen können. Die meisten Bildungsprogramme über Reptilien zielen auf die Kinder; sind sie doch die zukünftigen Wähler und Heimtierbesitzer. Sollen Programme für Kinder auch effektiv sein, müssen sie dem Alter und Entwicklungsstand angemessen sein und einen positiven Eindruck hinterlassen. Viele Erziehungswissenschaftler entdeckten, dass Videos und Filme nicht effektiv darin sind, die Sympathie des Kindes einem Tier gegenüber zu fördern, da der Film ein Kind nicht auf emotionaler Ebene anspricht. Er ist einfach nicht „real" genug. Werden jedoch lebende Tiere verwendet, die auch berührt werden dürfen, baut sich eine emotionale Bindung auf, und das Kind ist viel empfänglicher dafür, etwas über das Tier zu lernen und Informationen darüber zu behalten.

Informationsprogramme können ganz unterschiedlich aussehen. Ein Kurzprogramm könnte die natürliche Umgebung eines Reptils erläutern, wo es lebt, wie es lebt und seinen Tagesablauf mit Futtersuche. Solche Programme könnten sich auch speziellerer Themen annehmen, wie der Winterruhe oder der Fähigkeit eines Reptils, sich zu häuten. Zucht, Inkubation der Eier und Aufzucht der Jungen sind auch beliebte Themen. Der sichere Umgang mit Reptilien sollte jedoch immer Bestandteil solcher Diskussionen sein; auch wie man sich vor Bissen bestimmter Reptilien schützt, kann hier erklärt werden. Angemessene Hygienemaßnahmen gehören außerdem dazu, und die Kinder sollten die Möglichkeit haben, sich die Hände zu waschen, nachdem sie das Reptil berührten.

Werden lebende Reptilien zu solchen Informationsprogrammen eingesetzt, müssen alle (soweit im vernünftigen Rahmen möglichen) Vorkehrungen getroffen werden, um sicherzustellen, dass die Tiere von den Kindern gefahrlos berührt werden können. Von der Verhaltensseite her sollten die Tiere (für ihre Art) eher ruhig und an Berührungen gewöhnt sein. Lassen Sie auch Kulturen anlegen, um sicherzustellen, dass die Tiere keine Salmonellen oder andere ansteckende Bakterien, Viren oder Krankheiten tragen.

Mein Mann und ich ließen nun schon Hunderte, wenn nicht Tausende von Leuten an unseren Reptilien und Amphibien teilhaben – Erwachsene und Kinder. Unsere Bartagamen wurden von einjährigen Babys und 90jährigen Senioren berührt, gekrault und gestreichelt. Wir erzählen, was Bartagamen eigentlich sind, was sie benötigen, um gute Heimtiere zu sein, und wie alt sie werden.

Zu den häufigsten Fragen gehören:
- Ist die echt?
- Lebt das Ding da?
- Was ist das?
- Ist das eine Krötenechse?
- Wie viel wiegt sie?
- Wie lang ist sie?
- Wie alt ist sie?
- Wie alt werden diese Tiere?
- Beißt sie?

Wir haben festgestellt, dass wir bei Kindern zwischen sechs und zehn Jahren über emotionale Dinge sprechen müssen, z. B. welche Gefühle Tiere haben. Kinder in diesem Alter möchten etwas für das Tier empfinden. Sie freuen sich über Zeichnungen einer Bartagame, die sie hinterher ausmalen können.

Zwischen zehn und zwölf Jahren wollen Kinder mehr Fakten erfahren. Woher kommen diese Reptilien? Was fressen sie? Wie werden sie zu Heimtieren? Ausmalbilder sind zwar immer noch willkommen, die Seite sollte jedoch mehr Informationen und Fragen enthalten, um die Kinder zum Denken anzuregen. Im gymnasialen Alter saugen die Kids wie Schwämme alle Information auf, die Sie mit ihnen teilen möchten, selbst kompliziertere Themen. Gebiete wie „Bewahrung und Schutz der Natur", „Biodiversität" und „natürliche Ökosysteme" sind hier nicht zu viel.

Vorschläge für zukünftige Schutzmaßnahmen

Halter von Reptilien und Amphibien können Schutzmaßnahmen auf unterschiedliche Weise unterstützen.

- Geben Sie Geld für Dinge, die Ihnen wichtig sind, und spenden Sie für herpetologische Gesellschaften, die lohnende Projekte, einschließlich Gesetzesinitiativen, verfolgen.
- Erwerben Sie am besten nur Reptilien und Amphibien, die in menschlicher Obhut nachgezüchtet wurden. Fragen Sie nach einem Dokument oder einer entsprechenden Bestätigung.
- Ermutigen Sie andere, nur nachgezüchtete Tier zu kaufen. Leute, die zum ersten Mal Reptilien oder Amphibien halten,

---

Wenn Leute Angst haben

Viele Menschen fürchten sich vor Reptilien, besonders Schlangen. Sollte während einer Informationsveranstaltung jemand auf Sie zukommen, der Angst hat, machen Sie ihn nicht lächerlich und witzeln Sie nicht über ihn. Diese Angst ist für ihn sehr real und bestimmt nicht lustig.

Stattdessen sollten Sie die Person einladen, anderen dabei zuzusehen, wie sie das Reptil berühren. Erzählen Sie etwas Individuelles über Ihr Tier: „Mein großes Mädchen ist eine ausgewachsene Bartagame und recht zahm." Sprechen Sie auch darüber, wie sich die Agame anfühlt, über die pieksenden Stacheln und ihren weichen Bauch. Schließlich möchten Sie die Person dazu bringen, das Tier anzufassen, und sie kann weder die rauen Schuppen am Rücken, noch den weichen Bauch fühlen, wenn sie die Agame nicht berührt.

Viele werden ihre Furcht überwinden und die Bartagame berühren – wenn auch nur kurz –, nachdem sie gesehen haben, wie andere dies tun. Manchmal wird die Neugier einfach zu stark, und sie müssen das Reptil berühren. Wenn die Person dies tut, loben Sie überschwänglich ihren Mut. Angst zu überwinden, ist sehr schwierig.

Zwingen Sie niemals jemanden dazu, ein Reptil zu berühren. Die Person muss von sich aus in der Lage sein, dies zu tun; Ihr Drängen könnte die Angst sogar noch verschlimmern.

denken wahrscheinlich noch nicht einmal darüber nach, woher ihre Tiere stammen, und wissen nichts über die Probleme von Wildfängen. Als erfahrener Reptilienhalter sind Sie in der Lage, ihnen die Vorteile nachgezüchteter Tiere nahe zu bringen.

• Beachten Sie Ihre kommunalen Gesetze zur Haltung von Reptilien und Amphibien. Bewegen Sie sich außerhalb des Gesetzes, gefährden Sie damit alle Besitzer und Halter von Reptilien und Amphibien. Wird auch nur eine Person mit einem illegalen Heimtier ertappt, und die Medien berichten darüber, fällt dies auf alle Reptilienhalter zurück.

• Gehen Sie innerhalb des Systems gegen unfaire oder zu restriktive Gesetzgebung vor. Durch diese legale Arbeit innerhalb des Systems erreichen wir viel mehr als von außerhalb.

• Unterstützen Sie Erhaltungszuchtprogramme, besonders solche in Ihrer Nähe. Viele, wie z. B. die San Diego Zoological Society, freuen sich über Geldspenden, Vermächtnisse und ehrenamtliche Mitarbeit.

Achten Sie auf bevorstehende Gesetzesänderungen, die Haltung von Reptilien, Amphibien und anderen exotischen Tieren betreffend. Seien Sie darauf vorbereitet, sich zusammenzutun und (innerhalb des Systems!) dafür zu kämpfen, Ihre Tiere behalten zu dürfen.

Entlassen Sie keine nachgezüchteten Tiere in die Wildnis. Es ist eine Wissenschaft, dies richtig zu tun, und sollten Sie nicht gerade mit einer zoologischen Gesellschaft oder einer Wildlife-Management-Gruppe zusammenarbeiten, wissen Sie nicht, was zu tun ist. Läuft solch eine Freisetzung nicht korrekt ab, sterben die meisten nachgezüchteten und freigelassenen Reptilien innerhalb kürzester Zeit. Im Terrarium mussten sie schließlich nicht jagen. Außerdem können sowohl die Parasiten oder Krankheiten der Nachzuchttiere wie auch der wild lebenden alle anderen Tiere der entsprechenden Region ernsthaft gefährden. Kalifornische Wüstenschildkröten sterben in freier Natur zu Tausenden, nur weil man Schildkröten, die als Haustiere gehalten wurden, aussetzte. Gegen die Atemwegsinfektion, die sie mit sich trugen, war das Immunsystem der wild lebenden machtlos. Und nicht zuletzt ist es auch illegal, Nachzuchten auszusetzen.

Die Zukunft der Reptilien Australiens

Australiens Reptilienliebhaber sind seit langem über die Inflexibilität ihrer Regierung frustriert. So werden z. B. nur sehr wenige Bartagamen in Australien als Heimtiere gehalten, obwohl die restliche Welt diese Echsen für wundervolle Hausgenossen hält. Warum? Weil das Gesetz zum Schutz der australischen Tier- und Pflanzenwelt so restriktiv und das System in manchen Gegenden Australiens so verrückt ist, dass Tierhalter einen Gefängnisaufenthalt riskierten, hielten Sie eine Bartagame!

Viele australische Reptilienexperten und -liebhaber kämpfen dafür, die bestehenden Gesetze zu ändern und die Korruption ans Licht zu bringen. In einem Brief von Neil Davie an ein Mitglied des Australischen House of Parliament heißt es: „Danke für Ihre freundliche Erwägung, unsere Belange bezüglich der vorgeschlagenen Gesetzesänderung, die Tier- und Pflanzenwelt betreffend, zu vertreten. Wie Sie sicherlich wissen, haben Besitzer einer Wildlife-Lizenz große Probleme mit der Art und Weise, wie sie von Beamten des Department of Natural Resources and Environment (DNRE) behandelt werden." Der Brief fährt darin fort aufzuzeigen, auf welch grobe Art und Weise sowohl professionelle Einrichtungen wie auch private Bürger als Tierhalter behandelt werden, wie z. B. durch Durchsuchungen um sechs Uhr morgens oder elf Uhr abends. Manche wurden während eines Zeitraums von sechs Monaten gar sieben Mal überprüft, und das, obwohl keine Unstimmigkeiten gefunden wurden. Die Vorlage zur Gesetzesänderung in der Provinz Victoria stimmt zwar zu, dass gelegentliche Inspektionen nötig sind, ersucht jedoch darum, Richtlinien aufzustellen, die sowohl Reptilienhalter als auch DNRE-Mitarbeiter schützen.

Weitere Änderungen bestehender Gesetze sowie neue Gesetzesvorlagen wurden vorgeschlagen, um die Auflagen, die Tiere und Pflanzen Australiens betreffen, zu lockern. Sollte sich hier etwas tun, bin ich sicher, wir – als Reptilienhalter und Bartagamen-Liebhaber – werden davon hören.

Was die Bartagamen in der australischen Wildnis betrifft, gibt es kein offizielles Schutzprogramm. Die meisten Populationen scheinen sich gut zu entwickeln. Obwohl einzelne Tiere (und Gruppen von Tieren) zwar selbstverständlich streunenden Katzen und natürlichen Feinden zum Opfer fallen, und Tausende von Tieren unter den Rädern der Autos auf den Straßen sterben, geht es der Art an sich heute recht gut.

Herpetologische und terraristische Gesellschaften und Vereine...

♦ ♦ ♦ Sind Gruppen von Menschen, die Ihren Enthusiasmus für Reptilien und Amphibien teilen. Einer Gruppe beizutreten, ist eine wunderbare Art, sich mit Gleichgesinnten zusammenzutun, aber auch, um mehr über Reptilien und Amphibien zu lernen. In jeder Gruppe gibt es bestimmt ein paar Leute, die sich auf Bartagamen oder Leguane spezialisiert haben; wieder andere sind von Schlangen, kleineren Echsen, Geckos oder Fröschen fasziniert. Die meisten Gruppen laden sich zu den Versammlungen Redner ein, die ihre Begeisterung und Erfahrung mit den Mitgliedern teilen. Viele sind auch an der Forschung beteiligt und vermitteln ihr Wissen sowohl dem Tierbesitzer als auch der Wissenschaftsgemeinschaft. Wenn Sie Glück haben, gibt es solche eine Gruppe auch in Ihrer Nähe. Treten Sie bei!

Eine Laufbahn in der Herpetologie oder Terraristik

In Menschen, die sich intensiv mit Reptilien beschäftigen, erwacht oft der Wunsch, dies auch beruflich tun zu können, und oft werde ich gefragt, welche Möglichkeiten es da gibt.

Herpetologen sind Leute, die Reptilien und Amphibien studieren. Die meisten von Ihnen sind Biologen mit großem Hintergrundwissen in allen Wissenschaftsrichtungen und haben sich dann entweder auf Reptilien oder Amphibien im Allgemeinen oder auf eine bestimmte Reptilien- oder Amphibienfamilie spezialisiert.

Viele Herpetologen führen einen akademischen Grad, andere wiederum nicht. Manche von ihnen hatten einfach ein Reptil als Haustier, entwickelten Interesse an ihren Tieren und begannen, sie zu studieren. So sind viele erfahrene Herpetologen Besitzer von Haustieren und haben sich als Reptilienzüchter auf eine oder zwei bestimmte Reptilienarten spezialisiert.

Allen gemeinsam ist jedoch die Liebe zu diesen Lebewesen und das Verlangen sowie das Durchhaltevermögen, mehr über sie zu lernen. Obgleich manche Herpetologen davon leben können, ist es für viele nur Hobby oder Nebenbeschäftigung. Sehen wir uns doch mal einige mögliche Betätigungsfelder für Herpetologen bzw. für Menschen an, die sich für Reptilien einsetzen wollen.

Wildlife Management: Sie werden von Staat, Bundesregierung oder privaten Schutzorganisationen angestellt. Manche arbeiten auch tatsächlich draußen in der Natur, beobachten Tiere, beschützen sie vor Wilderei und anderen Gefahren und errichten sichere Zufluchtsorte. Andere Stellen sind dagegen mehr administrativer Art; dazu gehört z. B. das Anfertigen von Gutachten. Eine Hochschulausbildung in Biologie ist üblicherweise Voraussetzung für diese Stellen.

Zoologische Gärten: Reptilien- und Amphibienpfleger sowie Kuratoren arbeiten direkt mit den Tieren, während die Verwaltung – nun ja, eben verwaltet. Erzieher erledigen Öffentlichkeitsarbeit, üblicherweise für Kinder, und Forscher studieren die Tiere selbst. Diese Stellen setzen normalerweise einen Universitätsabschluss voraus – die Mindestanforderung für Pfleger ist in den USA meist der Bachelor in Biologie. Für die anderen Positionen werden weiterführende Abschlüsse vorausgesetzt.

Museen: Kuratoren und Wissenschaftler verbringen die meiste Zeit damit, an Reptilien und Amphibien zu forschen und sie zu studieren. Für diese Stellen benötigt man üblicherweise einen höheren Universitätsabschluss in Biologie oder einem verwandten Fach. Ressortleiter kümmern sich um die museumseigene Tiersammlung. Die meisten Museen bieten jedoch auch andere, weniger spezialisierte Stellen für Studenten oder Nebenerwerbstätige an.

Hochschulen und Universitäten: Reptilienliebhaber mit einem Doktortitel in Biologie, die an der Lehre interessiert sind, können oft Stellen an einer Hochschule oder Universität finden, obwohl sie neben der Herpetologie auch andere, verwandte Fächer lehren müssen. Auch Forscher, Forschungsassistenten und Laborassistenten werden an Universitäten eingestellt.

Tierärzte: Obwohl nur sehr wenige Tierärzte davon leben können, ausschließlich Reptilien und Amphibien zu behandeln, können doch viele davon leben, dass sie eine Vielzahl exotischer Arten behandeln. Wieder andere kurieren alle Haustiere und haben sich aber auf Reptilien spezialisiert.

Andere Möglichkeiten: Mit Interesse an Reptilien und Amphibien können sie viele Karrierewege einschlagen. Vielleicht möchten Sie Biologie an einer Schule

Eine Laufbahn in der Herpetologie oder Terraristik

In Museen findet sich mancher Arbeitsplatz in der Herpetologie, z. B. hier im Staatlichen **Museum für Naturkunde, Karlsruhe.** Foto: K. Kunz

unterrichten oder Umwelttechniker werden. Wie wäre es mit Reptilienzucht oder einer Zoohandlung? Vielleicht interessieren Sie sich für Tierfotografie mit Schwerpunkt Reptilien und Amphibien. Sie können sogar Führungen für andere herpetologisch Interessierte durch entlegene Gebiete, in denen exotische Tierarten leben, anbieten. Benutzen Sie Ihre Vorstellungskraft: es gibt viele Möglichkeiten!

Gleich, für was Sie sich interessieren, eine entsprechende Ausbildung wird vorausgesetzt. Besuchen Sie eine Universität mit gutem Ruf in der biologischen Fachrichtung und belegen Sie alle wissenschaftlichen Kurse, die angeboten werden. Kurse in Chemie, Statistik, Schreiben und Computerwissenschaften sind auch hilfreich. Belegen Sie auch einen Latein-Kurs; alle wissenschaftlichen Artnamen sind latinisiert.

Auch private Fortbildung kann Ihnen dabei helfen, sich auf ein herpetologisches Fachgebiet zu spezialisieren, das Sie interessiert. Forschen Sie selbst und lesen Sie, soviel Sie nur können. Treten Sie einem herpetologischen Verein oder einer Gesellschaft bei; so können Sie mit Leuten zusammenarbeiten, die die gleichen Interessen haben wie Sie.

Ob als Beruf, Nebenjob oder Hobby, Herpetologie bietet für jeden etwas, der unsere Leidenschaft für Reptilien und Amphibien teilt.

Anhang A: Adressen und weitere Informationen

Deutsche Gesellschaft für Herpetologie und Terrarienkunde (DGHT) e. V.
DGHT e.V., Postfach 1421 D-53351 Rheinbach, Deutschland
Tel.+49-2225-703333; Fax+49-2225-703338
E-Mail: gs@dght.de; Internet: http://www.dght.de

Die DGHT ist die weltweit größte Vereinigung von Terrarianern und Herpetologen. Sie bringt auch diverse Zeitschriften sowie ein „Anzeigen Journal" mit privaten Kleinanzeigen heraus. Außerdem unterhält sie eine Liste mit Tierärzten, die Erfahrung mit Reptilien haben. Dort zu erfragen oder unter:
Internet: http://www.dght.de/amphrep/tiergesundheit/tieraerzte.htm

Zeitschriften:

REPTILIA

Fachmagazin zu allen Aspekten der Terraristik, mit Kleinanzeigen; erscheint zweimonatlich

Natur und Tier - Verlag GmbH
An der Kleimannbrücke 39/41
48157 Münster
Tel. 0251-13339-0; Fax 0251-1333933.
Internet: http://www.ms-verlag.de/; E-Mail: verlag@ms-verlag.de

DRACO

Terraristik-Themenheft, jede Ausgabe zu einem Thema; erscheint dreimonatlich

Natur und Tier - Verlag GmbH
Adresse siehe oben

herpetofauna

herpetofauna Verlags-GmbH
Postfach 1110
D-71365 Weinstadt.

Sauria

Sauria-Aboverwaltung
Barbara Buhle
Planetenstr. 45
D-12057 Berlin.
Internet: http://www.sauria.de/; E-Mail: abo@sauria.de

Weitere empfehlenswerte Bücher:

Grundlagen der Reptilienhaltung
J. Rauh
216 Seiten
223 Abbildungen
Format: 17,5 x 23,2 cm
Natur und Tier - Verlag GmbH: Adresse s. o.
ISBN: 3-931587-29-0

Agamen
U. Manthey und N. Schuster
120 Seiten
70 Fotos und Zeichnungen
Format: 12 x 18 cm
2. überarbeitete Auflage
Natur und Tier - Verlag GmbH: Adresse s. o.
ISBN: 3-931587-06-1

Bartagamen und Kragenechsen
A. Hauschild und H. Bosch
96 Seiten
83 Abbildungen
Format: 16,8 x 21,8 cm
auch auf Englisch erhältlich: ISBN 3-931587-18-5
Natur und Tier - Verlag GmbH: Adresse s. o.
ISBN: 3-931587-17-7

Anhang B:

Die Verwandtschaft der Bartagamen

Bartagamen gehören zur Familie der Agamen (Agamidae). Diese Echsenfamilie lebt in Australien, Asien, Afrika und Europa sowie auf einigen Pazifikinseln und umfasst ca. 365 Arten. Es gibt bodenbewohnende, auf Bäumen lebende und sogar einige teils im Wasser lebende Arten. Die Vielfalt an Körperformen ist ebenfalls erstaunlich: Kragenechsen sind bekannt für ihre Krause, es gibt Echsen mit einem Kamm auf dem Kopf, großen Wammen und aufstellbaren Bärten. Das ist schon wirklich so eine Familie! Neben den Bartagamen sind vor allem die Wasseragamen im Terrarium sehr beliebt.

Als Bartagamen werden nur die Angehörigen der australischen Gattung *Pogona* bezeichnet. Neben der hauptsächlich im Terrarium gepflegten Streifenköpfigen Bartagame (*Pogona vitticeps*), über die dieses Buch berichtet, gehören noch sieben weitere Arten dazu:

Östliche Bartagame (Pogona barbata)

Das Verbreitungsgebiet dieser Bartagame liegt im Osten und Südosten Australiens, normalerweise in bewaldeten Regionen. Der Körperbau ist schlanker und weniger stämmig als bei der Streifenköpfigen Bartagame. Die Färbung kann sehr unterschiedlich ausfallen, es gibt jedoch nicht so viele Varianten wie bei nachgezüchteten *P. vitticeps*. Die Kopf-Rumpf-Länge kann bis zu 25,5 cm betragen. Auch diese Art wird im Terrarium gehalten, jedoch nicht so häufig wie die Streifenköpfige Bartagame. Sollten Sie das Glück haben, eines dieser Tiere zu erhalten, können Sie es unter den gleichen Bedingungen halten wie *P. vitticeps*.

Foto: M. Schiberna

Kimberley-Bartagame (Pogona microlepidota)

Diese Echse kommt aus dem Nordwesten Australiens, aus dem Gebiet des Drysdale River in den Kimberleys. Sie besitzt nur ein sehr kleines Verbreitungsgebiet, und nur sehr wenige Forscher haben jemals eine zu Gesicht bekommen. Diese Bartagame ist kleiner als die Streifenköpfige oder die Östliche; im Vergleich zu diesen beiden fehlen ihr einige Stacheln, auch die Reihe der Querstacheln unter der Kehle. Obwohl sich auch diese Agame wie ihre Verwandten omnivor ernährt, tendiert sie mehr zu Insekten. Die Kopf-Rumpf-Länge beträgt ca. 13 cm.

Pogona microlepidota Foto: R. E. Johnstone

Kleinste Bartagame (Pogona minima)

Sie lebt nur auf einer Inselgruppe vor der australischen Küste, vorwiegend in offenen Gras- und Buschlandschaften. Die Kopf-Rumpf-Länge beträgt ca. 12 cm. Im Vergleich zu ihren Verwandten besitzt diese Echse lange Beine und einen langen Schwanz. Sie ist gänzlich omnivor und frisst alles, was ihr vor die Nase kommt.

Westliche Bartagame (Pogona minor)

Das Verbreitungsgebiet dieser Agame ist fast so groß (wenn nicht größer) wie das der Streifenköpfigen Bartagame. Es reicht im Westen von Zentralaustralien bis an den Ozean, südlich ebenfalls und durch weite Gebiete Zentralaustraliens bis zu den Grenzen des Gebiets von P. vitticeps. Man trifft sie in Gras-, Busch- und offenen Waldlandschaften an.

Pogona minor von Alice Springs/Northern Territorum Foto: P. Horner

Die Kopf-Rumpf-Länge beträgt ungefähr 15 cm. Verglichen mit der Streifenköpfigen Bartagame handelt es sich um eine schlanke Echse mit längeren Beinen. Sie ist ein Allesfresser und wenig wählerisch.

Mitchells Bartagame (Pogona mitchelli)

Das Territorium dieser Echse liegt nördlich dessen der Westlichen Bartagame und südlich dessen der Kimberley-Bartagame. Im Westen reicht es von Zentralaustralien bis an den Ozean. Man findet die Tiere oft unter recht trockenen, wüstenähnlichen Bedingungen; tagsüber verstecken sie sich vor der Hitze. Sie besiedeln auch Gras- und Buschlandschaften.

Mitchells Bartagame

Kopfstacheln einer Pogona mitchelli Foto: A. Hauschild

Die Kopf-Rumpf-Länge beträgt ca. 17 cm. Es handelt sich um Allesfresser, die ihre Nahrung den jeweiligen Gegebenheiten der Jahreszeit anpassen.
Es sind sehr scheue Tiere, nur sehr wenige Australier haben jemals welche zu Gesicht bekommen.

Nullarbor-Bartagame (Pogona nullarbor)

Diese ca. 14 cm lange Echse (Kopf-Rumpf-Länge) besiedelt ein nur sehr kleines Gebiet im Süden Australiens entlang der Küste der Nullarbor-Ebenen. Sie lebt in Eukalyptuswäldern und Graslandschaften.

**Pogona nullarbor,
Jungtier von
Eucla/Südaustralien**
Foto: H. Röhe

Zwergbartagame (Pogona henrylawsoni)

Man findet diese kleine (13 cmKopf-Rumpf-Länge) Bartagame im Nordosten Australiens, im Inland von Queensland. Von dieser Echse gibt es mehrere Zuchtlinien in den Vereinigten Staaten und Europa.

Weibchen von Pogona henrylawsoni Foto: A. Hauschild

Index

A
Agamidae-Familie 198
Aggression 25, 29f., 79
Alfalfa-Pellets .... 33, 136f.
Allergische Reaktionen 20, 86, 95
Alter 178
Älteste offiziell bekannte Streifenköpfige
Bartagame 13
Anfüttern 59
Anorexie (Appetitsverlust) 69, 82, 87, 89ff.,
.... 95f., 149, 177
Antibiotika 77f., 84, 91, 96, 150, 158
Antireptilien-Gesetzesgebung .... 186f.
Armwinken 41, 107f., 145
Arthritis 175
Atemwegserkrankungen 23, 96, 191
Atmen durch das Maul 34, 76
Aufmerksamkeit 11, 69, 122
Augen 11, 24, 26f., 41, 46f., 49, 69, 74f.,
.... 85, 89, 104f., 111, 154
Außengehege 31, 102, 126, 165
Außenparasiten .... siehe Parasiten

B
Babyöl 70
Baden 70, 85, 91, 95, 131, 134f.,
.... 138, 140, 165
Bakterien ... 50, 74, 91f., 94, 135f., 139, 163, 189,
.... siehe auch Infektionen
Bandwürmer .... 85f.
Bart 10f., 14f., 17, 22, 41, 100ff.,
.... 108ff., 126, 144f., 149, 150
Bartagamen-Arten .... 9, 14ff., 198ff.
Bartagamenbabys ..24, 29, 38, 42, 63, 65, 76, 79,
... 90, 107, 109, 111, 118, 137, 142ff., 153, 158ff.
Behinderung 146
Beine 12, 24, 40, 43, 46, 75f.,
.... 89f., 96, 107, 111, 199f.
Beißen 21, 40, 78f., 102f.,
.... 106, 110f., 124, 159, 169, 189
Beulen 24, 94, 131, 144f., 150
Beutetiere .... siehe Futter
Blutungen 49, 51, 73ff., 78,
.... 80, 86f., 89, 155
Box zum Absetzen des Kots 124f. 136f. 164,

C
Calcitonin 90
Coenzyme 46, 55

D
Dehydrierung 46, 79f., 150, 172, 178
Dellen 24, 94
Dermatitis .... 91f.
Desinfektionsmittel .... 73f., 135f.

Diabetes 178
Diät .... siehe Futter
Dominanzverhalten 101f., 104f., 107,
.... 111ff, 144f.
Dressur .... 115f., 118f., 121ff., 126f.
Duftmarken 104
Durchfall .... 24, 73, 87, 92, 94f.
Dystozie (Legenot) 92, 94, 97, 143, 152, 154

E
Ekdysis .... siehe Häutung
Eiablagebox .... 92, 94, 151ff.
Eier .... 10, 12, 92ff., 97, 142ff., 150ff.
Einschläferung .... siehe Euthanasie
ektotherm .... (siehe wechselwarm)
Enrichement-Maßnahmen 166
Enzyme .... 34, 45ff., 52ff.
Erbrechen 73, 76, 96
Ergänzungsmittel 46, 53, 59f., 62f., 150, 161
Ernährung ...... siehe Futter, Ergänzungsmittel
Erste Hilfe 66, 74
Erstickungsanfall 76
Euthanasie 180, 182

F
Fadenwürmer 86
Färbung 6, 12, 17, 20, 25, 96f.,
.... 101, 110, 130, 143
Fasern 45, 48, 58, 94
Fehlernährung 24, 27, 46
Femoralporen 144
Fette 45, 47ff., 54
Fettleibigkeit 47, 94, 177
Flagellaten 87
Fluchtverhalten 17, 74, 109, 113,
.... 115, 120f., 167, 171
Fortpflanzung .... siehe Zucht
Fressfeinde 10ff., 16f., 29, 39ff., 74, 77,
.... 97, 102, 106, 109ff., 121, 142, 176, 192
Futter 7, 20, 24, 26, 33, 38ff., 42,
.... 44-65, 71, 73, 76, 79, 82, 87-96, 98, 101,
.... 103, 105, 108, 112f., 115f., 118ff., 123,
.... 131, 134, 137, 139, 142f., 147ff., 155,
.... 159ff., 163ff., 166f., 171ff., 178

G
Gelege .... siehe Eier
Gereiztheit 97, 102, 123, 137
Geschlechtsbestimmung 12, 25, 144, 146
Geschlechtsreife .... 12, 14, 92, 144f.
Gesetz zum Schutz der Australische
Tier- und Pflanzenwelt 15, 186f., 192
Gesunde Bartagame, Anzeichen für ....
.... 24, 26f., 47, 65, 69
Gewicht 47, 65, 69, 82, 130, 147, 178

203

Index

Grillen 7, 26, 47, 59ff., 63ff., 88, 90, 160,
. . . . .163f., 171
Guter Gesundheitszustand, Anzeichen für, ...
. . . . .siehe Gesunde Bartagame

H
Hakenwürmer . . . . .85ff.
Hämatom 75
Handfüttern 18, 42, 89, 103, 108, 112,
. . . . .116, 119f., 165, 167f.
Hauttasche . . . . .siehe Bart
Häutung 69f., 84, 95, 97, 130f.,
. . . . .133, 137f., 165, 177
Heiße Felsen .35, 77, 170
Heizsteine . . . . .siehe Heiße Felsen
Hemipenes .95, 145f., 149
Herpetologen 193, 196
Herpetologische Vereinigungen 193, 196
Hygiene . . . . .siehe Reinigung
Hyperurikämie 47

I
Impfung 71
Infektionen 49f., 72f., 75, 82, 86,
. . . . .91, 94ff., 191
Inkubation der Eier . . . . .142, 153, 155ff.
Innenparasiten . . . . .siehe Parasiten

J
Jagd 12, 29, 31, 61f., 65, 105, 166, 191
Jacobsonsches Organ 103
Juvenile Bartagamen, Futter für . . . .
. . . . .siehe Futter

K
Kalender, für Eintragungen . . . .
. . . . .128, 130f., 152, 179
Kalzium 37, 50ff., 59, 63f., 88ff.,
. . . . .93, 96, 143, 147, 150, 161
Kämpfe 14, 30, 112, 115, 138, 142, 146
Kastration 143
Käufliches Bartagamenfutter . . . .
. . . . .48, 51, 60, 62ff., 163
Keramikfassungen 35
Keramik-Heizstrahler 35
Keratin 12, 105, 130, 138
Keuchen 34
Kimberley Bartagame . . . .
. . . . .siehe Pogona microlepidota
Kinder . . . .
. . . . . . .21, 40, 43, 73f., 167, 181, 188f., 190, 194
Kleinste Bartagame . . . . . .siehe Pogona minima
Knochenkrankheit (stoffwechselbedingte), ...
. . . . .37, 94f.
Köder und Belohnungen 119, 122
Kohlenhydrate 45, 47ff., 53f., 58
Kokzidien 85, 87
Kopfnicken 41, 97, 101, 104f.,
. . . . .107ff., 112f., 126, 144f., 148
Kot, siehe auch Parasiten . . . .
. . . . . . .14, 20, 26, 33, 38, 46, 48, 65, 68f., 71, 73,
. . . . .76, 82f., 85ff., 91, 124f., 130f., 134, 136f.,
. . . . .139f., 145f., 160, 164, 173
Krankheiten 17, 20, 23, 37, 45, 50, 53, 57,
. . . . .69, 71, 73, 82, 84, 88ff., 94f., 97f.,
. . . . .169, 176, 178, 180, 186f., 188f., 191
Krebs 178

L
Lähmungserscheinungen durch zu große
Beutetiere 90
Lebenserwartung 24, 176
Lebererkrankungen 90
Legenot . . . . .siehe Dystozie
Lernen . . . . .siehe Trainieren
Lethargie, durch Parasiten 82
Leuchtstoffröhren . . . .
. . . . .37f., 49, 88, 96f., 131, 159
Licht für Pflanzenwachstum 37
Lichtanforderungen . . . . .siehe auch Sonnenlicht,
. . . . .7, 20, 28, 30, 33, 35ff., 71, 81, 88,
. . . . .90, 93f., 97, 139, 142, 147, 159, 171
Linolsäure, Bedarf an .48
Lungenentzündung .92, 96

M
Männchen . . . . .siehe Zucht
Maul 11, 34, 54, 69, 76
Maulfäule (Stomatitis) 89, 92, 148
Mäuse 64, 147, 150
Mehlwürmer . . . . .siehe Tenebrio molitor
Milben 69, 84f., 95, 136
Mineralöl zur Unterstützung der Häutung . . . . . .
. . . . .70, 95, 138
Mineralstoffe 45, 51ff., 55, 61f., 80, 88, 161
Mitbewohner und Bartagamen 20, 168
Mitchells Bartagame . . . . . . .siehe Pogona mitchelli

N
Nachzuchtprogramme 187f., 191
Nacktschnecken . . . . .siehe Schnecken
Nekropsie (Tier-Autopsie) 182
Nierenerkrankungen 89ff., 94, 96
Nullarbor-Bartagame . . . . . .siehe Pogona nullarbor

O
Ohren 11, 69
Olfaktorische Markierungen 104
Östliche Bartagame . . . . . . .siehe Pogona barbata
Oviposition (Eiablage) 147, 153
Oxytocin, gegen Legenot 154

P
Paarung . . . . .siehe Zucht
Parasiten . . . .
. . . . .6, 17, 68, 81ff., 90ff., 140, 146f., 158
Pflanzen 7, 10f., 22, 37, 44, 47ff.,
. . . . .54ff., 65, 90, 136
Pflegeroutine . . . . .128ff.
Pheromone 104, 144
Phospor 50ff., 59
Photoperioden 37f., 71, 93, 147

Index

Pogona barbata 14, 198
Pogona henrylawsoni 15, 202
Pogona microlepidota 15, 199
Pogona minima 15, 199
Pogona minor 14, 200
Pogona mitchelli 15, 201
Pogona nullarbor 15, 202
Pogona vitticeps .... 9, 10, 198ff.
Protein 10, 12, 45ff., 53f., 63
Protozoen 87

Q
Quarantäne 83
Quarantänebestimmungen Australiens 187

R
Regenwürmer 42, 59, 62
Reinigung 20, 30f., 46, 71, 80, 82ff., 94f.,
.... 124f., 135ff., 139f., 159, 163ff., 170, 173
Reisen .... 171ff.
Rundwürmer .... 85f.

S
Salat 57
Salmonellen 72f., 92, 94, 135, 187, 189
Sand 12, 33, 35, 38, 61, 110,
.... 124f., 136f., 151f., 164
Schilddrüse 53, 63
Schnappen nach Luft 96, 180
Schuppen .... 11, 12, 69f., 83ff., 104f., 133f.
Schwanz 6, 12f., 24, 27, 38f., 42f.,
.... 47, 70, 74, 76, 78f., 97, 100, 105,
.... 108f., 138, 145f., 149, 172
Sexualdimorphismus, ... 144f.
Sicherheit, auch Sicherheitsgefühl
.... 17, 22, 29ff., 35, 39f., 42, 55, 77, 118f.,
.... 126, 139, 157, 159

Sonnenlicht 11, 20, 22, 31, 36f., 49f.,
.... 71, 88, 90, 96f., 126, 131, 139f.
Spermienspeicherung 150
Spiegel 23
Sprühflaschen zum Trinken 46, 106
Stacheln .... 6, 10f., 69, 75, 105f., 109f.
Steine (beheizt) .... siehe Heiße Felsen
Sterilisation 143, 154
Stoffwechsel .... 37, 45, 47, 49, 54f.
Stoffwechselbedingte Knochenkrankheit ....
.... 37, 50, 53
Stomatitis (Maulfäule) 92
Streifenköpfige Bartagame
.... siehe Pogona vitticeps
Stress 23, 29f., 40, 43, 45, 73,
.... 79, 95, 98, 107, 159, 172, 176, 188
stubenrein 121, 124, 136
Substrat 33, 35, 87, 136ff., 157f., 164, 168, 173

T
Target 121, 124, 127
Temperatur 10, 16, 24, 32ff., 38, 71, 78f.,
.... 90, 93, 95, 110, 134, 142, 150, 155ff., 173

Tenebrio molitor 7, 42, 47, 59ff., 63ff.,
...... 89, 114, 116, 119, 121ff., 160, 163, 166, 171
Terrarium .... 19f., 22f., 29ff.
Territorium 10f., 29, 97, 101, 104, 111, 142, 148
Thermometer 35f., 156
Tierarzt 20, 27, 46, 62, 66ff., 71, 73, 75ff.,
.... 85f., 90ff., 125, 130, 140, 143, 145, 150,
.... 154, 172f., 175, 177, 179f., 182, 194, 196
Tierbisse .... 77f.
Tiersitter .... 172f.
Trächtigkeit 45, 150
Training .... 114ff., 118, 121ff., 126f.

U
Ultraviolette Strahlung (UV-Strahlung) ....
.... 20, 36f., 88, 90, 93, 131, 147, 159
Umzug .... siehe Reisen
Unfalltod 181
Urlaub .... siehe Reisen

V
Verbrennungen 35f., 77, 94, 134, 170
Verdauung 23, 34, 36f., 45, 47f.,
.... 50, 52, 54f., 79, 91, 160
Vergiftungen
.... 30, 34, 51, 57f., 62, 80, 86, 96, 181
Verkrümmung des Rückgrates 89
Vermiculit .... 151ff., 156ff.
Verstopfung .... 33, 86, 89, 91, 94ff.
Verteidigung 10ff., 14, 110f., 115, 124
Vitamine
.... 37, 45ff., 59, 61f., 88, 90, 96f., 161

W
Wachstum
.... 13, 45, 47ff., 65, 70, 82, 88, 93, 138
Wasser 11, 31, 39, 40, 45ff., 71, 80, 83, 86f.,
.... 91f., 98, 106f., 123, 125, 134, 138,
.... 149f., 155, 160, 170, 172, 177f.
Wasserschale 20, 28, 31, 38, 46, 73,
.... 83, 85, 125, 137, 160, 170, 173
Wasserstoffperoxid 74f., 77, 84
wechselwarm (ektotherm) 10, 32f., 34, 55
Weibchen .... siehe Zucht
Werbungsverhalten .... siehe Zucht
Westliche Bartagame .... siehe Pogona minor
Wildfänge (Bartagamen) 4, 6, 17, 81, 188, 191
Winterruhe .... 34, 37f.
Würgen 76, 160
Würmer .... 85ff.

Z
Zahm 4, 6, 13, 42, 78,
.... 118, 121, 124, 126, 140, 163, 165
Zähne 10f., 50, 52
Zecken .... 69, 83ff.
Zitterkrämpfe (Tremor) 88f., 96
Zucht 141-158
Zuckungen 88, 96
Zunge 10f., 96, 103f., 113
Zwergbartagame ...... siehe Pogona henrylawsoni

205

DIE LITERATUREMPFEHLUNG

Bartagamen und Kragenechsen
A. Hauschild, H. Bosch

96 Seiten, 83 Abbildungen
Format: 16,8 x 21,8 cm
ISBN 3-931587-17-7

Die Beliebtheit dieser Tiere ist das eine, die richtige Pflege das andere. Die Autoren geben mit ihrem Buch die erforderlichen Informationen, die die artgerechte Haltung und Zucht dieser Reptilien ermöglichen.

„Gesamturteil: Sehr empfehlenswert!"

Ingo Pauler, elaphe 7 (1999), Heft 2

„Abschließend ist zu sagen, daß der übersichtliche Aufbau des Buches, die Informationsfülle sowie auch die hohe Qualität der Fotos dieses Buch zu einem „Muß" für jeden Bartagamen- und Kragenechsenliebhaber mit Anspruch auf erfolgreiche Haltung und Vermehrung seiner Lieblinge macht!"

Mirko Barts, Sauria 2/99

19,80 €

Bartagamen und Kragenechsen

Andree Hauschild

Hubert Bosch

Terrarien Bibliothek
Natur und Tier - Verlag

Natur und Tier - Verlag GmbH
An der Kleimannbrücke 39/41
48157 Münster
Telefon: 0251-13339-0
Telefax: 0251-13339-33
E-mail: verlag@ms-verlag.de
Home: www.ms-verlag.de